Réinventez vos cérémonies, fêtes et rituels !

Chantal Dauray

Réinventez vos cérémonies, fêtes et rituels !

Des idées pour les moments forts de la vie

Préface d'Anne Boyer

www.quebecloisirs.com

UNE ÉDITION DU CLUB QUÉBEC LOISIRS INC.
Avec l'autorisation des Éditions internationales Alain Stanké.
Illustrations: Paule Bellavance
© 2004, Les Éditions internationales Alain Stanké
Dépôt légal – Bibliothèque nationale du Québec, 2006
ISBN Q.L. 2-89430-760-8
(Publié précédemment sous ISBN 2-7604-0970-8)

Imprimé au Canada par Friesens

À Mimi, ma grand-mère adorée trop vite partie.
Tu avais compris le pouvoir infini d'un regard
bienveillant et de quelques gratouilles dans le dos
d'une petite fille de quatre ans.

Remerciements

Je tiens à remercier de tout cœur :

• *Ma tribu de gars, dont l'amour me procure paix au cœur et inspiration.* Hugo, pour avoir supporté mes doutes et mon bavardage interminable sur ce sujet qui me passionne! Et d'avoir partagé avec moi le congé parental! Simon et Vincent, votre venue au monde m'a fait comprendre l'importance des traditions familiales. Vous trois êtes mon camp de base d'où escalader les montagnes de la vie.

• *Ma famille, mes cinq sœurs, ma belle-famille et le clan des amis.* Merci à tous ceux et celles qui m'ont alimentée en idées, en informations et en témoignages... et vous êtes nombreux! Vous reconnaîtrez votre histoire dans ces pages... Toute ma reconnaissance va à Sonia Lombart, ma première lectrice, pour les silences contemplatifs interrompus devant la mer de Nuevo Vallarta, trop allumée par ce projet. À ma cousinamie Patricia Gagné, avec qui j'ai nourri des réflexions au chalet, au restaurant et sur le mont Royal. Bien des jasettes au menu aussi avec Mélanie Daigle, dont l'enthousiasme a vitaminé ma confiance. Merci à ma sœur Marie-Claude, dont l'intérêt pour l'histoire est contagieux, et à mon père Serge, pour m'avoir transmis des valeurs et une citation de Nicolas Boileau : *Ce que l'on conçoit bien s'énonce clairement et les mots pour le dire arrivent aisément.* Ça me damnait à l'adolescence, mais comme j'en ai fait l'exercice ces derniers mois! Un merci particulier à Michel R. Magnan pour avoir relu certains passages et m'avoir fourni des pistes intéressantes, à Diane Séguin et Yvon Leclair pour leur soutien, à ma sœur Carinne et ma belle-mère Eshana pour avoir gardé Vincent quelques jours, le temps du dernier coup de plume. Enfin, merci à Yves Boudreault pour avoir réalisé NosRituels.com à prix d'ami. Et j'aimerais pouvoir tous vous nommer, vous qui m'avez demandé souvent : « Et puis, Chantal, ça avance ton livre ? » Un petit coup de pied salutaire !

• Toutes ces personnes, couples et familles, qui m'ont généreusement ouvert un pan intime de leur vie. Comme vous avez été inspirants ! À vous qui m'avez écrit à la suite de votre visite sur mon site Internet, vos encouragements m'ont insufflé l'énergie pour continuer cet ouvrage, matin après matin.

• Martine Roberge, ethnologue au Réseau de diffusion des archives du Québec, dont l'expertise a bonifié les capsules historiques. Mes remerciements vont également à Johanne Charbonneau, professeure à l'INRS Urbanisation, Culture et Société, et à Sébastien St-Onge, professeur de sociologie, au Cégep Lionel-Groulx, qui m'ont suggéré des ajustements pertinents après avoir lu un chapitre.

• Les spécialistes interviewés, une vingtaine de personnes averties, qui ont enrichi ma réflexion sur le thème et m'ont fourni de judicieux conseils.

• Les médias qui se sont intéressés à NosRituels.com avant la parution de cet ouvrage... et ceux qui le feront après ! Des remerciements spéciaux à l'équipe des *Saisons de Clodine* (Michèle Coulombe, tu es une fée marraine !), au magazine *Coup de pouce*, à l'émission *Le printemps, c'est tentant*, aux sites Internet *Madame.ca* et *Coupdepouce.com*, entre autres. Vous avez propulsé ma recherche de témoignages.

• Enfin, j'ai hautement apprécié le professionnalisme et l'humour fin de mon éditeur, André Gagnon, dont la collaboration inestimable au fil de nos déjeuners « rituels » me confirme qu'on peut être sérieux... sans se prendre au sérieux ! Toute ma reconnaissance va également à l'équipe des Éditions Stanké, grâce à qui un fantasme est devenu réalité !

Réinventez vos cérémonies, fêtes et rituels !

Je me souviens d'une époque dans ma vie (bien trop lointaine, hélas…) où rituel, routine et train-train étaient tous plus ou moins synonymes. L'idée, c'était de se libérer de cela à tout prix. Au nom de la jeunesse, de la liberté, de l'autonomie, il fallait absolument s'en débarrasser, tout jeter pardessus bord !

Puis le temps a passé, la sagesse s'est infiltrée tout doucement, je suppose, et les souvenirs ont commencé à s'accumuler. Le besoin de rythmer la vie s'est fait sentir. Bizarrement, les meilleurs souvenirs se sont vus étroitement liés aux rituels. Ceux-là mêmes qu'on voulait voir disparaître devenaient soudain extrêmement précieux. Comme si le rituel était une balise pour l'âme.

Et voilà que je me suis surprise à en créer de nouveaux. À tel point qu'aujourd'hui mon chum m'appelle « Miss Rituel » ! Rien de moins. Bon, bon, je l'avoue : je mérite mon titre. J'adore ça ! Je me délecte de ces moments. J'en crée dans ma vie privée, dans ma vie professionnelle et même dans mes séries télé.

Parmi les rituels que je pratique avec le plus de ferveur, il y a ma retraite annuelle. Sept jours en dehors de chez moi, loin de tout : de la routine, du travail, des tâches familiales, de tout ce qui est familier. Sept jours à lire – que des livres de référence, romans et magazines sont interdits ! –, à dormir, à marcher, à méditer. Une semaine sans adresser la parole à personne, à plonger en moi, à faire le point. Un temps d'arrêt qui, après maintenant sept ans de pratique, m'est devenu essentiel.

Et il y aussi le rituel dans le rituel : les lettres à mes fils. Écrites durant ma retraite, elles retracent les hauts et les bas de l'année écoulée dans la vie de mes garçons. Ce qu'ils ont fait, leurs meilleurs amis, leur bouffe préférée, leurs expressions favorites, leurs vêtements et jeux de prédilection. Tout y passe. Leurs réussites, leurs difficultés, leurs traits de caractère, les bons moments et aussi les conflits. Je conserve précieusement ces missives que je leur remettrai un jour, lorsqu'ils seront adultes.

Il y a également « La Journée-Jeux » (un rituel qu'on a pu voir dans *Tabou*). Une journée complète – de midi à minuit – à jouer à des jeux de société (Tabou, le jeu du dictionnaire, Beaux-Gestes, Scattergories, etc.). Ça se passe entre Noël et le jour de l'An et on fait garder les flos. C'est pour les grands seulement. On joue les gars contre les filles, on boit des boissons gazeuses, on grignote une variété déconcertante de croustilles, on bouffe de la pizza au souper et on se bidonne sans arrêt. À la fin de la soirée, on passe au vote pour l'élection de Miss et Monsieur « JJ », qui repartent avec un trophée ! De l'aveu de tous ceux qui y ont participé, c'est la journée où l'on rit le plus dans l'année.

En 1990, j'ai assisté, en compagnie de quelques amis, à un atelier d'écriture de scénario. À la suite de ce week-end, nous avons créé les WW (Write Watchers), un groupe d'amoureux de l'écriture qui s'est adonné à toutes sortes de rituels depuis ses débuts : rencontres formelles de travail, souper à caractère plus social, visionnement de film et discussion, etc. Depuis le début, nous nous soumettons mutuellement nos projets en cours avant de les faire lire à qui que ce soit. Avec les WW, pas de condescendance, pas de flatteries : des commentaires constructifs, directs, justes et francs. Aujourd'hui, nous sommes une dizaine et nous nous réunissons à tous les premiers mardis du mois. On bouffe en parlant d'écriture en général, de nos projets en cours et de la vie. Passionnant, inspirant, emballant !

À l'école Rudolf Steiner, que fréquentent mes enfants, on met l'accent tout particulièrement sur les rituels des saisons, sur le rythme des journées, sur les moments forts de la vie de l'école. Depuis que je connais cette école, j'ai la conviction que tout ce qui s'y passe est bon pour l'âme de mes enfants. Je le vois dans leur comportement plus doux et plus assuré, et dans la lumière de leur regard. Je sais au fond de mon cœur que les rituels y sont pour quelque chose…

Pour moi, les rituels sont des rythmes de vie essentiels, des pauses indispensables. Pas étonnant que ma route ait croisé celle de Chantal Dauray.

Recenser les rituels des uns pour en inspirer d'autres. Quel beau programme!

Anne Boyer
Co-auteure
de *Tabou, Les Poupées Russes, Le Retour, 2 frères,* etc.

Préambule

Voici la bougie d'allumage de ce livre

« J'ai l'goût de te vivre la vie
J'ai l'goût de te prendre par le chignon
Et de t'faire danser la vie
J'ai l'cœur comme un accordéon
J'ai l'âme en confettis
C'est la fête aux quatre saisons
Et aux quatre jeudis »
Lucky Seven, Jean-Pierre Ferland

Ce livre est né d'une mort... et d'une naissance. La mort d'une proche de la famille dont les funérailles tellement désincarnées m'ont révoltée. La naissance de mon fils Vincent, qui m'a donné des ailes (et un congé parental !) pour mettre au monde ce second « bébé » que je materne depuis belle lurette. Et il y a ces quelques robes que j'ai usées sur des bancs d'église, pour des cérémonies de mariage et de baptême papier carbone. Pourquoi des célébrations identiques pour des gens qui ne le sont pas ? Lentement mais sûrement, une réflexion a germé : et si on personnalisait davantage les moments forts de notre vie ? Et que faire quand on veut le sacré... mais pas les sacrements ?

C'était il y a une dizaine d'années. Pendant bien des matins, avec mon café et des ciseaux, j'ai transformé mon journal en fromage gruyère. Découpé un article par ici, arraché une page de magazine par là. Enregistré une émission de télévision ici, scruté des conversations là, calepin en main. Discuté avec mes proches jusqu'à frôler le harcèlement.

Plus je défrichais, plus je découvrais de nouvelles pistes à explorer dans ce sujet vaste, riche et complexe. C'est que les rituels baignent dans la culture et nous enracinent dans une communauté, une continuité. Or, en désertant massivement nos églises à la vitesse grand V, nous avons largué ou dilué quantité de rituels qui nous rassemblaient, comme les fêtes religieuses, le mariage ou le baptême. Nous avons jeté le bébé avec l'eau du bain, quoi!

Cela dit, partout, on réinvente. Pour pallier le vide. Et parce que notre soif de rituels est toujours là, et le sera toujours. Nous sommes des humains, après tout! Certaines initiatives font grimacer, j'en conviens. D'autres sont magiques! Bricolage que tout cela? C'est ce que croient certains chercheurs. Détournement de sens, disent d'autres. J'ai senti le besoin d'échanger avec des historiens, des sociologues et des ethnologues qui s'intéressent aux fêtes et aux rituels. Des gens qui font un sacré beau métier! Mon objectif : apporter une touche de réflexion à cet ouvrage pour situer l'évolution des rituels dans notre société. Loin de la thèse universitaire, ce livre veut apporter de l'eau au moulin des rituels, en toute modestie, en tablant sur les témoignages enrichissants reçus. J'ai souhaité creuser un peu ce sillon et le fruit de mon remue-méninges se lit dans l'introduction (*Les rituels, c'est comme une doudou pour adultes!*). On retrouvera aussi quelques capsules historiques qui replacent cet effort de régénération des rituels dans un contexte plus global.

Pour ma part, j'accueille ces rituels personnalisés avec une grande curiosité, y voyant le reflet de notre société éclatée et individualiste mais néanmoins désireuse de communier avec sa tribu. Famille et amis. Un luxe! C'est le sentiment qui m'a envahie en écoutant *Seul au monde* du chanteur Corneille : *J'haïs Noël et toutes ses bêtes fêtes de famille/Tout ce qui rappelle ma plus belle vie/Je suis jaloux de vous les chanceux/Qui prenez votre chair et votre sang pour acquis.* Émue, je me suis dit que c'était un luxe, oui, un vrai beau luxe que d'avoir une famille et des amis avec qui fêter et pour qui créer des petits rituels. Forts de cette richesse, je crois qu'il vaut la peine de se casser un peu la tête pour faire plaisir à nos proches et loger, dans leur cœur, un souvenir inoubliable.

Ce livre part également de moi. De mon besoin de magnifier le quotidien, de nourrir mes relations, de vivre un peu plus haut, un peu plus loin. Avec éclat et profondeur. Je me suis permis d'y inclure mes petits rituels, en espérant qu'ils vous inspirent, vu l'effet boule de neige provoqué par certains d'entre eux auprès des miens.

Cet ouvrage origine également de ce désir que j'ai humé chez beaucoup de gens : marquer le temps qui passe, souligner une nouvelle étape, célébrer une réussite, organiser des fêtes originales, inventer des cérémonies teintées de spiritualité sans recourir d'emblée à l'Église, etc. Je l'ai constaté depuis que j'ai lancé le site Internet NosRituels.com, dans lequel j'ai investi temps et argent que je n'ai pas. Beaucoup de courriels de gens qui ont le sens de la fête, en quête de fêtes qui ont du sens... Qui veulent des conseils pour organiser un « shower » de bébé, un enterrement de vie de jeunesse, une pendaison de crémaillère, un anniversaire de mariage, etc. Ou qui me font l'honneur de partager avec moi leurs petits rituels familiaux, ces rendez-vous privilégiés qui cimentent leurs liens avec leur petit monde. Du bonbon que ces belles histoires !

Voilà le but de ce livre : être le relais entre ceux qui mettent leur grain de sel dans leurs célébrations et qui ont des traditions fortes, vissées à l'agenda, et ceux qui cherchent des idées pour s'offrir de beaux souvenirs, en profitant à plein du présent. Pour répondre aux demandes variées que j'ai reçues, j'ai choisi de pondre un guide « à la carte ». Comme dans un buffet, on y pige une, deux, trois idées qui nous conviennent et on les adapte. On les fait siennes. On ne pourra bien sûr pas mettre en pratique toutes les idées qui s'y logent : il faudrait cesser de travailler ! C'est un ouvrage de référence à consulter lorsque vous aurez une fête à organiser. Une bougie d'allumage, en quelque sorte, pour enflammer vos événements.

Ce guide n'est pas un recueil des traditions à travers le monde – d'autres l'ont déjà fait avec bonheur. Cependant, j'ai choisi d'y glisser quelques capsules de rituels d'ici et d'ailleurs, de nos jours et de jadis. Parce que c'est inspirant ! Et parce que ça amène un certain recul, une nuance nécessaire : les rituels existent depuis la nuit des temps. On n'invente rien, mais on réinterprète pour que ça colle à notre réalité, à la lumière de ce que nous sommes devenus. C'est ce fil conducteur qui a guidé ma rédaction.

Voici donc ma vision et celle des centaines de personnes qui ont chaleureusement accepté de réfléchir à voix haute avec moi et, surtout, d'agir. J'espère que ce livre vous donnera envie de partir en balade au pays des rituels, de découvrir les vôtres (vous en avez certainement plus que vous ne le pensez !) et de pimenter vos fêtes et cérémonies.

Bonne lecture !

Les rituels, c'est comme une doudou pour adultes !

Les rituels, essentiels !

Se rassembler est un besoin fondamentalement humain. Voilà pourquoi les rituels sont universels et intemporels. Dans toutes les cultures, ils témoignent de notre besoin d'appartenance à un groupe. Par leur constance, leur signification commune et leurs gestes répétitifs, les rituels constituent des repères réconfortants dans un monde changeant et trop souvent privé de sens. Ces rendez-vous privilégiés augmentent le contrôle qu'on exerce sur notre vie. L'équivalent d'une doudou pour adultes, quoi !

Regardez autour de vous : les rituels sont partout. Ils ponctuent le rythme des saisons et marquent les passages de la vie (naissance, entrée à l'école, puberté, fin du secondaire, premier appartement, mariage, achat d'une maison, retraite, funérailles). Ils soulignent les anniversaires (naissance, mariage) et les succès (obtention d'un diplôme, promotion, lancement de livre, inauguration d'un bâtiment, jeton de sobriété chez les AA). De plus, les rituels nous transmettent une façon de faire et proposent un scénario pour faire bonne figure dans nos interactions avec les autres. Qu'on pense aux rites d'hospitalité et au simple *Bonjour, comment ça va ?*

En fait, chaque domaine ou sphère d'activité a ses rituels, que ce soit la culture, le sport, la politique, la gastronomie ou la religion. Pensons à de nombreux sportifs ou artistes, qui accomplissent certains gestes dans un ordre bien précis, pour mettre toutes les chances de leur côté. Les joueurs de hockey et de baseball en ont toute une panoplie ! Mais n'est-ce pas plutôt de la superstition ou de la manie ? C'est le cas si l'angoisse nous envahit lorsqu'on n'a pu accomplir notre petit rituel. Pour certaines personnes, cela peut aller jusqu'au TOC (trouble obsessionnel compulsif). Et comment différencier rituel et routine? Diane Pacom, sociologue à l'Université d'Ottawa, introduit la notion de « temps de qualité » pour distinguer les deux concepts : « Le rituel est un moment sacré qui a un sens pour nous, qui nous fait du bien. C'est un geste conscient, intentionné, qui marque le temps et transcende le banal. Le rituel crée une coupure, c'est un petit moment d'extase volé au quotidien. » Rien à voir avec les gestes qu'on exécute sur le pilote automatique ou qu'on accomplit pour conjurer le mauvais sort. Mais on y reviendra au chapitre 8.

Dans ce guide, nous avons choisi d'explorer surtout les rites familiaux et amicaux, que Wolin et Bennett ont répartis en trois catégories principales[1] : les *célébrations* (fêtes religieuses, mariage, baptême, funérailles), qui témoignent de l'appartenance de la famille à un espace social plus large ; les *traditions*, qui sont propres à la famille, à un groupe d'amis ou à un milieu de travail (anniversaires, vacances, événements récurrents) ; et les *interactions*, des rencontres plus informelles et fréquentes. Mettons d'abord la table pour ces deux derniers types de rites.

Un rituel est...

- Un rituel est un ensemble de règles et de rites, des manières de faire habituelles à caractère sacré ou symbolique en usage dans une communauté ou un groupe[2].
- Le théâtre de l'âme.
- Un petit moment d'extase volé au quotidien.
- Comme une doudou pour adultes!
- Un acte symbolique qui donne du sens à la vie.

---

1. *La circulation du don dans la parenté : une roue qui tourne*, Jacques T. Godbout et Johanne Charbonneau, INRS-Urbanisation, 1996, p. 39.
2. Réseau de diffusion des services d'archives du Québec (www.rdaq.qc.ca).

Les traditions familiales :
le fil qui nous tient ensemble

Chaque famille ou groupe d'amis chérit ses petites habitudes. Les rituels contribuent à forger l'identité familiale ou celle du clan, à favoriser l'épanouissement de ses membres et à leur transmettre des valeurs. Ils créent un pont entre les générations et entretiennent la mémoire familiale, ajoute Johanne Charbonneau, professeure à l'INRS Urbanisation, Culture et Société. Ces traditions, qu'on a davantage la liberté de définir soi-même, sont bien vivantes, affirme la chercheuse : « On observe beaucoup de rencontres sociales autour des anniversaires et de nombreux rituels saisonniers : la sortie à la cabane à sucre, l'épluchette de blé d'Inde au chalet, le pot-au-feu d'automne, la virée aux pommes ou le party de marinades. » Notons par ailleurs que ces rituels puisent leurs origines dans de vieux rites païens de célébration des saisons. Comme quoi, rien ne se perd, rien ne se crée, mais tout évolue...

Anne-Marie Desdouits, qui donne le cours *Fêtes et rituels* à l'Université Laval, croit en effet que les rituels s'adaptent à notre environnement social. Lorsque certains tombent en désuétude, on en invente qui seront propres à la famille, au groupe auquel on appartient. Par exemple, on fête de plus en plus les départs à la retraite ou les noces d'argent ou d'or des grands-parents. « Certains rituels cessent ou se transforment parce qu'ils ne correspondent plus au besoin du groupe qui les a créés, commente-t-elle. D'autres éclatent à la suite du décès d'un membre de la famille ou à la suite d'une séparation. »

En effet, le décès de la mère, de la grand-mère ou le divorce des parents sonne souvent le glas des soupers du dimanche soir et des rassemblements familiaux comme ceux du temps des fêtes. Les occasions de se réunir raccourcissent comme peau de chagrin. On se voit aux funérailles, et encore. C'est que les femmes sont les principales gardiennes des rituels : ce sont elles qui les initient la plupart du temps et qui les perpétuent. Cet abandon des rituels familiaux est généralement douloureux, sauf s'ils coïncident avec un changement de génération, nuance Johanne Charbonneau : « Lorsqu'une nouvelle génération devient responsable de l'organisation des fêtes de Noël, par exemple, elle a le droit de dépoussiérer un peu la

formule… » Les rituels amicaux, poursuit la chercheuse, sont plus facilement abandonnés, tout simplement parce que les personnes prennent des
chemins de vie différents et que le groupe se défait de lui-même. Une femme
célibataire et une jeune maman n'ont plus nécessairement les mêmes pré-
occupations, et de nouveaux groupes d'intérêt se forment.

Influences tous azimuts

Les médias et les vedettes jouent également un rôle dans la transmission
des rituels, estime la sociologue Diane Pacom : « Les médias véhiculent des
modes et des tendances de fond, qu'on adapte à notre réalité. Prenez *Friends*,
où les copains se réunissaient dans le même café, ou les repas entre copines
de *Sex and the city*. »

Également, il y a davantage d'emprunts à d'autres cultures, globalisation
aidant. Par exemple, nos soupers familiaux sont mâtinés d'une pointe d'exotisme, on découvre le bouddhisme, les philosophies orientales et le tourisme
d'aventure, on joue du tam-tam et dans nos salons résonne la musique d'un
peu partout. Il n'est pas rare qu'on assiste à un mariage entre gens de communautés culturelles différentes, qui conçoivent une cérémonie mixte,
métissée de leurs univers respectifs.

Notre propre culture n'est donc plus notre seul schème de référence. Nous
ne sommes plus faits d'un seul bloc, d'une même pâte. Nous avons ouvert
nos horizons à la planète entière. Il n'est donc pas étonnant que nos rituels
prennent toutes sortes de couleurs.

Une société orpheline de ses rituels ?

Qu'en est-il maintenant des célébrations ? « Jusqu'à tout récemment, tous
participaient à la messe du dimanche ou aux grandes processions, faisaient
carême, célébraient la Chandeleur, le Mardi gras, etc., raconte Diane Pacom.

Ma mère observait son calendrier pour connaître le saint du jour. On ne se posait pas de questions, ces rituels dictaient le quotidien et nous rassemblaient. » Du côté des rites de passage, le chemin était tracé d'avance : on entrait dans la communauté par le baptême, s'ensuivaient première communion et confirmation, on se mariait et, à la fin de notre vie, nos funérailles avaient lieu à l'église.

Mais voilà : une grande partie de nos rituels collectifs ont pris le bord avec la Révolution tranquille et le déclin de la religion catholique. À preuve : de nos jours, seulement une personne sur dix se considère pratiquante. Nos rituels collectifs sont-ils à l'agonie ? L'idée effleure beaucoup de chercheurs. Mais d'autres croient plutôt qu'on fait face à une « privatisation » du sacré. En fait, les fêtes sacrées semblent devenues des célébrations mêmes de la famille. Ainsi, si on définit nous-mêmes nos traditions familiales, on passe également les célébrations religieuses dans notre moulinet personnel. On veut désormais des rituels qui nous rassemblent **et** qui nous ressemblent.

Cela fait souvent la différence entre un rituel auquel on se sent obligé de participer et un rituel auquel on se prête avec plaisir. Ainsi, plusieurs ont trouvé des façons originales de célébrer Noël ou Pâques, tout en conservant les traditions familiales qui font chaud au cœur. C'est une façon de chasser la mélancolie des Noëls d'antan qui envahit plusieurs personnes à l'approche de ces fêtes religieuses.

Mariage, baptême, funérailles : à l'église « par défaut » ?

Beaucoup de nos contemporains passent outre ces grandes cérémonies. Pas de mariage, pas de baptême pour leur poupon, pas de funérailles. « Niet ! » Mais ils sont plusieurs à ressentir un manque… Plusieurs se tournent donc quand même vers l'Église pour souligner les moments forts de leur vie, même ceux qui n'adhèrent pas à la doctrine catholique et y mettent rarement les pieds. Un prêtre m'a déjà confié se sentir comme un « guichet unique du sacrement » : on appuie sur le bouton du sacrement voulu et hop, on reviendra pour la confirmation du petit, le mariage de Mélanie ou les funérailles de grand-maman. Peut-être à la messe de minuit, si le «show» est bon! Que vient-on y chercher? Une expertise en matière de rituels, l'impression d'appartenir à une tradition ancestrale, une compréhension culturelle des gestes posés, la beauté et le caractère solennel du bâtiment.

D'autres se sentent écartelés entre une recherche d'authenticité, de personnalisation, le désir de vibrer à leur histoire intime et ce besoin viscéral de s'inscrire dans une continuité symbolique. Et c'est lorsqu'ils se lancent dans l'organisation d'une cérémonie, qu'ils veulent a priori différente et originale, qu'ils s'aperçoivent du poids des traditions et de leur héritage culturel.

Paradoxal? Gilles Routhier, de la Faculté de théologie et de sciences religieuses de l'Université Laval[3], exprime cette contradiction en ces termes : «Cette liberté que l'on revendique vis-à-vis du catholicisme, on n'est finalement pas capable de l'assumer jusqu'au bout, même si l'on se déclare agnostique ou athée, si bien que l'on finira toujours dans une église, ne trouvant pas d'autres lieux pour servir de demeure commune, pour se retrouver ensemble et pour inscrire notre destin individuel dans une tradition de sens et une lignée croyante.» Être catholique sans complexe ou ne pas l'être sereinement, voilà le défi! Au-delà de la désertion des églises catholiques, ce qui domine tout le reste, c'est une question anthropologique. «On ne peut pas vivre, comme individu, sans s'inscrire dans une lignée, une tradition et un groupe», ajoute M. Routhier.

Même au plan des symboles, nous sommes atteints du syndrome de M. Mini-Wheat : givré d'un côté, nutritif de l'autre! Martin Meunier, professeur de sociologie à l'Université d'Ottawa, illustre ce paradoxe en évoquant... la dinde servie à Noël et à l'Action de grâce : «On cherche à réinventer notre menu. Mais faire original signifie aussi quitter la chaleur, le réconfort et la sécurité de la tradition. Bref, on reste toujours un peu dans l'ambivalence.»

C'est que se réinventer constamment, c'est épuisant! Avant, la société nous donnait un mode d'emploi. On savait à peu près ce qui nous attendait. Aujourd'hui, devant un poupon qui dort à poings fermés, on se demande ce qu'il deviendra, quelle sera sa personnalité, sa vie amoureuse, quel métier il choisira, s'il voyagera, etc. Pour citer Daniel Pennac[4] : «On voudrait être

---

3. «Que sont les rites devenus. La relation blessée entre une Église et son peuple», Gilles Routhier, *Le Devoir*, samedi 9 et dimanche 10 août 2003.
4. *Comme un roman*, Gallimard, 1992.

libre et on se sent abandonné. » Pour colmater l'angoisse de l'étendue infinie des possibilités, la recette qui a fait ses preuves aura toujours du succès. Mais créer une cérémonie qui résonne profondément en nous m'apparaît comme une démarche spirituelle tout à fait valable, et ce filon mérite d'être exploré. C'est le but de ce livre.

« Le rituel est une mémoire en acte. C'est pourquoi il est si important de ritualiser, car il fait jaillir les souvenirs. Il est œuvre de continuité. Il travaille pour que la vie ne s'arrête pas. (...) La ritualisation, il ne faut certes pas l'oublier, est aussi célébration de la vie, de la fraternité, du petit bonheur et de la joie d'exister et de donner aux autres le goût d'exister. (...) Le rituel permet à un homme blessé de retrouver son chemin, et à un homme heureux d'exprimer son bonheur[5]. »

Nouvelles cérémonies : création ou bricolage ?

Les grandes cérémonies n'échappent donc pas à cette ère des rituels à la carte. Si on se marie et on baptise moins, on le fait d'une manière qui nous ressemble davantage. Ainsi, si nos églises se sont vidées, ce n'est pas parce que nous refusons le rituel, mais bien parce que l'institution n'a pas su évoluer au diapason de la société et prêter l'oreille aux volontés individuelles. En réponse à notre société individualiste, on pige allègrement ici et là pour composer nos propres rituels. Bienvenue dans l'univers de la « foi-fusion » !

Au Québec, la montée des célébrants appartenant à des organisations œcuméniques dessine une tendance à surveiller. De plus en plus de gens retiennent leurs services pour célébrer leur mariage, à mi-chemin entre la cérémonie religieuse à l'église et la célébration civile au palais de justice. Ces mêmes couples leur demandent souvent, par la suite, de célébrer le « baptême » de leur enfant (qui prend ici la forme d'un rituel de bienvenue à la vie) ou de présider à des funérailles. Ailleurs dans le monde, il existe des variantes laïques pour célébrer la naissance d'un enfant, le passage entre l'école primaire et secondaire, le mariage, les noces d'or ou les funérailles.

---

5. *Éloge des rituels*, Denis Jeffrey, Presses de l'Université Laval, 2003, 230 p.

Jean-Claude Crivelli[6], porte-parole du Centre romand de liturgie catholique, est sceptique face aux rites personnalisés : «Faire un rite sur mesure, c'est le déprécier, car pour qu'il y ait rite, il faut qu'il y ait tradition. C'est une manière de faire qu'on reçoit des anciens. Bâtir une fête de toutes pièces n'a pas le même impact sur les gens. (...) Le rite repose sur un langage sacré qui n'est pas celui du quotidien.» Ce qui ne l'empêche pas de déclarer : «Pour des gens qui sont hors de l'Église, il peut être intéressant de disposer de rites qui imitent ceux de l'Église...»

Devant ces initiatives qui naissent en marge des grandes religions traditionnelles, le sociologue Martin Meunier, s'interroge : «À trop changer les signifiants, on peut se désarrimer du contexte culturel. S'il n'y a plus de sens partagé, peut-on encore parler de rituel? La religion nous donnait des repères culturels communs. Voilà, entre autres, pourquoi il est si difficile de s'improviser fabricant de rituels.»

Oui au sacré, sacrements en option

Devant toutes ces avenues, laquelle doit-on emprunter? Je dirais : peu importe, tant qu'on le fait conformément à nos valeurs et à l'élan de notre conscience. Nous avons de moins en moins de références culturelles communes, si ce n'est en arrière-plan, et pourtant, nous sommes tous des humains qui aspirent, de temps à autre, à s'élever au-dessus de l'ordinaire quotidien. Voilà pourquoi nous aurons toujours besoin des fêtes, des rituels et des célébrations, que l'on soit croyant, athée ou que l'on nourrisse une vie spirituelle libre, sans encadrement religieux.

Pour que le rituel ait une résonance dans le cœur et dans l'âme des participants, il faut qu'ils en comprennent le sens. On en convient volontiers. Mais si c'était notre échelle qui avait changé? Ainsi, peut-être que ce sens n'est plus partagé collectivement, au niveau de la société, mais qu'il l'est au sein du groupe qui participe à ce rituel. Après tout, ce ne serait guère étonnant, à l'ère du sur-mesure, de la segmentation extrême et des clans spécialisés. Et si, en personnalisant nos rituels, on retrouvait le fil du collectif, du moins avec nos proches?

6. Site Internet : www.librepensee.ch/Art_10_LP_109.htm et échange par courriel.

Nourrissons notre soif des rituels. Faisons en sorte qu'ils s'incarnent dans la réalité d'aujourd'hui, à la lumière de ce que nous sommes devenus et de nos aspirations modernes, sans balayer toutefois du revers de la main toute la richesse de notre héritage culturel. Pour savoir où aller, il faut d'abord savoir d'où l'on vient. Bien que la religion chrétienne dispose d'un savoir-faire en matière de rituels, elle n'en détient pas le monopole. En effet, les rites de passage existent depuis la nuit des temps et traversent les cultures. Il y a plus de 200 ans, Voltaire[7] n'écrivait-il pas : «On voit évidemment que toutes les religions ont emprunté tous leurs dogmes et tous leurs rites les unes des autres.» Beaucoup de fêtes, telles qu'on les connaît maintenant, étaient d'abord des fêtes païennes qui ont été christianisées. Dans cet effort de régénération des rites, soyons donc conscients qu'on n'invente rien, mais qu'on recycle et qu'on adapte, parfois sans le savoir. On puise en quelque sorte au grand réservoir de l'humanité. Mais, à mon avis, ces ébauches sont préférables au vide absolu, d'une tristesse inouïe.

Benoît Lacroix, père dominicain, croit que les Québécois veulent le sacré… sans la dentelle[8] : «Ce qui est demandé par la population me paraît très sain et en même temps très correct. Donnez-nous l'essentiel et laissez faire la propagande, disent-ils. Ici et là, dans la dispersion, on assiste donc à la création de nouveaux rituels. À mon avis, ce n'est pas une dispersion malhabile, c'est plutôt une création spontanée qui a beaucoup de valeur pour l'avenir de l'humanité.» Notre époque change, nos rituels aussi. L'appel de l'âme est là, bien présent. Place aux artisans qui acceptent le défi de faire refleurir nos rituels!

 «Un rite, c'est ce qui fait qu'un jour est différent des autres jours, une heure, des autres heures», répond le renard au Petit Prince de Saint-Exupéry.

7. François Marie Arouet, dit Voltaire (1694-1778), *De l'acoran et de la loi musulmane*.
8. «Rituels à la carte», un reportage de l'émission d'affaires publiques *Enjeux*, Radio-Canada, 2001.

Baptême ou fête de bienvenue à la vie | 1

Simon sauvé des limbes!

Au moment de dire «Simon, voici le reste du monde ; reste du monde, voici Simon», j'ai vécu ma part d'hésitations. J'avais un petit « contentieux» contre la «Walmartisation» du baptême en série, au son de l'habituel *Prendre un enfant par la main*. Même les plus athées parmi notre entourage nous encourageaient : «Vaut mieux pas prendre de chances… des fois que les limbes, ce serait vrai!» Incroyable, non ? On ne pratique plus, mais on ne veut pas «jeter le bébé avec l'eau du bain de la religion!» Pourtant, je n'ose croire en un Dieu qui rejetterait les bébés non baptisés, soit près de la moitié des poupons du Québec[9]!

---

9. D'après une évaluation sommaire de l'Assemblée des évêques du Québec, qui s'active présentement à compiler des chiffres et à faire une analyse approfondie tenant compte de multiples facteurs (ex. : âge des enfants au baptême, motivations des parents, origine ethnique des parents – certaines communautés culturelles ayant une tradition de baptême très ancrée).

La beauté du rituel et notre envie de souligner la venue de Simon en notre monde ont été des arguments de taille. Notre condition : pouvoir organiser une cérémonie personnelle qui nous ressemble et qui impliquerait davantage famille et amis. Une proche de la famille avait pour ami précieux le regretté Père de la Sablonnière, fondateur du Centre Immaculée-Conception et de l'Auberge de vacances et de plein-air Le Petit Bonheur. Il a reçu avec beaucoup d'enthousiasme notre désir d'écrire les textes et de choisir les chansons. Nous avons invité l'assemblée à se recueillir sur un magnifique gospel, *Somebody bigger than you and I*, interprété par Mahalia Jackson.

Le Père Marcel de la Sablonnière a demandé à tous de s'approcher des fonts baptismaux et d'entourer Simon. Le cierge a circulé d'un parent à un ami et je les ai conviés à éclairer mon enfant s'il traverse une période de noirceur dans sa vie. Une réception au Musée d'archéologie et d'histoire de la Pointe-à-Callière a suivi, là où les premières eaux de Montréal ont coulé. Une belle manière de rallier passé et avenir ! Père Sablon m'a plus tard contactée pour utiliser mon texte pour d'autres baptêmes. Un beau petit velours qui m'a donné l'impression de créer un lien avec d'autres familles !

Pour mon second fils, Vincent, né 10 ans plus tard, changement de registre. Ce bon Père Sablon n'est plus de ce monde et me voici maintenant dans une catégorie honnie par l'Église : les divorcés ! Bien sûr, on accepte de baptiser Vincent, le pauvre petit n'étant pas responsable de ma vie dissolue, me dit-on à la paroisse. Cependant, je ne peux plus communier ni me marier religieusement avec le père de Vincent. On accepte donc d'accueillir notre enfant dans la communauté chrétienne mais pas de reconnaître l'union qui a fait naître cet enfant ? Hum… Cela nous a laissés songeurs… Notre solution ? Une fête de bienvenue à la vie, teintée de spiritualité (avec chansons et textes inspirés), célébrée à l'occasion de son 1er anniversaire.

1.1 Après la peur des limbes, la crainte du néant ?

Avant, on célébrait le baptême catholique dès les premiers jours du poupon, pour lui éviter d'errer dans les limbes s'il mourait sans avoir été baptisé.

Aujourd'hui, plusieurs parents qui se disent athées ou en marge de l'Église font baptiser leur bébé pour lui éviter le néant… social. Ne rien faire pour célébrer la venue de notre enfant, c'est tristounet, non ? D'autant plus qu'avec le nombre élevé d'unions libres, cette fête représente souvent la première occasion de réunir les deux familles qui composent le « pedigree » du bébé. Au temps où religion et vie sociale allaient de pair, le baptême conjuguait la dimension religieuse et sociale dans une même cérémonie. De nos jours, on confond la fête de bienvenue à l'enfant parmi nous et son adhésion à une communauté religieuse. La célébration de la naissance de l'enfant à la vie dans notre monde et celle de la naissance à la vie de Dieu. Ce sont deux choses différentes. Voulons-nous faire baptiser bébé par habitude sociale ou pour le sens religieux ? Les deux ?

Que signifient les limbes ?

Autrefois, le taux de mortalité infantile était tel qu'il fallait éviter que le bébé ne décède sans avoir été baptisé, ce qui l'aurait condamné à errer éternellement dans les « limbes », un mot tiré du latin qui signifie « frontières ». Les limbes sont une création théologique qui date du Moyen Âge : on craignait alors que l'âme de l'enfant décédé ne se rende qu'à la frontière du ciel. Ainsi, l'enfant qui n'a pas encore agrégé à la communauté chrétienne ne pouvait espérer aller au ciel s'il mourait prématurément. Comme on ne peut l'envoyer en enfer vu son innocence, on imagina un espace qui lui serait réservé. La plupart du temps, la mère n'assistait pas au baptême de son enfant, car elle ne pouvait aller à l'église avant la cérémonie des relevailles, qui avait lieu lors du « retour de couches ».

Si pour plusieurs familles, faire baptiser leur enfant à l'église va de soi, par conviction religieuse ou par tradition, de nombreuses autres s'interrogent : devrait-on faire baptiser Junior si on n'est pas croyants ou pratiquants ? Plusieurs sont croyants, mais ne sont pas à l'aise avec certaines positions de l'Église catholique ou ne s'y reconnaissent pas. Devraient-ils s'embarquer dans l'aventure sans y adhérer entièrement ou renoncer au baptême et à la beauté de son rituel ? Car il est là, le dilemme : pourquoi priver bébé d'une belle fête célébrant son entrée dans la société ? Mais cela passe-t-il nécessairement par un baptême catholique ? Il existe une autre option, qui prend de l'ampleur d'année en année : la fête de naissance ou de bienvenue à la vie, qu'on peut organiser soi-même, en s'inspirant des conseils des pages suivantes, ou à l'aide d'un célébrant privé.

Avant de choisir entre ces deux avenues, examinons nos motivations profondes afin de prendre une décision en toute conscience et d'être cohérents avec nos croyances et d'assumer pleinement notre choix. Ce n'est pas un exercice facile, j'en conviens : nous sommes passés par là récemment ! Comme le baptême catholique implique une suite, voilà une belle occasion de discuter, en couple, de nos croyances et de nos valeurs et de la façon dont on voudra les transmettre à nos enfants au fil des années.

1.2 Baptême ou fête de bienvenue à la vie : comment faire un choix éclairé ?

Pour vous aider à peser le pour et le contre, voici 10 questions à se poser :

1. **Quelle est la place de la religion dans notre vie ?** Croyons-nous en Dieu ? Comment vivons-nous notre spiritualité ?

2. **Partageons-nous la même religion ou les mêmes croyances ?** Si ce n'est pas le cas, il peut être intéressant de créer une cérémonie jumelant des symboles propres à nos deux religions.

3. **Sommes-nous à l'aise de faire baptiser notre enfant pour la tradition si nous ne sommes pas croyants ou pratiquants ?** Si certains prêtres préfèrent réserver le sacrement du baptême aux familles engagées sur le chemin de la foi, la plupart y voient une occasion pour ces familles de renouer avec l'Église et situent leur démarche dans le cadre d'un cheminement.

4. **Adhérons-nous pleinement au sens du baptême catholique?** Le baptême est le premier des sept sacrements du christianisme. Il est le signe de plusieurs réalités : le pardon des péchés, le don d'une vie nouvelle, l'union étroite à Dieu qui est Père, Fils et Esprit saint, la participation à la mort et à la résurrection de Jésus. Le baptisé devient disciple de Jésus-Christ et un membre à part entière de l'Église. Il entre ainsi dans un parcours initiatique qui se poursuivra avec la communion, la confirmation, etc. En demandant le baptême pour notre enfant, on s'engage à lui assurer la possibilité de découvrir qui est Jésus et son enseignement.

5. **Sommes-nous prêts à participer pleinement aux rencontres préparatoires auxquelles nous conviera le prêtre de notre paroisse?** La première rencontre, souvent réalisée à domicile, permet d'évaluer où on se situe sur la route de la foi.

6. **Sommes-nous à l'aise de décider pour notre enfant?** Ceux qui répondent par la négative auraient sans doute adhéré aux écrits de Rimbaud : « Je suis esclave de mon baptême. Parents, vous avez fait mon malheur et vous avez fait le vôtre. » Certains parents préfèrent attendre que l'enfant soit suffisamment mature pour prendre lui-même sa décision. Pas de problème : l'Église catholique baptise à tout âge et propose parfois aux parents de différer le baptême si besoin est. En comparaison, les baptistes et les pentecôtistes ne baptisent que les adultes, car, pour eux, un baptême n'est valide que si celui qui le reçoit est converti. Au début du christianisme, on baptisait non pas les petits enfants mais les adultes, le jour de Pâques. D'autres parents font baptiser leur enfant pour lui donner une religion de base, un cadre qui servira de comparatif si l'enfant décide plus tard d'opter pour une religion ou une forme de spiritualité qui lui convient davantage. Cela dit, il est clair que tout parent influence son enfant par sa manière d'être et de vivre. Ainsi, un petit né d'une mère végétarienne sera exposé à ce mode de vie même si on inclut la viande à son menu. Si l'enfant ne nous entend jamais parler de Dieu, si Noël et Pâques n'ont pour lui aucune connotation religieuse et qu'il n'est jamais allé à la messe, il lui sera difficile d'opter pour la religion catholique, plus tard. Faire baptiser pour offrir une religion de base implique donc de donner certaines balises ou points de repère.

7. **Jusqu'à quel point les traditions familiales ou l'opinion des autres influencent-elles notre choix?** De nombreux parents optent pour le baptême parce que c'est important pour les grands-parents, révèle la chercheure Nicole Bouchard[10], directrice du Laboratoire d'expertise de recherche en anthropologie rituelle et symbolique de l'Université de Chicoutimi. Du même souffle, elle ajoute que cette influence tend à diminuer avec le vieillissement de la population, les nouveaux grands-parents boomers étant d'une génération qui a elle-même pris ses distances par rapport à la religion. Cependant, avoir le désir de s'inscrire dans une tradition est un motif recevable pour demander le baptême, en autant qu'on comprenne qu'on s'engage dans une route.

8. **Sommes-nous à l'aise avec un baptême communautaire?** Pour symboliser l'entrée du poupon dans la communauté, l'Église réunit la plupart du temps de deux à cinq familles, le dimanche, selon les ressources de la paroisse. On aura déjà échangé avec ces familles au moins une fois lors des rencontres préparatoires collectives. Si on préfère un baptême pour notre enfant seul, il faudra dénicher un prêtre ou un diacre qui le permet, ce qui est rare mais pas impossible, ou encore organiser une fête de naissance.

9. **Préférons-nous baptiser notre enfant ailleurs que dans une église?** Comme le baptême célèbre l'entrée d'un nouveau membre dans la communauté chrétienne, cela se déroule toujours à l'église, lieu de rassemblement de cette communauté. Si on rêve d'un baptême près d'un cours d'eau, au chalet familial ou sur un bateau, vaut mieux opter pour la fête de naissance.

10. **Voulons-nous personnaliser la cérémonie?** Les baptêmes catholiques se déroulent selon un rituel bien précis. Pour certaines familles, cela est rassurant : elles apprécient le fait que ces rituels soient bien rodés et ancrés dans une tradition. Lors des rencontres préparatoires en groupe, on peut proposer plusieurs options aux autres parents. Par exemple, un membre d'une des familles présentes peut jouer de la guitare ou chanter, ou encore on peut juxtaposer aux textes liturgiques un texte profane comme cet extrait populaire du *Prophète* de Khalil Gibran. Si on est plutôt du type imaginatif et que le fait d'ajouter notre grain de sel nous importe grandement, prenons les choses en main ou adressons-nous

---

10. « Le baptême ou le néant », Clairandrée Cauchy, *Le Devoir*, édition du samedi 2 et du dimanche 3 août 2003.

aux célébrants privés, habitués de créer de toutes pièces des cérémonies qui s'adaptent entièrement aux volontés des parents.

De mauvaises raisons pour choisir le baptême catholique

- **Pour faire enregistrer le nom de notre enfant.** Autrefois, on profitait du baptême pour enregistrer civilement la naissance de l'enfant, et c'est auprès de la paroisse qu'on obtenait un extrait de naissance. Depuis l'adoption du nouveau Code civil, en 1994, ce rôle est dévolu au Directeur de l'état civil du Québec. Ainsi, on enregistre désormais le prénom de notre enfant dans les heures qui suivent sa naissance, en remplissant le formulaire qui nous est remis à l'hôpital.

- **Pour ne pas qu'il soit mis de côté à l'école.** Depuis 2000, le système d'éducation québécois n'est plus confessionnel. Bien que la loi oblige toujours les écoles à offrir le choix entre l'enseignement moral et religieux catholique, protestant et l'enseignement moral, on n'y enseigne plus la catéchèse. De plus, la préparation pour la première communion et la confirmation ne se font plus à l'école mais à la paroisse, sur demande des parents, ce qui implique un plus grand engagement de leur part. Selon Germain Tremblay, de l'Assemblée des évêques du Québec, ces sacrements sont en baisse depuis plusieurs années[11].

- **Pour qu'il puisse se marier à l'Église catholique plus tard.** Vu la montée des unions libres, des célébrants privés qui nous marient là où on le veut et le déclin des pratiques religieuses (un Québécois sur 10 se considère pratiquant), on peut émettre quelques doutes sur la force d'attraction de l'Église catholique sur les fiancés d'ici 20 à 30 ans. Précisons également qu'au moins un des deux fiancés doit être catholique. Donc, si son ou sa conjoint(e) l'est, il pourra tout de même se marier à l'église. Cela dit, il se peut que notre enfant jette son dévolu sur une personne athée qui ne souhaite pas un mariage religieux, un membre d'une autre religion ou une personne qui a déjà été mariée religieusement, ce qui lui ferme illico les portes de l'église. En fait, il y a fort à parier que si notre enfant souhaite se marier à l'Église catholique dans quelques décennies, ce sera par réelle conviction religieuse. N'est-ce pas la meilleure des raisons ? À ce moment, il s'engagera auprès du Catéchuménat, un service spécialisé dans l'accompagnement des

---

11. 56 179 premières communions en 2000 pour 44 230 en 2002, et 53 700 confirmations en 2000 pour 48 191 en 2002 enregistrées dans les différents diocèses du Québec.

adultes qui désirent adhérer à la foi catholique ou compléter leur initiation chrétienne. Au terme d'un parcours préparatoire, il recevra les trois sacrements préalables au mariage (baptême, première communion et confirmation) dans une même cérémonie.

Vive le Roi Lion!

Mon neveu Nicolas a été baptisé lors d'une cérémonie de groupe traditionnelle à l'église du quartier. Ce jour-là, mon beau-frère Alfred a fait un geste spontané qui m'a frappée droit au cœur. Le visage rayonnant de fierté, il a levé son petit au bout de ses bras pour le présenter à l'assemblée, un peu comme le fait le roi Mufasa dans le dessin animé *Le Roi Lion*, lorsqu'il présente son héritier, Simba, à la communauté des animaux. Un geste bien vite imité par les autres papas qui baptisaient ce jour-là leur bébé!

1.3 *Comment organiser un baptême catholique*

Quand faire baptiser notre enfant?

Autrefois, le baptême catholique était célébré dès les premiers jours de l'enfant. De nos jours, on peut faire baptiser notre enfant à trois semaines, à six mois ou à un an, peu importe! Il est possible d'être baptisé à tout âge.

Les démarches

- **On contacte d'abord notre paroisse,** qui nous proposera des dates possibles pour la célébration. Le délai peut varier selon la demande.

- **On choisit le ou les parrain(s).** Selon l'Église catholique, leur rôle est en principe d'être «témoins de la foi». Une petite conversation sur le sujet s'avère donc essentielle! Les parrain et marraine de baptême n'ont pas d'obligations légales envers notre enfant. Ne pas confondre avec le(s) tuteur(s), que l'on désigne par testament pour s'occuper de notre enfant s'il nous arrivait un accident ou une maladie grave. Pour baptiser à l'église, il ne faut qu'un parrain (homme ou femme) ou encore un couple homme et femme (qui ne sont pas obligés d'être liés). On choisit un membre de la famille, un ou deux amis ou même... la sœur ou le frère aîné(e) de l'enfant, s'il ou elle est assez mature pour comprendre son engagement.

- **On se prépare spirituellement.** Le curé de la paroisse nous demandera (parfois aussi au(x) parrain(s)) d'assister à des rencontres préparatoires pour réfléchir au sens du sacrement de baptême et à notre engagement dans cette démarche.

- **On règle les différents préparatifs :** choix du vêtement de baptême, préparation du repas ou embauche d'un traiteur, envoi des invitations, etc. Pour des conseils, voir notre guide d'organisation d'événements au chapitre 14 et la section 1.4 sur les fêtes de bienvenue à la vie, dans laquelle piquer des idées originales pour la réception.

Symboles et déroulement du baptême catholique

- **L'accueil et le signe de croix.** Le célébrant, les parents et les parrain et marraine font un signe de croix sur le front de l'enfant, qui est le signe du Christ. On nous demandera le prénom qu'on souhaite donner à notre enfant, qui devra avoir été enregistré au civil au préalable. Alors que les prénoms Marie et Joseph accompagnaient systématiquement le prénom de l'enfant autrefois, ce n'est plus le cas aujourd'hui.

- **La Liturgie de la Parole.** Écoute de la parole de Dieu et commentaires du prêtre sur le sens du baptême.

- **L'imposition des mains.** Le célébrant, avec une imposition des mains ou une onction d'huile, prie afin de donner la force de Dieu à l'enfant.

- **Baptême de l'enfant.** Le célébrant verse, par trois fois, l'eau sur le front de l'enfant. Il prononce la formule millénaire : «Je te baptise au nom du Père, du Fils, et du Saint-Esprit.» Cette eau évoque à la fois la vie et la mort. Par sa vertu purificatrice, l'eau lave le baptisé du mal du péché originel.

- **Le Saint Chrême.** Le célébrant marque le front du bébé avec une huile parfumée, signe de l'Esprit saint qui se répand en lui pour lui donner sa force et l'aider à toujours rester fidèle à Dieu.

Un baptême intime et chaleureux, à l'image de Clodine
Clodine Desrochers, la pétillante animatrice des *Saisons de Clodine* (TVA), a saisi le sens du mot tradition : sa fille Rose a été baptisée à la même église où on a fait sonner les cloches, il y plus de 30 ans, pour sa célèbre maman. Le baptême catholique allait donc de soi. Mais, créative comme chacun sait, Clodine a investi la cérémonie d'une touche personnelle. Elle raconte : « Je me suis prise au jeu de l'organisation de ce qui me semblait, au début, une simple formalité. Plus je m'impliquais, plus je sentais l'excitation des préparatifs me gagner. Comme nous voulions une cérémonie intime, une dizaine de proches seulement étaient conviés et notre petit groupe était seul dans l'église. J'invite d'ailleurs les gens à s'informer si cette option existe dans leur paroisse. Assis en cercle autour de l'autel, nous avons échangé sur le sens du baptême, sur l'importance de prendre le bon chemin de vie et sur l'engagement de chacun envers Rose, stimulés par les questions du diacre, un père de famille chrétien également grand-père. Ses propos chaleureux s'incarnaient donc dans une réalité vécue, ce qui nous a touché droit au cœur. Nous avons lu des textes, écouté de la musique (dont *Un enfant*, de Jacques Brel). Chacun a ensuite écrit un souhait pour Rose, et ils ont tous été placés dans un petit sac d'organza. Nous avons conclu la cérémonie en lâchant dans le ciel un bouquet de ballons blancs.

Pour la réception qui a suivi chez nous, c'était simple et mignon, inspiré par la nature : fleurs fraîches, marque-places composés de feuilles de verdure, repas style champêtre (saumon en croûte, salade, etc.). Côté déco, j'ai trouvé dans un magasin de tissu des coupons (surplus) avec lesquels j'ai habillé la table : tissu crème, surmonté d'organza rose très pâle. Également, nous avions disposé des photos marquant les étapes importantes des neuf premiers mois de notre fille : Rose dans mon ventre, le lever du soleil le jour de sa naissance, l'allaitement, le premier sourire, la première purée, etc. Ce « chemin de vie » était accompagné d'un petit commentaire écrit. Aussi, nous avions disposé des petites bougies pour symboliser l'espoir et la lumière du baptême. Le fait de s'être appropriés la cérémonie l'a rendue plus significative à nos yeux. »

- **Le vêtement blanc.** Couleur de Dieu, le blanc indique que le baptisé revêt le Christ, il est un homme nouveau. C'est également la couleur de la promesse, de la pureté, de l'innocence, de la force et de la lumière. Le blanc est une couleur transitoire entre la nuit et le jour, le mot « aube » signifiant blanc en latin (« alba »).

- **Le cierge.** Le cierge de baptême, allumé au cierge pascal, est remis au parrain ou à la marraine. Il indique que notre enfant devra croître à la lumière de cette vie nouvelle. C'est par cette belle lueur que notre enfant, désormais, est éclairé.

- **Envoi de l'assemblée et signature des registres.** Chant ou prière à la Vierge Marie sont courants, avant que les parents et les parrain et marraine soient invités à signer les registres.

Notre enfant est adopté?

On s'adresse à l'Église catholique pour un baptême chrétien ou on lui organise une fête de bienvenue, dans laquelle on peut inclure, si on le souhaite, des éléments de sa culture d'origine.

 Un baptême... et plusieurs fêtes pour Ann-Li
Nathalie, sa mère adoptive, raconte : «Ann-Li, d'origine chinoise, a été baptisée à 19 mois de manière traditionnelle et en solo, l'oncle de mon mari étant prêtre. Un barbecue-party a suivi à la maison, avec les proches. Aussi, on célèbre chaque année, en groupe, l'arrivée des bébés qui étaient avec Ann-Li à l'orphelinat pendant leur première année. Ces retrouvailles sont l'occasion pour elle de garder contact avec ses origines qu'elle ne pourra jamais connaître. Dans le même ordre d'idées, on fête aussi le Nouvel An chinois avec le même groupe. Et c'est ce que nous ferons avec Yan Mei, qui s'est jointe à notre famille en 2004.»

Pour en savoir plus

- On contacte notre paroisse : www.leseglisesdemonquartier.com.
- Service de pastorale liturgique de l'Église catholique de Montréal : Louise Morin Thibault, responsable diocésaine de la pastorale du baptême des petits enfants, au (514) 925-4300, poste 255 www.diocesemontreal.org.

- Vingt-cinq questions/réponses sur le baptême des petits enfants dans *Foi Montréal Info* : www.foimontreal.info/portailsacrementsbapt.htm.

- *Parrains et marraines. Qui choisir ?* Dépliant publié par les Éditions Paulines – texte du Service de pastorale liturgique du diocèse de Montréal.

- *Le baptême ; Célébration de la vie,* Anselm Grün, Médiaspaul, 2000, 64 p.

- *Fêtez la naissance de bébé. Comment préparer, organiser et réussir la fête,* Agnès Behar, Borneman, 1999, 80 p.

1.4 *Comment organiser une fête de bienvenue à la vie (ou baptême spirituel)*

On se sent un peu maladroit à l'idée d'inventer son propre baptême ou fête de naissance ? Pas étonnant ! Ainsi, l'expertise en matière de rituels appartient depuis longtemps au domaine religieux et cet art n'a pas été transféré dans le monde laïque, ou si peu. En Belgique, les parents peuvent opter pour une cérémonie de présentation de l'enfant à la Cité, qu'on appelle le parrainage laïque. En France, le baptême civil (aussi appelé «baptême républicain»), pratiqué dans certaines mairies françaises, joue sensiblement le même rôle.

Puisque pareils choix n'existent pas au Québec, on doit donc faire preuve d'imagination, tout en s'inspirant de ce qui existe. Rappelons-nous toutefois que l'important n'est pas de respecter le protocole à la lettre, mais de créer un événement qui a du sens pour nous et pour nos proches. Certains célébrants privés, qui ont marié des milliers de couples hors du giron de l'Église catholique, peuvent nous accompagner dans la conception d'un baptême spirituel. D'autres parents opteront pour une fête de bienvenue, sans aucune connotation spirituelle. Voici quelques suggestions à la carte et des témoignages évocateurs.

Ce type de baptême est-il valable ? D'abord, valable aux yeux de qui ? D'un point de vue juridique, il faut savoir que le baptême, catholique ou pas, n'a aucun aspect légal, le nom de l'enfant ayant été enregistré civilement au préalable. L'engagement des parrains est moral et non légal. Valable aux yeux de Dieu ? Tout est question de croyances et c'est un terrain sur lequel je ne m'aventurerai pas. Ensuite, qu'entend-on par « valable » ? Un baptême qui correspond à nos valeurs et à notre vision de la foi n'est-il pas plus « valable » qu'un baptême auquel on croit plus ou moins ? Bien entendu, si on veut que l'enfant fasse plus tard sa première communion et sa confirmation, il doit être baptisé à l'église d'abord, l'Église catholique ne reconnaissant aucune forme de baptême autre que les siens. Toutefois, rien n'empêche un parent, ayant cheminé dans sa foi, de demander le baptême plus tard pour avoir accès à la première communion.

Enfin, doit-on appeler cette fête un baptême ? Les célébrants du Nouveau Penser utilisent couramment le mot « baptême » alors que ceux de FSEV privilégient l'expression « fête de bienvenue à la vie ». *Le Petit Robert*, pour sa part, réserve le terme à la religion chrétienne, le décrivant comme un « sacrement destiné à laver du péché originel et à faire chrétienne la personne qui le reçoit ». Morale de cette histoire ? Si on est fervent de sémantique, vaut mieux laisser l'appellation « baptême » aux chrétiens, sinon, on fait comme bon nous semble ! Nos proches ne nous en tiendront pas rigueur, d'autant plus que le mot s'inscrit dans une réalité culturelle connue de tous.

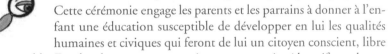

Cérémonie de parrainage laïque (Belgique)

Cette cérémonie engage les parents et les parrains à donner à l'enfant une éducation susceptible de développer en lui les qualités humaines et civiques qui feront de lui un citoyen conscient, libre et responsable. En plus des engagements pris envers ce projet éducatif, on alterne lectures et musique de circonstance. Dans Internet, on trouve des exemples de cérémonies de parrainage laïque, avec suggestions musicales et littéraires : www.ulb.ac.be/cal/actions/services/ceremonies.html.

Baptême civil (France)

Dans la salle des mariages, le maire présente les origines révolutionnaires du rite et donne lecture de l'Acte de baptême. Selon cette déclaration, les parents s'engagent à éduquer leur enfant « hors de tout préjugé d'ordre social et philosophique et dans le culte de la raison, de l'honneur et de la solidarité et de la défense des intérêts du peuple français ». On y parle de valeurs telles la fraternité, la compréhension ou le respect, mais pas de religion.

Rituels d'ailleurs

Dans plusieurs cultures et religions, on accueille le nouveau-né par une cérémonie. Quelques exemples :

Horoscope, miel et soleil. Chez les hindous, 16 rites religieux spéciaux, les *samskaras*, marquent les grands moments de la vie d'un être, dont plusieurs ont lieu quelque temps après la naissance. Ainsi, après avoir baigné bébé, on lui écrit, sur la langue, le mot sacré *Om*, avec un stylo d'or trempé dans le miel. Le prêtre établit son horoscope à partir de la position des étoiles et des planètes au moment de sa naissance, en vue de lui donner, à son 12e jour, un nom qui lui convienne. Lors de la visite du prêtre, le père trace, à l'aide d'un fil d'or, le nom du dieu de la famille, celui du bébé ainsi que sa date de naissance sur des grains de riz disposés dans une assiette en métal. Quelques mois après la première cérémonie, un autre *samskara* a lieu : après avoir prié les dieux de la famille, le père emmène son bébé pour lui montrer les rayons du soleil levant. Enfin, avant que le petit garçon n'atteigne un an, la famille se rassemble à nouveau. Après une cérémonie de prières, on rase les cheveux du bébé, qu'on brûle, une pratique censée ôter tous les mauvais karmas des vies antérieures. Idées à chiper : faire établir l'horoscope de bébé (une idée de cadeau originale!) et présenter l'enfant au soleil! Pour sa part, c'est à la (pleine) lune que Myriam présente ses enfants. Toute nue, elle sort dehors (brr!) et tient son petit au bout de ses bras, nu lui aussi! Un rituel particulier, mais significatif pour Myriam...

Faire sauter bébé au-dessus des friandises. C'est l'une des coutumes des sikhs lors de la fête d'hiver du Lohri. On offre également aux proches des sucreries. Peu après la naissance du bébé, on lui murmure à l'oreille la prière *Mool Mantar*, qui résume les croyances des sikhs à propos de Dieu. Les parents emmènent bébé au temple, appelé *gurdwara*, pour une cérémonie. Idée à chiper : couvrir bébé de friandises... et les manger!

Autres rituels. Chez les musulmans, sucre ou miel sur la langue font aussi partie des pratiques, de même que la coupe de cheveux intégrale, pratiquée lors de la cérémonie de l'*aqiqah*, célébrée au 7e jour du bébé. Chez les juifs, c'est au 8e jour que le *mohel*, un officiant spécialisé, circoncit le petit garçon en présence de son père et de son parrain, en rappel de l'alliance de Dieu avec le Peuple élu.

Source : *Venir au monde*, Anita Ganeri, Collection « Les âges de la vie », Gamma / École active, 1999.

Conseils d'organisation

1. **Déterminer la date et l'heure.** On consulte le parrain et la marraine (s'il y a lieu) et certains proches avant de choisir une date qui convient à tous. Ce peut être dans la semaine qui suit la réception du certificat de naissance. D'autres dates intéressantes, pleines de sens, suggéreront un rituel intéressant. Par exemple, le dimanche de Pâques, la fête des Mères ou le dimanche de l'Action de grâce, une occasion de remercier la vie. Chacun sera alors invité à formuler des remerciements pour les bons moments vécus et à souhaiter de même au bébé.

2. **Déterminer le lieu.** Un lieu qui reflète nos origines et nos racines, nos valeurs, ce qu'on veut transmettre à notre enfant. Ce peut être à la maison, dans une chapelle privée, au chalet familial, chez nos parents, en forêt, sur un bateau, autour d'un étang, dans une auberge près d'un lac, le lieu ou l'on s'est rencontrés (de cette union est né notre enfant), dans une érablière (le printemps, c'est la renaissance!). On peut aussi profiter d'un voyage au soleil pour baptiser symboliquement notre enfant avec l'eau salée de la mer.

3. **Déterminer le concept.** Pour organiser une fête qui colle à notre personnalité, on part de soi, de nos expériences, de notre réalité, de nos valeurs et de nos croyances. Le lieu et la date sont aussi source d'inspiration. Puisons des idées dans les pages suivantes.

4. **Établir la liste d'invités.** Baptême intime, avec les proches seulement ou avec les amis ? Sans doute que notre budget et le lieu détermineront le nombre de convives. Cela dit, il est possible de mentionner à nos invités que, en guise de cadeau, on souhaiterait leur présence en cette journée spéciale. On leur demande alors de troquer le petit pyjama à pattes contre une contribution pour le repas. Notre suggestion : choisir des gens qui seront significatifs pour notre enfant.

5. **Choisir la musique et les textes.** De nombreux textes et chansons parlent d'enfance, du lien parent-enfant, des bébés. On peut aussi faire une lecture sur l'origine du prénom qu'on donne à bébé, sur son saint patron, sur nos valeurs fondamentales qu'on s'engage à lui transmettre ou encore faire le récit de sa naissance, de l'exaltation qu'on a vécue, de nos craintes, de notre joie. On peut associer une pièce musicale à un temps fort de la célébration ou utiliser la musique en toile de fond

pour mettre de l'ambiance. S'il y a des talents musicaux dans la famille, sollicitons leur participation ! On retrouvera plus loin certaines suggestions de textes et de musique.

 Évelyne est croyante, Denis non : leur solution
Pour Évelyne, croyance et religion sont deux choses différentes. Pour sa part, Denis se définit comme agnostique. Ils ne veulent pas imposer une religion à leur fils et manifestent des réserves face à certaines positions de l'Église catholique. Ils ne prisent guère les références à Satan et à la purification des péchés véhiculées dans la liturgie. Évelyne tient toutefois au baptême, car, dit-elle, il protège l'âme de l'enfant. Non conventionnels, ils veulent célébrer la venue de leur fils en notre monde de manière différente. William Michael-Ange est donc baptisé à la maison par un célébrant, entouré d'une douzaine de proches. «Si Dieu est partout, pourquoi ne serait-il qu'à l'église?», questionnent-ils. La cérémonie débute quand le poupon est prêt, nourri et langé. Sur un fond de musique classique (Händel et Bach), chacun des invités fait une petite croix sur son front avec l'eau de Pâques qu'Évelyne a puisé dans le ruisseau près de chez elle. Elle a mis une colombe au plafond et a allumé une chandelle pour symboliser l'Esprit saint et la lumière. Parrain et marraine font lecture d'un texte qui parle des anges placés sur notre chemin (papa et maman !) et le célébrant demande aux invités s'ils s'engagent à aider William Michael-Ange à surmonter obstacles et difficultés et à lui enseigner des valeurs d'amour, de sincérité et d'entraide. Seuls les textes d'Évelyne contiennent des références religieuses, alors que Denis opte pour une formule bien à lui : «Au nom de tout ce qui est bon et de tous ceux qui t'aiment et qui veillent sur toi, je te souhaite la bienvenue dans notre monde, dans nos cœurs et dans notre famille. » L'humour n'est pas en reste, avec le texte *Les dix commandements de l'enfant pour les parents*. La cérémonie se conclut par la Prière de la Sérénité.

6. Établir le menu

• Un buffet est toujours une formule populaire dès qu'il y a plusieurs convives. Trois options s'offrent à nous : le préparer soi-même, le confier à un traiteur ou demander à chaque invité d'apporter un plat.

• C'est l'été? Pourquoi pas un barbecue?

• Pour porter un toast à la santé de bébé, on offre une coupe de champagne, de vin mousseux ou de vin blanc, ou encore des cocktails colorés à base de grenadine pour une fille et de curaçao bleu pour un garçon.

• On peut aussi déguster des alcools blancs, comme de la vodka, ou encore trinquer à l'eau-de-vie, un beau symbole !

• La Société des alcools du Québec (SAQ) offre la possibilité d'embouteiller du vin dans l'un de ses six SAQ Dépôt à travers la province ou à la Maison des Futailles (Montréal). Sur ces bouteilles offertes à prix abordable, on pourra apposer une étiquette personnalisée au nom de bébé.

• Un beau gâteau à la vanille avec un glaçage blanc parsemé de personnages de couleur pastel en pâte d'amandes clôture le tout en beauté ! Certaines pâtisseries peuvent reproduire la photo de bébé sur le gâteau.

• Pour nos invités, offrons des dragées, ces confiseries composées d'amandes enrobées de sucre durci qu'on distribue lors des baptêmes depuis longtemps. Autrefois, le parrain faisait pleuvoir une manne sur les enfants, qui se précipitaient sur les noisettes, les amandes ou les graines d'anis, censées assurer un avenir prospère à l'enfant.

7. **Planifier la décoration et l'ambiance**

• Côté fleurs, des roses blanches font toujours un bel effet, de même que des souffles de bébé.

• On peut aussi disposer sur la table une nappe aux teintes pastel ou du tulle blanc.

• Décorer avec un montage des photos de bébé de chaque parent, qu'on aura numérisées, imprimées et collées sur un panneau de carton ou de styromousse. Cela permettra aux invités de répondre à la fameuse question : À qui ressemble-t-il ? On peut même passer au vote !

• Faire un montage photo des moments forts de la vie de bébé à ce jour : la grossesse de maman, la naissance, l'arrivée à la maison, la première sortie, le premier sourire, la première purée, etc.

• On peut prendre une photo des invités avec bébé dans les bras, qu'on leur remettra sur place si notre appareil photo est un Polaroïd ou qu'on leur enverra par courrier électronique ou avec la carte de remerciements.

On peut aussi installer une imprimante sur place reliée à un appareil photo numérique et surprendre tout le monde en remettant la photo lors du départ des convives.

• Faire la promotion de l'Association des Grands Frères et Grandes Sœurs du Québec afin que d'autres enfants moins chanceux aient eux aussi un parrain ou une marraine.

Pour d'autres idées, on fait un détour au chapitre 4 sur les «showers» de bébé et au chapitre 14 pour des idées de thèmes et formules à explorer.

8. **Bâtir le déroulement de la cérémonie, geste par geste.** L'aide du célébrant peut être particulièrement utile à cet égard. La section «déroulement type» donne des idées d'éléments à assembler et les témoignages que nous avons retenus sont inspirants. Il peut être intéressant de mettre ce déroulement par écrit, dans un petit cahier où on colligera aussi les lectures et les pièces musicales entendues. En plus de fournir un repère pour nos invités, ce cahier laisse une trace matérielle de l'événement et s'ajoute bien au livre de souvenirs de bébé. On utilise des feuilles 8 1/2 x 11 qu'on plie en deux et on inclut des photos, des icônes et des graphiques. Les magasins d'articles de bureau proposent de la papeterie appropriée.

Pour enjoliver l'invitation, on choisit une jolie citation ; par exemple : «Un enfant, c'est de l'espoir en petits souliers» (Gilles Vigneault). Plus loin, des suggestions de paroles et de musique.

Tam-tam, arbre et roches pour Zacharie

Mary, une adepte des rituels spirituels, s'est inspirée de la nature pour concevoir une cérémonie d'accueil pour son fils Zacharie. Quelques jours avant, sa famille avait ramassé des roches autour du ruisseau de leur grand terrain, à Sutton. Les invités étaient disposés en cercle autour d'un arbre. Au son des tam-tam, les invités choisissaient une roche, formulaient un souhait pour Zacharie, à voix haute ou en silence, et plaçaient la roche de manière à former un cercle, un symbole de protection. Fumée de sauge, plumes et appel des quatre directions complétaient le rituel. Une cérémonie toute simple que les enfants présents ont beaucoup aimée.

Déroulement type

Voici un enchaînement type des grands moments de la cérémonie, qui peut durer 15 ou 45 minutes, à votre guise. On adaptera les gestes posés en fonction du thème choisi et on alternera lectures et musique.

1. **Mot de bienvenue.** Il peut être fait par le célébrant, par les parents, par le parrain ou la marraine, par le frère ou la sœur du bébé ou par les grands-parents, selon le concept retenu. Pour signifier le début de la cérémonie, on peut allumer une chandelle, un rituel charmant du baptême catholique qui symbolise la lumière, sonner une petite cloche, jouer du tam-tam ou faire entendre de la musique.

2. **Accueil de l'enfant dans la famille**

   • Inviter les proches à former un cercle autour du bébé au moment où on l'accueille symboliquement dans notre famille.

   • Tour à tour, on peut prendre le nouveau-né dans nos bras ou lui donner un bisou. Et tant mieux s'il est tout barbouillé de rouge à lèvres ! Il porte la marque de l'amour qu'on lui transmet ! On le nettoiera plus tard… Dans *Parrains, marraines*[12], Agnès Fine indique que le fait de toucher l'enfant pendant la cérémonie suffit à établir une parenté spirituelle avec lui.

3. **Souhaits pour le bébé**

   • Faire circuler une chandelle dans l'assemblée en demandant aux invités de s'engager à être des éclaireurs de vie pour notre enfant, à un moment où il semblera être dans le noir. Chacun pourrait même apporter une chandelle ou un lampion et l'allumer sur place.

   • Chacun formule, à voix haute, des vœux pour le petit, une qualité qu'on lui souhaite, un conseil de vie qui leur a été utile, une leçon de vie qu'ils n'ont jamais oubliée, leur meilleure citation. Si nos invités sont trop nombreux, on peut leur demander de nous les envoyer d'avance et on les reproduit sur un parchemin ou sur un carton, que tous signeront à la fin de la cérémonie. Quelqu'un pourrait faire la lecture d'un résumé de ces souhaits.

---

12. *Parrains, Marraines. La parenté spirituelle en Europe*, Agnès Fine, Paris, Fayard, 1994.

4. **Engagement des parrains**

• Le parrain ou la marraine peut témoigner publiquement de son engagement. Il peut faire une petite croix sur son front (ou un petit cœur, pourquoi pas !). Même si notre baptême à la carte n'est pas catholique, on peut désigner un parrain et une marraine, deux adultes qui s'engagent à jouer un rôle positif auprès de notre enfant.

• Ce peut aussi être des personnes qui s'engagent à *nous* parrainer en tant que parents, qu'on pourra appeler pour des conseils ou du soutien dans l'éducation de notre enfant.

5. **Autres rituels**

• On peut emprunter au baptême catholique, si on se sent à l'aise, les symboles du cierge, de l'huile (pourquoi pas une huile essentielle apaisante ou tonifiante ou de l'huile de musc), de la croix et de l'eau versée sur la tête du petit, surtout si on fait la fête près d'un cours d'eau.

• Planter un arbre.

• Lâcher des ballons blancs dans le ciel. On pourra y inclure des vœux pour le bébé, comme l'ont fait les proches de Clodine Desrochers.

• Procéder à une envolée de colombes ou de papillons, pour signifier la liberté qu'on lui souhaite.

6. **Signature des registres.** Ce geste n'a pas de valeur civile, mais constitue néanmoins un beau souvenir pour notre petit. On met à la disposition des invités un livre dans lequel on leur demande d'inscrire un vœu pour notre enfant. On pourra aussi y coller une photo d'eux tenant notre petit contre leur cœur.

Quand on a un bon concept, il n'y a rien de compliqué! C'est du moins ce que croit Émery, qui a pris en charge l'organisation du baptême de son petit-fils dans la télésérie *Cauchemar d'amour* (TVA). C'est d'ailleurs l'éternel petit chapeau africain de grand-papa qui a donné le ton à la fête, célébrée à la campagne : les hommes étaient affublés d'un modèle similaire (même le petit baptisé!) et les femmes portaient de grands chapeaux de style passerelle de mode aux tons éclatants. Car, de la couleur, il y a en avait : ballons, verres de plastique, décoration, tout était vivant! Plutôt que de verser de l'eau sur la tête de Frédéric, un prêtre défroqué arrivé à cheval lui a souhaité la « bienvenue dans ce merveilleux monde... de fous! ». Pour marquer le coup, on a porté un toast... avec des biberons colorés! Et une caméra captait les vœux que chacun formulait pour le petit Frédéric, à qui on a chanté un extrait d'*Un musicien parmi tant d'autres : On a mis quelqu'un au monde... On devrait peut-être l'écouter...*

7. **Baptêmes à thème.** Voici quelques idées, en plus de celles exposées dans le chapitre sur les « showers » de bébé. N'hésitez pas à créer votre propre cérémonie en pigeant des idées ici et là et mélangez allègrement.

7.1. **L'arbre généalogique.** Pour symboliser le fait que les origines de bébé sont composées d'un mélange de sa famille maternelle et paternelle, on demande aux grands-parents de raconter l'histoire de chaque famille ou ses traits caractéristiques. On en profite pour faire dresser l'arbre généalogique de bébé par un spécialiste. Pour rester dans le thème, on pourrait demander à l'un des grands-parents de planter un arbre ou un arbuste qui fleurira dans le mois de l'anniversaire de bébé et à l'autre grand-parent d'arroser l'arbre frais planté. Ou encore, un représentant de chaque famille apporte un peu de terre de son propre jardin, de manière à symboliser l'apport de chaque famille dans la croissance de ce petit. Une autre version[13] : dans un vase en verre, chaque grand-mère verse du sable coloré, de teinte différente, pour symboliser le mélange des gênes de l'enfant.

7.2. **Thème maritime.** La vie est ponctuée de vagues : parfois c'est le calme plat; d'autres fois, la houle. Si on ne peut rien changer à notre

---

13. *The Joy of Family Rituals : Recipes for Everyday Living*, Barbara Biziou, St. Martin's Press, New York, 2000, 177 p.

environnement, on peut décider d'être le capitaine de notre propre bateau et apprendre à naviguer.

7.3. La vie est un jeu. On invite bébé à s'amuser, à cultiver le plaisir, à savoir prendre les choses au second degré. On organise, après la cérémonie, un après-midi de jeux de société, un bingo ou on invite tous nos proches dans un centre de divertissements. Les textes lus pourront être à saveur humoristique ou encore on peut visionner en famille des monologues traitant des bébés et de l'éducation des enfants (Yvon Deschamps, Peter McLeod, etc.).

7.4. Sur un vignoble. On souhaite à bébé que, comme le bon vin, il s'améliore en vieillissant! Au menu, dégustation de vins et fromages. À inscrire dans la carte d'invitation, un petit texte historique : «Vers 600 ans avant notre ère, la Grèce antique instaura un nouveau cycle annuel, qu'elle symbolisa par un petit enfant. Selon une coutume immuable, à l'occasion des fêtes de Dionysos, dieu grec de la végétation, de la vigne et du vin, la fertilité et la renaissance du dieu étaient représentées par un nouveau-né, dans un couffin d'osier qu'on portait en procession.»

7.5. Fête des récoltes. On fait du pouce sur la maxime «Dans la vie, on récolte ce que l'on sème». On se promet d'apprendre à bébé à bien semer. Beau prétexte pour une fête d'automne parmi les feuilles rougies. Comme repas, pourquoi pas une épluchette de blé d'Inde ou un pique-nique dans un verger?

7.6. Vive les enfants! Dans un carnet qu'on remet aux convives ou sur des panneaux en styromousse, on compile de charmantes citations d'enfants. Voir le site www.enfandises.com pour s'inspirer. On en choisit une jolie pour les invitations, et les textes (choisis en conséquence) seront lus en majorité par des enfants. On demande aux bambins invités d'offrir un de leurs jouets, une fleur ou de faire un dessin qui symbolise le baptême, qu'on affichera lors de la cérémonie et qu'on conservera dans le livre de souvenirs par la suite. Pendant le baptême, les enfants de la famille entourent le bébé et l'un d'eux allume le cierge. On a des petits chanteurs ou danseurs dans la famille? Mettons-les à profit!

7.7. La Belle au bois dormant. Dans le conte de Charles Perreault, *La Belle au bois dormant*, on donna pour marraines, à la petite princesse, les sept fées du pays afin que chacune d'elles lui fasse un don. D'ailleurs, en latin, fée (*fatum*) signifie destin. Christiane s'est inspirée de ce conte pour organiser le baptême de son fils, célébré à domicile[14] : «Nous avons entouré notre fils et, en faisant circuler la chandelle, nous avons formulé des souhaits à son intention. Par la suite, nous avons enterré le placenta dans la cour arrière, sur lequel nous avons planté un arbre, confiants qu'il saurait nourrir l'arbre comme il l'a fait pour notre bébé.»

 Isaac et Naomie baptisés sur le balcon!
Valérie a déjà deux enfants, baptisés à l'église «par habitude, sans trop y penser». Pour Isaac, qui naît de son union avec Francis, le baptême catholique n'est pas au programme. Comme Francis n'est pas croyant, cette démarche lui semble hypocrite. Et, disent-ils, que signifie donner une religion «de base» si on ne compte pas la pratiquer ensuite? Pour Isaac, ce sera donc une fête de bienvenue à la vie, à laquelle se joint Naomie, la fille de Maria et Stéphane, un couple d'amis qui partage leurs convictions. Pour le quatuor, c'est un vrai baptême, quoi qu'en pense l'Église, car ils croient aux gestes qu'ils posent et aux engagements qu'ils prennent ce jour-là. Cette cérémonie, ça leur ressemble. Par un après-midi chaud et humide de juin, on installe les petits sur le balcon, qu'on a décoré et fleuri pour la cérémonie. Michel, le célébrant, a revêtu une toge blanche. Le frère d'Isaac, 7 ans, lit un texte puisé à même une carte d'anniversaire, qui décrit les merveilles de l'enfance. Deux autres enfants, âgés de 8 et 11 ans, ajoutent leur grain de sel, tout comme les parrains et marraines. On parle aussi des valeurs qu'on souhaite leur inculquer. Les familles d'Isaac et de Naomie, assises sur des chaises disposées dans la cour, écoutent, visiblement émues. Les grands-parents sont invités à prendre les bébés dans leurs bras pour leur souhaiter la bienvenue. Ici, pas d'eau sur le front, mais un cercle, formé des deux familles qui se tiennent par la main. Malgré la chaleur, les petits voisins sont sortis de leur piscine et leurs parents se sont tus, touchés par ce rituel moderne.

---

14. Tel que raconté dans un reportage présenté à l'émission *Enjeux* (Radio-Canada), 2001.

Parents et amis aimeraient offrir un cadeau à bébé ? Quinze suggestions

1. **Leur talent :** plume talentueuse pour les textes du baptême, expertise musicale pour jouer, chanter ou trouver des musiques appropriées.

2. **Une médaille ou une chaîne avec une croix en or,** qu'on fera bénir.

3. **Une épinglette** à l'effigie d'un ange protecteur.

4. **Une figurine d'ange** en porcelaine ou en cristal.

5. **Une bible pour enfants.**

6. **Une session de photo de bébé** chez un photographe.

7. **Une photo de bébé** agrandie et encadrée.

8. **Un beau cadre** pour la photo de baptême.

9. **Un tableau d'art naïf.**

10. **Un diffuseur d'huile essentielle** à l'effigie d'un ange.

11. **Un beau chandail blanc** pour bébé.

12. **Un CD de berceuses.**

13. **Souvenir de l'année de naissance :** pièce de monnaie, timbre ou magazine.

14. **Des chandelles** pour les parents.

15. **Ligne de cadeaux de baptême chez Birks (œufs).**

1.5 Les mots pour le dire (paroles et musique)

Textes

- *Lorsque l'enfant paraît* ou *Chant sur le berceau* (Victor Hugo)
- *Prière secrète d'un enfant à sa mère et à son père* (Jacques Salomé)
- *Tu seras un homme, mon fils* (Rudyard Kipling)
- «Vos enfants ne sont pas vos enfants» (*Le Prophète*, Khalil Gibran)
- Extraits de : *Le Petit Prince* (Saint-Exupéry) ; *Va où ton cœur te porte* (Susanna Tamaro) ; *L'Art du souffle* (Frédéric LeBoyer) ; *L'art du bonheur* (Dalaï-Lama) ou *L'Alchimiste* (Paulo Cœlho)

Chansons

- *C'est beau la vie* (Jean Ferrat)
- *Chanson pour Nathan* (Laurence Jalbert)
- *J'ai pour toi un lac* ou *Les amours, les travaux* (Gilles Vigneault)
- *Je serai là* (Terri Moïse)
- *Jesse* (Nanette Workman)
- *Le météore* (Steve Faulkner, aussi chanté par Éric Lapointe)
- *Le monde où tu vas* (Michel Sardou)
- *Le temps d'aimer* (Paul Piché)
- *Les enfants que j'aurai* (Jean-Pierre Ferland)
- *Naissance* (Félix Leclerc)
- *Petit homme* (Michel Rivard)
- *Petite Marie* (Francis Cabrel)
- *Quand l'enfant viendra* (Pierre Bachelet)
- *Somebody bigger than you and I* (Mahalia Jackson ou Elvis Presley)
- *Un enfant* ou *Fils de* (Jacques Brel)
- *Une boule de moi* (Diane Tell)
- *Vis ta vie* ou *Tout va changer* (Michel Fugain)

1.6 Pas de fête en vue ? D'autres idées !

Si on décide, pour toutes sortes de raisons, de ne pas organiser de baptême ou de fête de naissance, voici quelques idées pour souligner l'arrivée de bébé :

- **Envoyer un faire-part de naissance par courrier postal ou électronique.**

- **Acheter une bouteille de vin millésimée** de l'année de naissance, qu'on ouvrira... à sa majorité.

- **Créer un site Internet pour bébé**, avec le récit de sa naissance et des photos. Certains logiciels comme *L'album de bébé* (Dinosart) proposent d'héberger l'album sur Internet gratuitement.

- **Créer notre site familial**, qui servira de lien entre les membres de la famille, avides de connaître la progression de bébé.

- **Lors des visites des premiers jours, prendre une photo de chaque visiteur avec bébé**, qu'on leur fera parvenir avec un mot de remerciement. On met à leur disposition un petit livre pour inscrire leurs vœux à bébé.

Un mariage qui nous ressemble | 2

Ma grand-mère avait un médaillon dont les pierres illustraient les étapes de la vie : mariage, maison et enfants. Autrefois, on se mariait avant de fonder une famille. De nos jours, on fait les choses à l'envers! De plus en plus d'enfants assistent au mariage de leurs parents, alors que c'est l'album de photos qui racontait la magie de cette journée. Au Québec, beaucoup de jeunes couples vivent d'abord en union libre et poursuivront ainsi leur chemin à deux[15]. Plusieurs décident tout de même de se marier[16], pour la force de l'engagement et la beauté du rituel. Pour les couples qui partagent la même couette depuis longtemps, c'est une façon de boucler la boucle. Après avoir triomphé de mille obstacles et difficultés, on s'engage à continuer, en toute connaissance de cause. On se marie pour magnifier l'amour, pour s'engager devant quelque chose de plus grand que nous. Même Candace

---

15. En 2001, le nombre de mariages était en baisse de 11,8 % par rapport à 2000 (6,8 % au Canada). Il y a eu 21 961 mariages au Québec en 2001 (24 912 en 2000), selon Statistique Canada. Les données provisoires pour 2003 sont de 20 629 mariages.
16. 21 961 mariages au Québec (24 912 en 2000), selon Statistique Canada.

Bushnell, l'auteure de *Sex and the City*, a succombé au mariage ! Et jamais n'a-t-on autant parlé de mariage, ces derniers temps, avec ce débat fortement médiatisé sur l'union entre conjoints de même sexe !

Une fois qu'on a dit « oui, je le veux ! », quel type de cérémonie choisir ? Cela dépend de notre statut matrimonial actuel, de la place de la religion ou de la spiritualité dans notre vie, du poids des traditions, du lieu qui nous plaît davantage, du caractère qu'on souhaite donner à notre cérémonie. Voici trois formules bien distinctes : mariage religieux à l'église, mariage civil au palais de justice ou mariage civil célébré à l'endroit de notre choix avec un peu, beaucoup ou pas du tout de spiritualité. Nous développerons davantage ce dernier type de mariage, car comme il est plus récent, sa formule est moins codée et ses rituels sont plus flexibles.

2.1 *À l'église*

Plusieurs optent pour le mariage catholique par conviction religieuse, pour s'inscrire dans une tradition, pour le symbole ou la beauté du bâtiment ou parce que le mariage civil leur semble tristounet. Si les rituels sont traditionnels, le choix des textes et de la musique dépend du degré d'ouverture du prêtre. Certains acceptent de marier un couple et de baptiser leur enfant dans la même cérémonie, comme ce fût le cas pour Emmanuelle.

Quant au sens du mariage catholique, voici ce qu'en dit le site Internet du Diocèse de Montréal : « L'Église reconnaît le mariage comme un sacrement, c'est-à-dire comme un signe et un lien privilégié de l'amour de Dieu. En Église, la décision d'une femme et d'un homme de se marier ou de s'engager librement l'un envers l'autre pour la vie s'exprime par une célébration liturgique dans laquelle les époux échangent leur consentement irrévocable à un amour indissoluble. (…) En s'engageant dans le mariage chrétien, le couple accepte de progresser dans sa foi et de l'actualiser dans les gestes concrets de la vie quotidienne. » Voilà pourquoi de nombreux prêtres demandent aux couples de faire une préparation au préalable.

Pour Emmanuelle, un combo mariage et baptême à l'église
De l'émotion au carré attendait les invités d'Emmanuelle et de Mario : le curé a d'abord baptisé Marlène, 14 mois, puis a célébré le mariage de ses parents. Comme les nouveaux parents tenaient à une cérémonie religieuse, ils ont fait une préparation spirituelle distincte pour chaque sacrement. On a aussi déployé des efforts du côté musical. Ainsi, la chorale dont Emmanuelle fait partie s'est prêtée au jeu, en interprétant un bouquet de chants religieux et profanes choisis par la famille sur le thème de l'amour et de l'enfance. On y a entre autres entendu *Les moulins de mon cœur, Sous le ciel de Paris, Le ciel se marie avec la mer* et *Petit homme* de Michel Rivard, qu'on a troqué pour *Petite Marlène*. La musique du film *La vie est belle* a aussi retenti dans l'église de Boucherville.

Dans un petit livret conçu maison, Emmanuelle et Mario ont regroupé les textes sacrés, lus par le parrain et la marraine, qui donnaient le ton à cette cérémonie bien spéciale. Les nouveaux parents ont aussi réalisé le faire-part, un document 8 1/2 x 11 plié en 2, illustré d'un dessin de la nièce d'Emmanuelle, 4 ans. Et dans le texte d'invitation, c'est la petite Marlène qui conviait famille et amis à ce jour important. Les 70 invités se sont ensuite retrouvés sous le chapiteau et dans les jardins de *La Champenoise*, une table champêtre de Rougemont.

Le mariage catholique est pour vous ? Votre paroisse vous renseignera sur les procédures, la préparation nécessaire et le déroulement : www.leseglisesdemonquartier.com.

Pas à pas, le déroulement de la cérémonie religieuse, sur Croire.com. Également : sélection de textes bibliques et de chants religieux et check-list pour la célébration : www.croire.com/eta/sen/index.jsp?rubId=223.

Vous êtes divorcé(e) mais tenez à vous marier dans une église ? L'Église Unie, une branche de l'Église protestante, accueille les divorcés qui souhaitent se remarier dans un lieu de culte. Car le mariage catholique est indissoluble, à moins d'obtenir une annulation, un processus long, complexe et coûteux : www.egliseunie.org/paroisses.

Marc a fait de la prison pour séduire sa belle Louise!
Marc ne manque pas d'imagination : pour faire sa grande demande, il a concocté un scénario plein de rebondissements.
Première étape : séduire beau-papa. Après avoir convaincu un policier de le boucler dans une cellule pour les besoins de son stratagème, il a contacté son beau-père, dont le bureau était – ô hasard planifié! –, tout près du poste de police. Marc s'était assuré au préalable de la complicité d'un collègue de son beau-père. Le policier l'a conduit jusqu'à la cellule où Marc a présenté à son beau-père un document à signer qui, prétendument, le libérerait. En y regardant de plus près, le père de Louise a lu : «Autorisation paternelle – *Moi, X, j'autorise mon gendre à épouser ma fille Louise…* » Après un long silence ému, beau-papa a signé, a fait «libérer» son futur gendre et les deux sont allés manger au restaurant pour fêter ça.

Deuxième étape : séduire la belle, beau-papa s'étant engagé à ne souffler mot de rien. Encore une fois, Marc a fait des collègues de Louise ses complices. Ceux-ci ont prétendu une rencontre à Québec avec un client important. Louise s'y est rendue au jour convenu. En attendant cet illustre client, elle a trouvé une boîte à son attention dans la salle de conférence, qui contenait une cassette audio (enregistrée par Marc) avec «leur» chanson d'amour et une seconde, qui donnait des instructions à suivre. Louise devait se rendre dans une chambre d'hôtel du Vieux-Québec, où l'attendaient une télévision, un magnétoscope et une cassette vidéo (apportés de Montréal par Marc). En glissant la cassette dans l'appareil, Louise a vu Marc parcourir différents lieux du quartier où ils se sont connus (un tournage et un montage faits à l'insu de sa douce, bien sûr) et l'inciter à regarder sous le lit, où se trouvait la fameuse autorisation paternelle. Ensuite, Louise devait aller rejoindre Marc dans les escaliers qui mènent aux Plaines d'Abraham, où il lui a fait sa grande demande en personne. Et ils ont célébré ça toute la fin de semaine!

2.2 Au palais de justice

D'autres s'accommodent fort bien du palais de justice, que ce soit parce qu'ils n'adhèrent pas aux préceptes de l'Église catholique, qu'ils se marient pour la seconde fois, qu'ils sont de religion différente ou de même sexe.

Pour connaître les règles propres au mariage civil, on contacte notre palais de justice ou on clique sur le site du Directeur de l'état civil : www.etatcivil.gouv.qc.ca/mariageunion.htm.

2.3 Se marier... autrement

« Mariage civil » ne veut pas nécessairement dire « dénué de toute spiritualité ». Les célébrants de mariage sont en train de changer la donne, en offrant une solution de rechange aux couples dont la fibre catholique n'est guère musclée, mais qui veulent le sacré… sans les sacrements. Ceux qui en sont à leurs secondes épousailles y voient la chance de se marier ailleurs qu'au palais de justice, dans un contexte spirituel et romantique. En outre, ces célébrants de mariage unissent les tourtereaux pratiquement n'importe où, peu importe leur religion, et proposent une variété de cérémonies : fête de l'amour ou célébration romantique, médiévale, druidique (qui fait appel aux quatre éléments essentiels de la vie que sont la terre, le feu, l'eau et l'air), etc. Demandez-leur de vous montrer leur autorisation à célébrer des mariages, émise par le Directeur de l'état civil. Ils vous feront signer la Déclaration de mariage, qui servira à dresser l'acte de mariage.

Pour vous aider à créer un mariage qui vous ressemble, le célébrant vous proposera une banque de textes et de rituels à greffer au canevas de base. Certains textes font référence à Dieu, alors que d'autres sont profanes. Si on a l'âme créative ou des proches imaginatifs, on peut aussi inventer notre mariage de A à Z. Cela dit, on peut vouloir organiser un rituel d'union sans pour autant que ce soit un mariage légal : notre alliance sera alors valable… dans notre cœur.

Des célébrants… privés

Le mariage civil n'est plus cantonné au palais de justice : on peut se marier civilement à peu près n'importe où. Dans ce cas, notre célébrant sera un notaire (certains en font une spécialité), un maire ou un membre d'un conseil municipal ou d'un conseil d'arrondissement. On peut même, selon certaines conditions, désigner une personne significative pour nous à titre de célébrant! On peut aussi choisir un célébrant privé, provenant d'organisations religieuses. Celles-ci se décrivent comme étant humanistes et œcuméniques, sans appartenance à aucune religion particulière. Exerçant depuis plusieurs années, ces célébrants ont développé différents rituels et disposent d'une banque de textes dans laquelle puiser. La description qui suit n'a pas pour but d'endosser ces organismes, mais bien de présenter les services offerts. Nous vous invitons à bien vous renseigner afin de savoir dans quoi vous vous embarquez, chaque organisme ayant sa propre philosophie.

- **FSEV**
  www.fsev.net

- **Le Nouveau Penser**
  www.lenouveaupenser.com

- **L'Église Unie**
  Cette branche de l'Église protestante accueille les divorcés qui souhaitent se remarier dans un lieu de culte, mais leurs ministres peuvent également vous marier n'importe où.
  www.egliseunie.org/paroisses

- **Ministres du culte, pasteurs, notaires**
  On demande des références (entre autres auprès du responsable du lieu choisi), on zieute les magazines spécialisés, on surfe sur Internet.

2.3.1 *La cérémonie*

Cinq éléments à considérer pour créer une cérémonie personnalisée

1. **L'importance de la spiritualité dans nos vies.** L'un est plus croyant que l'autre? Il lira des textes qui font référence à Dieu, aux anges ou à tout autre croyance personnelle, alors que l'autre s'en tiendra à l'amour, sans connotation religieuse. On est de religion différente? Le célébrant nous aidera à intégrer certains rituels propres à chaque religion (si on le souhaite), de manière à former un tout harmonieux.

2. **Cela a-t-il du sens pour nous?** Notre cérémonie pourra inclure des rituels tels que l'échange d'alliances, le partage du pain, l'allumage des bougies ou rien de la sorte : tout est à construire, selon nos croyances. On peut aussi puiser des idées dans les rituels d'autres religions ou s'inspirer des rituels amérindiens, pourvu que cela ait du sens pour nous deux. Cela dit, il est important que ce sens soit partagé avec l'assemblée, que nous prenons à témoin. Nos invités doivent comprendre le sens et la portée des gestes que l'on accomplit. Il y a tout de même des limites à vouloir être original!

3. **Les cérémonies qui nous ont charmés.** On a assisté à un mariage ou à un baptême magique dernièrement? Souvenons-nous des détails marquants. Et pourquoi n'a-t-on pas aimé le mariage de notre copine Geneviève?

4. **Le rôle de la famille, des enfants, de nos amis.** On trouvera plus loin des suggestions pour intégrer les enfants et nos invités à la cérémonie si on le souhaite.

5. **Des textes et de la musique qui font écho à notre relation.** Tout en respectant le caractère sacré du mariage, il y a moyen de varier de la traditionnelle marche nuptiale et du *Cantique des Cantiques*. Que souhaite-t-on dire de notre relation? Avons-nous des chansons favorites qui nous représentent bien?

Déroulement type d'une cérémonie

Si vous optez pour le mariage à l'église ou au palais de justice, on vous expliquera le déroulement propre à chacun. Si vous vous mariez avec un célébrant autre, le déroulement prend la couleur des rituels choisis, bien qu'il existe des moments-clés, dont nous ferons ici une brève description. La durée de la cérémonie ? De 15 à 45 minutes, à votre guise.

1. **C'est un départ !** Les invités s'installent sur des chaises placées en rang ou disposées en cercle, en carré ou en cœur, debout, assis, c'est selon. Les proches (enfants, parents, frères et sœurs) peuvent être tout près des mariés. Pour signifier le début imminent de la cérémonie : faire brûler de l'encens ou des huiles essentielles (avec fragrance de notre choix, selon l'atmosphère à créer) ; allumer une ou plusieurs bougies ; faire entendre un chant, une musique ou un bruit (cloche, trompette, tam-tam, gong).

2. **Arrivée des mariés.** Si, dans un mariage traditionnel, la mariée arrive après le marié, au bras de son père, elle peut aussi être accompagnée de son fils ou de celui de son futur mari, de sa mère, ou arriver seule. Les mariés peuvent aussi avancer ensemble. Au lieu de se placer dos à leurs invités, comme c'est habituellement le cas, ils peuvent se placer face à eux ou encore être au centre d'un cercle formé par les invités.

3. **Mot de bienvenue.** Il peut être dit par le célébrant, les mariés, les parents, un enfant, un couple d'amis (qui représentent le yin et le yang) ou tout maître de cérémonie désigné par les mariés. On annonce la raison du rassemblement et on souhaite la bienvenue. On peut aussi dire un mot pour les chers disparus qui ne sont plus parmi nous.

4. **Lecture des articles du Code civil du Québec concernant le mariage** (s'il s'agit d'un mariage légal et non d'une fête de l'amour). Le célébrant peut aussi commenter chacun de ces articles afin d'y inclure un volet spirituel.

5. **Échange des consentements.** Le célébrant peut prononcer la phrase habituelle : « Madame, voulez-vous prendre monsieur pour époux ? », ce à quoi on répond : « Oui, je le veux ! » ou on peut formuler nos vœux soi-même (beaucoup plus personnel !) : « Devant ces témoins de notre amour, je suis heureuse de te prendre pour époux. » Devant nos proches, on lit un poème ou un texte qui parle de notre vision de l'amour et qui colle à notre réalité, qu'on peut composer soi-même.

6. **Échange des alliances.** C'est le moment d'échanger nos anneaux ou tout objet symbolisant notre alliance. On peut d'ailleurs en profiter pour expliquer d'où vient ce rituel. Le célébrant nous déclarera alors mari et femme.

Que symbolisent les alliances ?

Les anciens Égyptiens offraient et plaçaient un anneau de mariage sur l'annulaire de la main gauche, croyant que, dans ce doigt, une veine était reliée directement au cœur. Ces anneaux fabriqués d'or, un métal inaltérable et précieux, et leur forme ronde, sans début ni fin, symbolisaient un mariage de longue durée et riche d'amour aux époux qui les portaient. Depuis quelques décennies, le diamant s'est ajouté à l'anneau. Cette pierre précieuse, la matière naturelle la plus dure qui soit, tire son nom du mot grec «adamas», qui signifie «invincible», ce qui suggère l'éternité de l'amour. Si l'or et le diamant sont toujours populaires, plusieurs mariés penchent aussi pour l'argent, l'acier inoxydable, une pierre de couleur ou... le battement de leur cœur gravé. C'est du moins ce que propose Bijorca, un bijoutier d'Anvers, en Belgique, par un dispositif qui capte le boum boum du cœur des tourtereaux. Une option qui aurait la cote : l'achat d'une montre, d'un bracelet ou d'un collier en guise de cadeau symbolique personnalisé, quitte à choisir une alliance plus simple pour procéder au rituel.

7. **Communion et autres rituels.** Si on souhaite conserver le rituel de la communion, on peut partager des bouts de pain pita, comme l'ont fait Hubert et Caroline, ou dans une forme plus éclatée, Paule et Gordon (avec du citron et des cerises), donner aux invités une petite coupe de vin, de champagne ou d'hydromel ou encore un bonbon au miel (pour illustrer la sagesse et la douceur[17]) ou un biscuit chinois avec un message personnel qu'on aura glissé à l'intérieur. On peut brûler un papier – sur lequel on inscrit nos peurs ou les moments où on a manqué de générosité en amour – dans un bol métallique placé sur l'autel et même demander aux invités de venir y placer les leurs.

8. **Signature des registres.** Au son d'une musique choisie, nos témoins signent les registres officiels.

---

17. Source : *Notre mariage : Se marier autrement. Comment inventer une cérémonie civile ou religieuse*, Florence Servan-Schreiber, Albin Michel, 2003, 223 p.

9. **Conclusion et sortie.** C'est le moment d'échanger un baiser, sous un air de musique. Certains en profiteront pour lâcher des colombes, des papillons, lancer un bouquet de ballons dans le ciel, des confettis, des cœurs de papier, des grains de riz, des pétales de fleurs, souffler des bulles ou faire leur sortie précédés d'une pluie de pétales de fleurs ou de marguerites. Tentez d'inclure des petits moments magiques. Certains magasins vendent même des « bombes à pétales de rose ».

Entre ces grandes étapes, on intercale une pièce musicale, un texte ou une prière, qu'on lit ensemble ou qu'on confie à des proches.

2.3.2 *En paroles et en musique*

Nous ne ferons pas ici de suggestions précises de titres comme nous l'avons fait aux chapitres 1 et 3, car l'amour est éminemment personnel. Notre histoire d'amour se raconte souvent en musique, et chaque récit est différent, unique. Ce qui soulève l'émotion chez un couple en laisse un autre complètement indifférent. Plusieurs couples ont ainsi « leur » chanson d'amour, celle qui les fait se tourner l'un vers l'autre, émus, lorsqu'elle joue à la radio. L'amour est une source inépuisable d'inspiration : il y a tellement de chansons qui encensent l'amour, évoquent sa puissance et ses tourments qu'on a l'embarras du choix !

- **Pour dénicher les textes**, on s'inspire de citations célèbres (voir www.citationsdumonde.com ou www.poesieetcitationsdamour.com) ; de nos romans d'amour préférés ou essais sur l'amour (ex. : *Éloge du mariage, de l'engagement et autres folies*, Christiane Singer) ; des mots d'enfants touchants sur l'amour (voir www.enfandises.com) ; de cartes de vœux ; de paroles de chansons, etc. Si on compose soi-même les textes, on puise à même nos valeurs, ce qui nous unit, ce qu'on apprécie de l'autre et ses petits travers sympathiques, le moment de notre rencontre, nos petits rituels quotidiens, les étapes clés de notre vie et les épreuves que nous avons surmontées, nos souvenirs, notre vision de l'amour, ce qu'on a appris l'un de l'autre.

  Le livre *Notre mariage : Se marier autrement. Comment inventer une cérémonie civile ou religieuse* (Florence Servan-Schreiber, Éditions Albin Michel, 2003) contient un recueil d'une quarantaine de pages de citations et de textes.

- **Quant à la musique, toutes les options sont ouvertes :** classique, jazz, nouvel âge, chanson française actuelle ou d'époque, folk, contemporain, downtempo, brésilien, grégorien, gospel, swing, celtique, tango, crooner, alouette! Sortons des sentiers battus et choisissons de la musique qui nous parle et qui nous définit. On peut faire son entrée sur n'importe quelle musique ou chanson, en autant qu'elle ait du souffle et porte en elle l'émotion voulue. Ainsi, plutôt que la traditionnelle marche nuptiale, certains couples choisissent une pièce musicale tirée d'une bande originale de film (ex. : *Légendes d'automne, Un homme et son péché, Il Postino, La vie est belle (La Vita è bella), Cinéma Paradiso*) ou de la musique instrumentale. On alterne entre musique de fond et chansons significatives, sur lesquelles on peut inviter l'assemblée à réfléchir, en leur fournissant les paroles dans un cahier. Selon notre budget, on réserve les services d'un chanteur, d'un musicien, d'une chorale, d'un orchestre (les étudiants en musique peuvent sans doute nous faire de bons prix), ou encore on grave un CD avec les pièces musicales à faire entendre, dans l'ordre des différentes étapes de la cérémonie.

- **Pour des suggestions de textes et de musiques,** consultez ce livret sous format PDF, qui contient des exemples de cérémonies laïques organisées par le Centre d'Action Laïque (Belgique) : www.ulb.ac.be/cal/commissions/ceremonieslaiques/documents/ceremoniesmariages.pdf.

2.3.3 *Où se marier ?*

En faisant appel à un célébrant de mariage, on peut tenir la cérémonie à peu près où on veut et poursuivre la fête sous le même toit, et ce, n'importe quand dans la semaine. Qui a dit qu'un mariage était figé dans la case horaire du samedi entre 14 h et 17 h? On peut ainsi opter pour un brunch, le dimanche midi, et faire la fête le samedi d'avant lors de notre enterrement de vie de jeunesse! De nombreux lieux de réception, flairant la tendance, proposent une petite chapelle ou un chapiteau sur place, afin de conférer un aspect plus solennel à la cérémonie. Quelques lieux intéressants :

1. **Auberges et tables champêtres.** Ils sont parfaits pour les mariages intimes www.agricotours.qc.ca.

2. **Restaurants.** Plusieurs ont des salles de réception qui permettent la tenue de la cérémonie sur place : il suffit de leur demander.

3. **Verger :** www.lapommeduquebec.ca/fr/index.html.

4. **Vignoble :** www.vignerons-du-quebec.com.

5. **Club de golf, de curling.**

6. **Érablières :** www.laroutedessucres.com.

 Tout sucre tout miel… dans une érablière

Évelyne et Denis ont choisi de se marier à la cabane à sucre où ils se sont rencontrés : «C'était un dimanche midi, à la date de notre rencontre. Nous étions assis face à nos invités, à qui le mot d'ordre côté tenue vestimentaire a été : habillez-vous comme vous voulez. Pour ma part, j'ai choisi une robe médiévale rouge vin et vert forêt, alors que Denis a bien vite remplacé son tuxedo par ses jeans et ses bottes de cowboy. Nous avons choisi les textes, dont certains humoristiques, parmi le recueil proposé par notre célébrant de mariage. Nous avons cependant composé nos propres vœux et chanté *La vie en rose* en duo. Comme il faisait beau ce jour-là, nous sommes allés nous promener dans l'érablière. C'était tellement relax qu'on a oublié de couper le gâteau! Bien que nous ayons opté pour la simplicité (nous nous en sommes tirés pour moins de 4 000 $), on ne se sent pas moins mariés pour autant!»

---

7. **Bateau ou train.**

8. **Chalet.** Un proche de la famille est propriétaire d'un chalet ? Pourquoi ne pas lui demander d'y célébrer votre mariage ?

9. **En plein air.**

 Mariage intime sur le mont Royal

Isabelle et Sébastien ont uni leurs destinées entourés d'un tout petit comité : sept invités au total ! D'abord, leurs familles respectives, qui vivent en France, n'ont pu se déplacer dans ce court délai (Sébastien a demandé la main de sa belle à la fin avril, et ils se sont mariés le 5 juillet). Et le tralala d'un grand mariage, très peu pour eux. Le choix des invités n'était pas anodin, raconte Isabelle : « Nous avons convié les gens qui se sont spontanément réjouis de notre bonheur sans se perdre dans des discussions sur l'intérêt de se marier de nos jours. Nous avons aussi exclu ceux qui n'y ont vu que l'occasion de faire la fête. Bien que cette attitude ait suscité de l'incompréhension, nous tenions à un mariage intime qui nous ressemble, en accord avec notre façon d'être. »

Comme Isabelle et Sébastien vivent leur spiritualité très librement et souhaitaient un lieu agréable et chaleureux, c'est un célébrant de mariage qui a présidé la cérémonie, tenue sur la butte derrière le grand chalet du mont Royal. Cet endroit, en plus d'être situé en retrait tout en demeurant facile d'accès, semblait encore chargé de l'énergie du rituel amérindien qui s'y était récemment déroulé.

Isabelle et Sébastien ont distribué un bâton d'encens aux invités, qu'ils ont allumé et planté en terre. Après le mot d'ouverture du célébrant, les mariés ont tous deux lu un texte personnel décrivant leur vision de l'amour et du mariage. Avant d'être glissées à l'annulaire des mariés, les alliances ont circulé entre les invités, placés en arc de cercle devant eux. À tour de rôle, les invités ont formulé un vœu, à voix haute ou en pensée. C'était à la fois émouvant et comique, confie Isabelle : « Des amis de formation scientifique ont rédigé un texte sur l'alchimie de l'amour, alors qu'un autre s'est exprimé sur le rôle que nous jouons dans sa vie. Nos témoins nous ont ensuite fait rire en posant sur nos têtes une couronne de pacotille et en s'agenouillant pour nous donner les alliances. »

La séance de photos était aussi singulière : chaque couple, hétéro et homo, a défilé derrière un décor de carton représentant des mariés en habits traditionnels, avec un espace pour y glisser la tête, un peu comme on en voit dans les fêtes foraines. Un clin d'œil rigolo, d'autant plus qu'Isabelle et Sébastien étaient sobrement vêtus de lin crème et écru. Pour la photo de groupe, certains tenaient des pancartes avec les inscriptions *amour, gloire et beauté*, et d'autres des fleurs de plastique montées sur tiges de bois qui tournaient comme des girouettes sous l'effet du vent.

Après avoir sablé le champagne, le petit groupe a profité de la douceur de la nuit en savourant un délicieux repas concocté par un traiteur, servi sur des tables à pique-nique nappées et éclairées par des chandelles. Bilan ? « Un mariage tout simple, mais qui semble avoir ému nos invités autant que nous ! Cela dit, qu'il y ait 7 ou 300 invités, il y a beaucoup de logistique au menu. Et, en prime, quelques sueurs froides, car s'il avait plu, le mariage était à l'eau, car nous ne pouvions y monter une tente. Quelques mois après, une autre cérémonie (rien d'officiel et de légal) avait lieu dans le fief familial de ma mère, au Viêt-nam, là où nous nous sommes rencontrés. »

10. **Chez soi.** On fait appel à des musiciens et à un bon traiteur, qui s'occupera de louer tout le matériel nécessaire.

11. **Au soleil.** Certaines destinations offrent des forfaits mariage alléchants, combinant du même souffle la lune de miel. Pour un tableau descriptif, cliquez sur (en français) : www.weddingbells.ca/canada/mariage/mqsoleil.asp.

12. **Salles municipales et autres lieux** : les municipalités, associations et clubs divers possèdent parfois des salles surprenantes, qu'on peut aménager pour y organiser notre événement. Voir aussi du côté des musées, des théâtres, etc.

Comment trouver le lieu idéal ?

• **Les célébrants de mariage ont fait l'expérience de nombreux endroits :** ils pourront vous suggérer des lieux qui conviennent à votre concept.

• **Interrogez votre entourage** en spécifiant la formule choisie.

- **Furetez dans Internet et dans les groupes de discussion** (les futures mariées échangent souvent sur les lieux visités, ex. : MSN Groupes), dans les magazines et les salons spécialisés.

- **Faites preuve d'imagination** : de nombreux endroits peuvent être aménagés pour y donner une réception, pourvu qu'on dispose du budget pour louer tables, chaises, vaisselle. Il existe même des églises... gonflables !

- **Visitez les lieux pressentis, c'est essentiel !** Pour accompagner votre visite, voir notre liste de sélection d'un lieu au chapitre 14.

Paule et Gordon : masculin et féminin se rencontrent

Pour leur cérémonie de mariage en plein air, dans les Cantons-de-l'Est, Paule et Gordon ont créé une mosaïque qui leur convenait, à partir d'éléments rituels celtes, amérindiens et autres : « Comme nous sommes ensemble depuis douze ans, nous voulions honorer la vraie vie, qui n'est pas toujours romantique et très rose, même si les liens entre les conjoints sont très forts. J'étais assise sur une chaise et Gordon a tourné sept fois autour de moi, en me demandant chaque fois si je l'acceptais avec tel défaut ou tel autre, l'idée étant de se choisir à nouveau, en s'acceptant tel que nous sommes, ombres incluses. J'ai fait la même chose. Pour illustrer concrètement le côté doux-amer de l'amour durable et authentique, nous avons ensuite communié avec un morceau de citron... et une cerise de France. Chacun a communié sous les deux espèces. Nous avons formé deux cortèges qui se faisaient face, les hommes d'un côté, les femmes de l'autre, de tous âges. Chaque groupe se livrait à une sorte de danse de séduction "avance et recule", un peu comme ça se fait dans la vie, finalement ! Sentir cette énergie masculine à l'état pur (une soixantaine d'hommes avec des tam-tam) qui avançait vers nous d'un seul bloc m'a beaucoup touchée. Pour la bénédiction, nous avons fait "chanter" la forêt : une amie, chanteuse d'opéra, s'était cachée dans les arbres, d'où montait le son de sa voix, magnifique et prenante. » Après cette cérémonie, divisée en actes comme une pièce de théâtre, un repas et un spectacle ont suivi. Voilà pour ce mariage dit « chamanique ». Quant aux papiers légaux, nous les avons obtenus... à Las Vegas, dans un « Yes-I-do drive-in », conclut Paule en riant. Un beau contraste, un peu à l'image du concept de leur mariage !

Marie-Élène, Annie… et Sinead

C'est aussi en plein air que les deux jeunes femmes se sont unies, vêtues d'un ensemble tunique-pantalon blanc et coiffées d'une couronne de fleurs blanches. Marie-Élène raconte : « Nos invités nous attendaient dans le bois et nous avons fait notre entrée sur une chanson de Sinead O'Connor, précédées des petits neveux qui lançaient des marguerites devant nous. Un couple d'amies qui s'étaient rencontrées la même soirée nous a lu un texte de Khalil Gibran. Un autel avait été aménagé dans le bois et la cérémonie était présidée par un pasteur protestant. Après l'échange des vœux et des bagues, nous sommes redescendus tous ensemble sur l'air de *I can see clearly now* de Johnny Nash, tiré du film *Grosse Pointe Blank*. C'était très communautaire : chacun avait apporté un plat et des marguerites pour remplir des pots placés sur les tables, louées pour l'occasion. Nous avions aussi loué un gros barbecue. Et un ami photographe s'est chargé des photos. Tout le monde était invité à planter sa tente sur le terrain et nous avons déjeuné le lendemain matin avec ceux qui étaient restés. » Organisé pendant une période où la santé d'Annie chancelait, ce projet commun était porteur d'espoir. Si Marie-Hélène et Annie poursuivent aujourd'hui leur route chacune de leur côté, elles n'en sont pas moins heureuses de cet événement, de ce qu'il signifiait pour elles à ce moment et de la façon dont il a été orchestré.

Se marier dans le Sud

C'est une option qui gagne en popularité, surtout pour un second mariage ou chez les fiancés plus âgés. Si vous souhaitez que famille et amis vous accompagnent, passez le mot d'un an à deux ans à l'avance. Si vous échangez vos vœux en duo seulement, prévoyez une petite fête au retour, où vous pourrez projeter quelques images vidéo et/ou des photos du mariage, raconter des anecdotes charmantes ou rigolotes, etc. Ce peut être au restaurant, dans une salle privée munie d'équipement audiovisuel, et chacun pourrait alors payer son repas, en guise de cadeau. C'est la seule circonstance où demander une contribution est correct, selon Suzanne Laplante, coordonnatrice de mariages et auteure[18], qui suggère que ce soit quelqu'un d'autre qui invite en votre nom.

---

18. *Mariage : étiquette et planification*, Suzanne Laplante, Éditions de l'Homme, 1999.

Par exemple :
Myriam et Daniel sont de retour parmi nous après s'être dit « oui, je le veux ! »
sur les plages de Cuba. Joignez-vous à moi pour un souper en leur honneur, où
nous aurons le bonheur de voir les images de leur mariage célébré au soleil.

Or et argent chez les orthodoxes

Chez les orthodoxes, l'homme porte un anneau d'or, symbolisant
le soleil, et la femme, un anneau d'argent, symbolisant la lune. Et
si on leur piquait l'idée pour en faire le thème de notre mariage ?
Le thème musical sera alors *Le soleil a rendez-vous avec la lune,* de Charles Trener !

2.4 Impliquer parents et amis

Pour que chaleur et émotion soient au rendez-vous, demandez à vos invités de s'investir. Plus ils participeront, plus ils seront touchés par ce que
vous vivez. Des idées :

• **Invitez d'abord les gens significatifs dans votre vie** de tous les jours et
susceptibles de vous appuyer au besoin. Si vous payez vous-même la
noce et que vous devez faire un choix entre des amis proches et
« matante » Claudette que vous avez vue à Noël l'an dernier, allez-y pour
la proximité du cœur !

• **Sollicitez leurs talents :** culinaire (confection du gâteau), musical (jouer
ou chanter), belle plume (écriture d'un texte), doigts de fée (aide pour
confection de la robe, des centres de table, des décorations, des invitations…). Certains ont un sens de l'humour bien aiguisé ? Ils peuvent
nous préparer un « bien-cuit » ou des blagues sur le mariage, à raconter pendant la réception.

• **Les parents peuvent bénir l'alliance** de leur beau-fils ou de leur belle-
fille pour lui souhaiter la bienvenue ou confectionner le pain qui sera
distribué en guise de communion.

- **Nos invités peuvent allumer** à notre bougie principale une chandelle qu'ils auront apportée ou qu'on leur fournira. On peut leur demander d'écrire des vœux sur un bout de papier qu'on ramassera en guise de quête, comme l'ont fait Caroline et Hubert. Aussi à lire pour d'autres bonnes idées : le témoignage d'Isabelle et Sébastien. (voir p.65)

Brel et pain pita : une cérémonie personnalisée à l'église
Caroline et Hubert ont créé une cérémonie sur mesure à l'aide d'Alain, un jeune prêtre ami d'Hubert. Placés face à leurs invités, ils ont chanté *Quand on n'a que l'amour*, de Brel, avec Alain à la guitare. Avec sa voix, la sœur de Caroline a aussi fait vibrer leur petite église d'enfance. Leur famille immédiate a été appelée à les bénir et, pour la communion, les convives ont trempé du pain pita dans les coupes de vin tenues par Caroline et Hubert. Les tourtereaux ont personnalisé leurs textes et rédigé les prières universelles. En guise de quête, chacun a déposé un petit mot qui sera lu à chaque anniversaire de mariage. Ensuite, ils ont festoyé toute la journée sous un chapiteau dressé à côté de l'école de campagne où enseignait le père de Caroline. La fête s'est poursuivie jusqu'en soirée, avec feu de joie, épis de maïs et tout le monde en jeans !

- **Demandez-leur de vous envoyer**, à l'avance, leur citation préférée sur l'amour (par la poste ou par courriel). Réalisez un montage de ces citations sur un panneau, en inscrivant leur nom à côté et en y collant leur photo. Ou encore, lisez-les pendant la cérémonie, inscrivez-les sur les marque-places ou demandez-leur de la dire à voix haute pour exiger un bisou des mariés !

- **Lors du repas**, prenez quelques minutes pour présenter vos invités aux autres, en disant le rôle qu'ils jouent dans votre vie et comment ils soutiennent votre union.

- **Sur place, disposez des photos** de vous et vos amis dans de jolis cadres ou sur un panneau, ou encore préparez un montage visuel que vous diffuserez sur un écran. Ce peut être des photos avec vous à différentes périodes, des photos du mariage de certains invités ou des photos d'enfance (formulez la demande en envoyant le faire-part). Chacun s'amusera à deviner qui est qui... Voilà une idée pour agrémenter votre plan de table.

- **Demandez-leur de s'habiller d'une couleur spéciale.** Les invités n'osent pas le blanc et le noir ? Faites-en le thème de votre mariage et choisissez pour vous-même une robe... rouge. Quel contraste !

- **Enfin, ils peuvent contribuer à votre bouquet :** demandez à certaines personnes significatives d'apporter une fleur qui, à leur avis, vous représente. En passant près d'eux en vous rendant à l'autel, vous ajouterez ces fleurs à celles que vous aurez déjà choisies.

2.5 Oui, prise deux — Conseils pour un second mariage

- **S'assurer qu'on est sur la même longueur d'onde.** Si l'un de vous deux a déjà vécu la magie d'une première fois et souhaite y aller plus modestement, assurez-vous que l'autre ne se sent pas privé de quelque chose.

- **Être le plus personnel possible.** L'église est exclue ? C'est l'occasion de créer une cérémonie qui vous ressemble vraiment, en choisissant un lieu significatif, des textes et des musiques qui vous parlent droit au cœur.

- **Du blanc ou pas ?** Bien sûr, si on a déjà goûté à la robe longue à traîne avec voile et tutti quanti, on choisira une robe plus simple ou un magnifique tailleur. Il vaut la peine de faire un détour chez nos créateurs de mode, qui ont certainement une tenue simplissime mais sublime à proposer. Blanc ? Pourquoi pas ! Ou encore, optons pour l'ivoire, le crème, le blanc cassé ou notre couleur préférée, celle qui nous définit, en petites touches ou des pieds à la tête. Après tout, la coutume de la robe blanche, symbole de pureté, est récente (fin XIXe, début XXe siècle). Avant, les mariées portaient leur plus jolie robe, qu'elle soit rose, bleue (une couleur associée à la Vierge Marie) ou jaune. Pourquoi pas le bourgogne et le rouge, couleur passion ? Ainsi, dans les mariages hindous, la mariée revêt un sari rouge et or. Magnifique ! De nombreuses communautés culturelles ont choisi cette teinte de feu comme couleur des noces[19] : les Lapons, les Chinois, les Japonais, les Pakistanais, les Arméniens...

---

19. Source : *Notre mariage : Se marier autrement. Comment inventer une cérémonie civile ou religieuse*, Florence Servan-Schreiber, Albin Michel, 2003, 223 p.

- **On a déjà deux grille-pain !** Comme les couples plus âgés ont déjà tout ce qu'il leur faut côté trousseau, pourquoi ne pas demander une contribution monétaire ? Dans ce cas, faites-le discrètement : Suzanne Laplante, coordonnatrice de mariages, suggère d'éviter l'expression « corbeille nuptiale » dans le faire-part et de privilégier plutôt une phrase comme *Pour tous renseignements, communiquez avec (telle personne)*. Cette personne, que ce soit une coordonnatrice de mariage, une amie ou un membre de la famille, aiguillera nos convives en mentionnant que les mariés désirent s'acheter des antiquités, un tableau, des meubles ou un voyage et qu'il y aura une corbeille nuptiale sur place pour leurs contributions. On peut également demander à un agent de voyage s'il peut recueillir directement les contributions monétaires pour notre voyage de noces. Alexandre et Daphné, eux, ont dirigé leurs invités vers leur site Internet, qui affichait un bon de commande virtuel pour les pièces... d'une voiture cabriolet ! Un clin d'œil sympathique pour expliquer qu'ils ne voulaient pas d'argenterie ni de petits plats dans les grands ! Une autre option : le mariage philanthropique.

Philanthropiques et écolos

Au lieu de faire confectionner des bonbonnières pour vos invités, mettez sur la table une petite carte indiquant que vous avez fait un don à une œuvre de votre choix en leur nom. Vous pouvez aussi verser un pourcentage des sommes reçues en cadeau à cette même œuvre. Mettez aussi à contribution les fournisseurs : demandez au traiteur de faire envoyer le reste du buffet dans un refuge pour sans-abri et acheminez les fleurs dans un hôpital, une résidence pour personnes âgées ou un refuge pour femmes victimes de violence conjugale. Vous pouvez aussi choisir comme lieu de réception une salle dont les profits bénéficient à un organisme sans but lucratif et proposer à vos dames et demoiselles d'honneur de léguer leur robe à des adolescentes défavorisées pour leur bal de graduation. Autre tendance qui monte : l'écomariage, qui place notre préoccupation pour l'environnement au cœur de l'organisation et dicte le choix des fournisseurs et des textes.

Pour d'autres idées, voir les sites Internet (en anglais) : www.marriedforgood.com ou www.idofoundation.org et www.OrganicWeddings.com.

2.6 Se marier... lorsqu'on est déjà parents

En 2000, 32,6 % des mariages célébrés comptaient un conjoint qui se mariait pour la seconde fois. Selon la *Stepfamily Association of America*, les seconds mariages totalisent la moitié des 2,3 millions de mariages célébrés aux États-Unis. Près de 65 % d'entre eux unissent des couples avec enfants. Le mariage prend alors des allures familiales, car on unit le couple, mais on consolide du même souffle les liens familiaux. De plus, comme les enfants font souvent partie du « trousseau » de ces mariés, c'est une manière d'indiquer aux enfants issus d'une union précédente que notre nouveau conjoint est là pour rester et que, avec lui, on forme également une nouvelle famille. On assiste certainement là à l'émergence d'un nouveau rituel ! Même l'industrie touristique s'est mise de la partie, en proposant des forfaits de lunes de miel familiales.

Les enfants seront donc associés étroitement à notre démarche pour signifier que, tous ensemble, on s'engage à mettre les efforts pour que notre vie familiale soit épanouie. Voici quelques idées pour les intégrer au mariage selon le degré voulu :

- **Amener papa ou maman à l'autel.** Pour un second mariage, plutôt que de descendre l'allée au bras de notre père, demandons à fiston de nous amener à notre futur époux ou à fillette d'amener notre conjoint jusqu'à nous. On peut aussi confier les alliances à notre enfant, qui se chargera de les présenter au moment désigné.

- **Participation aux lectures et aux vœux.** Notre enfant peut faire la lecture d'un texte humoristique ou charmant, comme un extrait du *Petit Prince*, un texte provenant du site www.enfandises.com ou encore d'une carte de vœux. On s'assure d'abord qu'il est à l'aise, pas trop timide, et que sa « prestation » à venir ne le terrorise pas. On prévoit qu'un adulte pourra prendre la relève s'il fige sur place. On peut aussi l'inclure dans les vœux, en lui demandant s'il accepte que papa et maman se marient ou que son beau-père marie sa maman (on aura vérifié son accord avant !). Une nuance importante : si on attend de cette cérémonie qu'elle noue des liens qui ne sont pas là ou qu'elle colmate les difficultés émotionnelles vécues avec les enfants de l'un et de l'autre, on risque d'être déçu. L'harmonie familiale qu'on voudrait projeter ce jour-là doit exister pour de vrai !

Acceptez-vous de prendre Sophie dans votre famille?

Dans le magazine *Mariage Québec*[20], l'animatrice Sophie Durocher raconte comment la femme révérend qui l'a unie à Richard Martineau a impliqué les filles de ce dernier : «Juste avant de lui demander s'il acceptait de me prendre pour épouse, elle s'est tournée vers les filles de Richard et leur a demandé si elles acceptaient de me prendre dans leur famille. C'était très émouvant!»

- **Chacun son alliance.** On peut offrir un anneau à nos enfants pour symboliser la nouvelle alliance familiale, un rituel d'autant plus intéressant si notre mariage scelle les liens d'une famille recomposée. Et on pourrait faire entendre *T'es pas mon fils*, interprétée par Isabelle Boulay (*Plus tard, tu pourras tout me dire/J's'rai jamais là/Pour te juger/Tu peux compter sur moi/Pour t'écouter*). Les anneaux inspirés du film *Le Seigneur des anneaux*, offerts dans les boutiques médiévales, sont particulièrement chouettes. Si on désire garder le symbole de l'alliance pour les mariés, ce peut aussi être un pendentif ou un bracelet gravé.

- **Une danse avec notre enfant.** Pendant la réception, la danse d'ouverture peut inclure quelques pas avec notre enfant, sur une musique de circonstance (ex. : *Maman, la plus belle du monde*, chanté par Henri Salvador, Luis Mariano ou Tino Rossi).

- **Un dernier conseil :** prévoir qu'une personne s'occupera de notre enfant pendant la cérémonie et le conduira vers nous au moment opportun s'il en est partie prenante.

Pour d'autres idées, le site www.gettingremarried.com (en anglais).

On s'est mariés tous les quatre!

Annie et Sylvain voulaient un mariage tout simple et pas pompeux pour deux sous qui, justement, ne coûterait pas beaucoup de sous! Leur volonté : faire participer leurs fils Baptiste et Simon, qui avaient alors trois et quatre ans. Annie raconte : «J'ai fabriqué ma robe, que j'ai assortie à une couronne de tulle qui entourait mes cheveux coiffés en tresses françaises. Le matin même, je me suis bricolé un

---

20. Printemps-été 2004.

bouquet avec des marguerites que je suis allée cueillir. Sylvain était vêtu sobrement, mais sans smoking et tout le falbala. Nous avions choisi des joncs tout simples. Enfin, j'ai moi-même conçu les invitations en incluant des dessins humoristiques.

Au palais de justice, les seuls convives étaient mes beaux-parents, nos témoins et les enfants, puisque ma famille vit en France. La cérémonie a été jonchée de péripéties. D'abord, nous avions ajusté la caméra à la hauteur des invités. Or, en arrivant, le procureur nous a dit : « Levez-vous ! » Constatant que nous aurions la tête coupée sur la vidéo, nous avons été pris d'un fou rire qui n'a plus cessé. Les enfants faisaient tout un bazar dans les rideaux et couraient partout. Et pendant toute la cérémonie, on entendait les paroles de la chanson que nous avions choisie, *Mon Joe, ma lurette* : "Faut changer de maîtresse, mon Joe…" Si cette chanson nous rappelait ma découverte du Québec et de notre amour, il fallait voir la tête du procureur !

Nous nous sommes ensuite rendus dans un café du quartier, où nous attendaient une cinquantaine d'invités, à qui nous avions demandé d'apporter un plat. Nous avons fourni du vin mousseux pour le cocktail et du vin pendant le repas. Comme nous avions invité des gens de milieux différents, nous avons inventé des jeux pour casser la glace. Chacun recevait à l'entrée une moitié de carte et devait retrouver celui ou celle qui détenait l'autre moitié. Une fois la carte reconstituée, nos invités devaient se livrer à des petits jeux rigolos. Par exemple, imiter le chant du coq, entonner une chanson de Piaf et d'autres trucs plus farfelus comme aller chercher un pot d'olives ou identifier toutes les personnes portant des lunettes. On s'est laissés aller à notre folie en préparant tout ça.

Ma belle-famille a improvisé une chorale en adaptant les paroles d'une chanson, une amie avait apporté des disques, on a joué de l'accordéon, on a dansé. Dans le hall du café, nous avons aménagé un coin pour la douzaine d'enfants présents, avec tapis et jouets. Eux aussi avaient des moitiés de cartes à repérer. Quant à la tradition de la danse de l'argent qu'on épingle aux vêtements des mariés, nous avons conçu des faux billets à notre effigie, car nous ne voulions pas que nos invités déboursent le moindre sou, outre leur contribution au repas. Ils nous ont dit qu'ils ne s'étaient jamais tant amusés à un mariage ! »

2.7 Pour occuper les enfants

Dans un mariage à caractère familial, il est de bon ton d'inviter également les enfants de nos convives. Voici quelques suggestions pour les intégrer :

- **Choisir un lieu approprié** où les enfants sont les bienvenus.

- **Leur demander d'apporter un dessin** de notre mariage ou de le faire pendant la cérémonie, qu'on exposera lors de la réception.

- **Leur confier de petites tâches** (lectures, distribution du cahier de célébration, distribution de papiers mouchoir pour les grandes émotions !). Plus âgés, ils peuvent diriger les invités, leur rappeler de signer le livre d'or ou prendre des photos avec une caméra jetable.

- **Aménager une table des enfants**, de concert avec le traiteur : offrir un menu pour enfants avec une nappe et des serviettes de papier, éviter les bougies et les centres de table sophistiqués (pourquoi pas un panier avec des bonbons, des masques, des petits jouets).

- **Aménager un coin jeu** avec des jouets, des livres à colorier et des crayons, des activités de bricolage symboliques.

- **Fabriquer un mini-livre à colorier** d'une dizaine de pages (dans Word, insérer des images clipart représentant le mariage ; agrandir sur une page ou demi-page ; imprimer en noir et blanc, puis brocher les pages).

- **Engager une gardienne** (ce peut être un ou une adolescent(e) de la famille), un clown ou un magicien pour les divertir.

Rituels d'ici et d'ailleurs

« Something old, something new, something borrowed, something blue. » Cette tradition anglo-saxonne fait partie de nos rituels populaires. À la robe de mariée ou aux accessoires neufs, on ajoute un bijou de famille qui reflète les valeurs et la tradition familiale et on emprunte un accessoire à une femme mariée heureuse, en espérant que son bonheur rejaillisse sur notre couple. Quant au bleu, on le retrouve souvent dans la jarretière, qui symbolise la virginité. Chez les Hébreux, on dit que le bleu et le blanc sont les couleurs symboles de l'amour, de la pureté, de la fidélité. Dans certaines familles anglaises et irlandaises, on ajoute : *« a lucky penny in your shoe »*. La jeune fille place ainsi un vieux *« penny »* ou une pièce de monnaie dans son soulier en gage de prospérité.

Henné, bijoux et feu sacré. Le mariage hindou est fertile en rituels de toutes sortes. Parmi ceux-ci, il y a les mains et les pieds de la mariée ornés de dessins réalisés avec une pâte au henné et le sari rouge qu'elle revêt, en plus de nombreux bijoux traditionnels et une couronne de fleurs qu'a aussi le marié autour du cou. Pendant la cérémonie, un feu est allumé, autour duquel les époux tournent sept fois en prononçant un vœu. On rend hommage aux parents en leur touchant les pieds. Des grains de riz sont lancés.

Houppah **et verre à vin brisé.** Les mariages juifs se déroulent sous un dais nuptial, le *houppah*, qui symbolise entre autres la protection divine et la maison que le couple va désormais partager. Après la lecture du contrat de mariage, le rabbin procède aux sept bénédictions et le marié piétine un verre de vin, en souvenir de la destruction du Temple de Jérusalem et pour souligner la fragilité du bonheur humain.

Front contre front. Les mariés arméniens collent leur front l'un à l'autre pendant de longues minutes, pour signifier que les deux individus ne forment plus qu'un.

Pour en savoir plus : *Notre mariage : Se marier autrement. Comment inventer une cérémonie civile ou religieuse*, Florence Servan-Schreiber, Éditions Albin Michel, 2003. (Seize types de mariage sont dépeints, avec les rituels propres à chacun.)

2.8 Réception : comment trouver notre concept

1. **Intime ou grandiose ? Simplicité ou grand faste ?** Certains préfèrent économiser pendant un an de plus pour combler leurs fantasmes alors que d'autres optent volontairement pour un mariage « cocooning » avec leurs proches. Suzanne Laplante, coordonnatrice de mariages, est formelle : « Offrez-vous un mariage correspondant à vos moyens. Ne vous endettez pas pour ça et ne comptez pas sur les cadeaux en argent pour payer le coût de la noce : vous ne couvrirez pas les frais. Privilégiez moins de convives – les gens vraiment importants pour vous, que vous fréquentez souvent – et offrez-leur davantage, plutôt que d'inviter toutes vos connaissances et de devoir ainsi lésiner sur la qualité du repas et autres éléments. » Qu'est-ce qui est le plus important pour nous : pouvoir se marier au chalet familial, avoir des musiciens plutôt qu'un enregistrement, inviter beaucoup de gens, revêtir une robe de princesse, offrir un repas gastronomique, de bons vins ou du vrai champagne, proposer une animation qui fera fureur, faire danser nos convives après le repas ? Comme lorsqu'on achète une maison, certains éléments font partie des extras alors que d'autres nous semblent incontournables.

2. **Les caractéristiques de notre union.** On dit de nous qu'on est le jour et la nuit ? Choisissons comme thème le noir et le blanc, les dominos ou le yin et le yang.

3. **Notre rencontre.** On s'est déclaré notre amour aux lueurs nocturnes ? Pourquoi ne pas se marier en soirée, éclairés par des lampions, et offrir à nos invités un feu d'artifice ?

4. **Nos hobbies, nos passions, nos aspirations.** Ils peuvent influencer notre concept et dicter le lieu de notre mariage. Les fervents du plein air pourront opter pour un mariage en pleine nature ou dans une auberge entourée d'arbres. Les grands voyageurs s'intéresseront aux traditions et coutumes d'autres pays, qu'ils pourront incorporer à leur cérémonie. On est passionnés d'histoire ? Pourquoi pas un mariage médiéval ou victorien ? Des amateurs de country-western se sont déjà mariés au son de la famille Daraîche. Leur limousine ? Un cheval pour monsieur et une calèche pour madame. Et le célébrant les a bénis avec un chapeau de cowboy sur la tête !

Week-end mariage
Nathalie Lambert, triple médaillée olympique en patinage de vitesse, a convié tout son monde pour un mariage week-end à l'auberge d'un de ses amis : « Nous avons débuté le vendredi soir avec un party animé. Le samedi, tous ont pu faire connaissance autour de la piscine avant de se préparer pour le mariage, célébré dans une magnifique église locale. De retour à l'auberge pour la réception, la glace était déjà cassée! Le dimanche, un brunch ponctué d'un mini « bien-cuit » clôturait le week-end. »

Intéressés par la formule ?

- **Lancez vos invitations très à l'avance,** car il est plus difficile de réserver notre monde pour tout un week-end.

- **Entendez-vous avec l'aubergiste sur un forfait clair.** Vos invités doivent savoir combien leur coûtera leur week-end, nuitées et repas inclus.

- **Offrez également la possibilité** d'être présents pour la journée seulement.

2.8.1 Sept mariages à thème

1. **Moyen Âge ou Renaissance.** De nombreux lieux s'y prêtent à merveille : le site de l'auberge Le Baluchon (là où a été tournée la télésérie *Marguerite Vollant*), le restaurant Fourquet Fourchette (Chambly), le restaurant Le Cabaret du Roy (Montréal), l'Auberge du Dragon Rouge (Montréal), etc. Sinon, des murs de vieille pierre conviendront. Plusieurs boutiques offrent désormais des vêtements et des alliances d'inspiration médiévale. On peut demander aux invités de se costumer pour l'occasion.

   Dans Internet, un guide pour organiser un mariage médiéval : www.le-mariage.com/medieval/index.html.

2. **Asiatique.** Quelques éléments évocateurs et sympathiques : le signe chinois du mariage sur l'invitation ou pour sceller l'enveloppe ; une petite robe chinoise satinée à col Mao, ou un kimono chic ; un menu de dim

sum, de sushis ou d'autres spécialités culinaires asiatiques; des centres de table zen composés d'orchidées; le nom des invités ou des mariés écrit sur des grains de riz; un toast au saké; la cérémonie du thé; le tout célébré au Jardin de Chine ou au Pavillon japonais du Jardin botanique de Montréal, dans une salle tatami d'un restaurant sushi, dans un restaurant chinois.

3. **Nostalgia.** On puise des éléments au passé : on revêt une petite robe charleston et on demande aux invités de s'habiller comme dans *Les incorruptibles, Chicago* ou *The Cotton Club*; on retient les services d'un dixieband ou d'un groupe de musique swing (sinon, on fait jouer des CD des crooners du *Rat Pack* (Frank Sinatra, Dean Martin, Sammy Davis Jr.), de l'une des divas du jazz ou encore des airs vintage à la sauce moderne (Diana Krall, Bet.e – avec ou sans Stef –, Susie Arioli Band); on loue une voiture rétro; on nomme nos tables selon des films noir et blanc d'époque et on imprime le visuel de l'affiche (ex. : *Casablanca, Gone with the wind, It happened one night, An American in Paris, Citizen Kane, Gilda, It's a Wonderful Life*). On peut aussi arrêter la machine à voyager dans le temps aux années 50-60 (party rock'n'roll avec juxebox, imitateurs d'Elvis, cocktails colorés, jupes circulaires) ou disco (années 1970). Notre livre de bord : *Your vintage wedding*, Nancy L. Eaton, HarperResource, 2002.

Une demande en mariage… «vintage»
En faisant du ménage dans ma paperasse, un bijou d'une autre époque a glissé d'une chemise : la demande en mariage envoyée par mon arrière-grand-père Évariste aux parents de sa douce, en 1919. Une lettre formelle, délicieusement surannée, dans laquelle mon aïeul exposait ses espoirs pour l'avenir, le foyer chaleureux qu'il comptait bâtir et proposait des références sur sa conduite. Il vendait sa salade, quoi! La réponse du père d'Yvonne m'a fait réfléchir : «Si plus tard dans la vie, vous n'y trouvez pas seulement que du bonheur et de l'agrément, il vous faudra supporter vos peines sans reproches, que vous sachiez endurer chacun de vos défauts. Si vous êtes bien décidé à accepter ma fille avec ses qualités et ses défauts, alors je n'ai pas d'objections à votre bonheur.» À mijoter!

4. **Mariage tropical.** On aurait souhaité se marier dans le Sud, mais nos proches n'auraient pu être présents ? Recréons le Sud au Québec : merengue et salsa ; cocktails tropicaux ; rhum des îles ; repas antillais ou cajun.

5. **Viva Las Vegas.** On choisit un lieu *glamour* ou près d'un des trois casinos du Québec – c'est possible d'organiser l'événement sur place, mais les mineurs ne sont pas admis (www.bonjourquebec.com/francais/attraits/casinos.html) –, ou encore on recrée l'ambiance casino soi-même en louant le matériel nécessaire ou en faisant appel à des entreprises spécialisées.

6. **Les saisons.** On s'inspire de la saison où notre cœur a commencé à battre à l'unisson. Le feu de notre amour hivernal naissant aurait pu faire fondre des glaciers ? On opte pour un mariage d'hiver, à l'Hôtel de glace de Québec par exemple : www.icehotel-canada.com/fr/index.fr.php, avec col de fourrure blanche ou encore un mariage sous le thème de la Russie, avec un décor tout blanc, un repas slave et des cocktails à la vodka. L'été se prête bien à un mariage autour de la piscine, avec un barbecue, un méchoui ou une épluchette de blé d'Inde. Si on s'est fait les yeux doux à l'automne, on optera pour une fête des moissons dans un verger ou un vignoble, lors des vendanges, en septembre et octobre. Et, bien sûr, on ouvrira la danse sur *C'est en septembre*, de Gilbert Bécaud ! On peut aussi opter pour un mélange saisonnier. Au menu musical : *Quatre saisons dans le désordre* et *Les deux printemps* (Daniel Bélanger) ; *Les quatre saisons* (Vivaldi) ; *L'été indien* (Joe Dassin). On nomme nos tables selon les fêtes de saison ; on les couvre de nappes colorées (vert printanier, jaune soleil estival, orange brûlé, rouge automnal ou vert forêt, blanc hivernal ou rouge Noël) et on les fleurit en conséquence (muguets et tulipes pour le printemps, coquelicots ou oiseaux du paradis pour l'été, feuilles d'automne ou crocus et poinsettias pour l'hiver). Consultez également nos chapitres sur les rituels saisonniers.

7. **Mariage celtique.** Les elfes du *Seigneur des anneaux* nous inspirent ? La harpe est de mise pour la cérémonie ! Les célébrants FSEV proposent un mariage druidique, inspiré des quatre éléments (terre, feu, air, eau). Pour le banquet, on puise à même la légende du roi Arthur et les Chevaliers de la Table ronde (nos copains, bien sûr !), Tristan et Iseult, les Gaulois ou dans l'univers des contes de fées.

Pour Jacinthe et son époux, un mariage médiéval
Jacinthe raconte : «La cérémonie s'est déroulée dans une petite chapelle où on célèbre encore la messe en latin. Quant à la réception, elle a eu lieu dans notre cour, avec un tour de voiture à cheval. Un méchoui était servi dans le garage, avec une épluchette de blé d'Inde en guise d'apéritif. La fête s'est poursuivie jusqu'à deux heures du matin sous un chapiteau dressé pour l'occasion. Comme nous avions proposé à nos invités d'apporter des disques et des vêtements confortables, ils se sont beaucoup amusés et se souviennent encore de cette journée spéciale!»

En vrac : les couples célèbres, les arts (peinture, cinéma, littérature, théâtre, photographie, poésie), les bandes dessinées, les personnages de Disney ou les héros de notre enfance, les bonbons et la confiserie d'époque, la Provence, les coccinelles, la mer, les anges, les pommes, le vin, les voyages (des photos de vous en vacances, trésors et merveilles du monde, contribution des invités au voyage de noces), *Le Petit Prince*, les étoiles, les papillons et les oiseaux.

Des sites qui fourmillent d'idées de thèmes :
*   http://angie1979.free.fr/Themes.htm
*   www.askginka.com/themes/themes.htm (anglais)

2.8.2 Quelques idées pour faire lever notre réception

*   **Animation pendant qu'on prend nos photos :** micro-magie, jongleur, astrologue ou voyante, humoriste, artiste de cirque, danseurs, comédiens, peintre (réalisation d'un tableau collectif sur place). Voyez du côté des écoles professionnelles, qui peuvent suggérer les services de finissants à coût abordable.

*   **«Bien-cuits», toasts et discours.** Suggérons à nos invités de préparer des petits discours dynamiques (pour des conseils, voir notre chapitre 14 et le site www.mariagemontreal.com/categories/poem-fr.html). Ils ne sont pas à l'aise de parler devant tout le monde? Demandons au vidéaste ou à un ami de circuler de table en table pour capter quelques témoignages et félicitations. Ou encore, organisons un petit isoloir avec une caméra fixe.

- **Un quiz sur les mariés.** On prépare une dizaine de questions comiques (avec choix de réponses ou pas), que posera le maître de cérémonie aux invités. Quel genre de questions? Comment se sont déroulées notre rencontre et la grande demande, des détails plaisant d'un voyage en duo, des moments clés de notre vie ou des événements cocasses, ou encore des questions sur nos préférences et goûts respectifs. L'invité qui obtient le maximum de bonnes réponses gagne un cadeau, en lien avec notre thème. Offrir un cadeau unique, qu'on gagne en s'amusant, peut changer des friandises habituelles (dragées, bonbons et chocolats), aussi vite oubliées qu'engouffrées...

- **Un vidéo maison amusant.** Quelques mois avant le mariage, on emprunte une caméra vidéo et on fait le rallye des lieux clés de notre histoire, qu'on commente par des anecdotes rigolotes. On peut aussi mimer des scènes de films romantiques connus (et tester ainsi la culture cinématographique de nos convives ou... nos talents de comédiens!). Autre possibilité : la réalisation d'un vidéo de type documentaire (à l'instar d'émissions télévisées telles *A Wedding Story* à TLC ou *Oui, je le veux!* à Canal Vie), qu'on tourne soi-même ou qu'on confie à des professionnels. Enfin, si on a filmé l'enterrement de vie de fille et de garçon, on s'amusera à en visionner certains extraits (du moins, ceux qui ne choqueront pas grand-maman!). On vérifie que la salle de réception dispose de matériel de projection, sinon on loue le nécessaire. Dernier conseil : garder ça court et punché. Si on n'est pas en mesure de préparer un montage serré de notre matériel, on s'assure de filmer en évitant les longueurs.

- **Surprendre... en réinventant les traditions.** C'est ce qu'ont choisi de faire Benoit et Katia. Voyez plutôt : une cérémonie dans un club de golf où ils faisaient face à leurs invités, un célébrant début trentaine, une entrée sur la musique du film *Légendes d'automne*, des textes de leur cru, un rituel avec des roses, des photos prises sur le parcours de golf. Pour la réception, l'imagination était à l'avenant : des centres de table au style zen asiatique (qu'ils ont faits eux-mêmes), un quiz des mariés pour l'animation, de la danse entre les services et pas de gâteau. À la suggestion de Brian Naud, organisateur d'événements, ils ont aussi revampé les traditions de la jarretière (lorsque le marié plonge sous la robe, il en ressort avec des objets hétéroclites, reliés au métier du marié ou à un loisir pratiqué par le couple) et celle du lancer du bouquet. Dans cette version, les filles entourent la mariée dont les yeux sont bandés et elles tiennent chacune un ruban de 1 à 2 mètres tenu à l'autre bout par la mariée, comme dans un carrousel. Quand la musique s'arrête, la mariée lâche un ruban, jusqu'à ce qu'il n'en reste plus qu'un. Celle qui est à l'autre bout du ruban se mérite le bouquet. Autre particularité : Benoit et Katia n'avaient pas de table d'honneur, préférant se joindre à une tablée différente pour chacun des quatre services, deux couverts supplémentaires ayant été ajoutés à quatre tables. Chantal et Benoît, eux, ont tiré au sort le nom des heureux élus à leur table d'honneur : pas de chicane! À considérer dans le cas de familles reconstituées...

- **Marier les cultures.** Si on provient de deux cultures différentes, pourquoi pas s'en amuser un brin? Pour un mariage arabo-québécois, Brian Naud a fait apprendre un proverbe arabe aux Québécois «de souche», danser un set carré aux autres et a mixé musique arabe et québécoise. Un beau choc des cultures apprécié de tous!

Notre mariage... sur Internet

Si le cœur nous en dit et qu'on est habile avec l'informatique, on conçoit un site Internet qui donnera aux invités toutes les informations pertinentes : date du mariage, déroulement, lieu, itinéraire et plan, hébergement disponible, liste de cadeaux, des photos prises à des moments clés de notre union, le récit de notre rencontre et des moments charnières. On ouvre une section pour le livre d'or des invités (de cette manière, nos convives n'auront pas à signer sur place). Après le mariage, on y placera nos meilleures photos.

Certains sites proposent gratuitement des modèles de sites ou de blogues pour notre mariage :

- www.alafolie.com
- www.aufeminin.com
- www.mariage.fr

Des exemples inspirants :

- www.nonoce.com en recense plusieurs, dont
- http://alexandre.chapey.free.fr/index.html
- www.maries-online.com/melanie_et_olivier
- http://perso.wanadoo.fr/davidetflo

Références

Des références pour le mariage gay :

- www.pridebride.com

- www.samesexmarriage.ca

- *Gays, gays, marions-nous !*, Kevin Bourassa et Joe Varnell, Éditions Stanké, 2003.

Sites en français :

- www.mariagequebec.com (redirection vers le site du magazine *Mariage Québec*)

- www.mariagemontreal.com : Conseils, listes de fournisseurs et guide du consommateur (les questions à poser)

- www.nonoce.com

- www.le-mariage.com

- www.alafolie.com

- www.mariage-online.com

- www.guidemariagemontreal.com

- www.mariageduquebec.com

- www.mariage2000.qc.ca/tradition.shtml

- Fiançailles :
  www.mariage.fr/article/annoncer/intro_annoncer.cfm
  www.fiancailles.net

Sites en anglais :

- www.modernbride.com

- www.weddingbells.ca

- www.theknot.com

- www.weddinggazette.com

- www.frugalbride.com

Livres en français :

- *100 idées pour animer un mariage*, Pierre Lecarme, Marabout, 2001, 249 p.

- *Éloge du mariage, de l'engagement et autres folies*, Christiane Singer, Albin Michel, 2000, 132 p.

- *Le coffret du mariage*, Jaclyn Hirschhaut et Laurent Floodgate, Solar, 2001, 254 p.

- *Mariage : étiquette et planification*, Suzanne Laplante, Éditions de l'Homme, 1999, 144 p.

- *Notre mariage : Se marier autrement. Comment inventer une cérémonie civile ou religieuse*, Florence Servan-Schreiber, Éditions Albin Michel, 2003, 223 p.

- *Une histoire illustrée du mariage de 1830 à nos jours*, Martine Clément, Martine Gosse, Éditions Denoël, 2001, 253 p.

Livres en anglais :

- *Promises to Keep: Crafting your Wedding Ceromony*, Ann Keeler Evans, Barry L. Stopfel, Emerald Earth Pub, 2001, 112 p.

- *The Knot Guide To Wedding Vows and Traditions: Readings, Rituals, Music, Dances and Toasts*, Carley Roney, Broadway, 2000, 224 p.

- *Weddings: The Magic of Creating Your Own Ceremony*, Henry S. Basayne, Linda R. Janowitz, Bookpartners, 1998, 208 p.

- *Your vintage wedding*, Nancy L. Eaton, HarperResource, 2002, 144 p.

Funérailles | 3

Perdre un être cher est l'une des plus douloureuses épreuves que l'on ait à vivre. Imaginez la frustration si, en plus de l'immense chagrin qui nous dévaste, les funérailles ne sont pas à la hauteur de cette personne qu'on a tant aimée. On a tous assisté à des funérailles désolantes : tant d'amour, de dévouement, de présence dans une seule personne, le tout expédié dans un discours laconique et souvent anonyme.

Autrefois, alors que tous fréquentaient assidûment l'église, le curé connaissait bien ses ouailles et pouvait donc en dresser un portrait juste et ressemblant. De nos jours, c'est à peine si le célébrant connaît le nom du défunt. Après la plate cérémonie d'usage, on retrouve la famille éloignée au salon funéraire pour y manger des sandwichs et, deux jours plus tard, c'est fini. Pourquoi acceptons-nous que les funérailles de nos proches manquent d'humanité à ce point ?

Ce livre que vous tenez entre les mains tire d'abord sa source de funérailles tellement désincarnées que j'en ai été profondément indignée. Parce que je veux que ma mort ne soit pas qu'un pâle reflet de ma vie, j'ai fait un pacte avec ma « cousinamie » Patricia : la première des deux qui décède organise la cérémonie de l'autre ou, du moins, lui insuffle un peu de vie. Cette cérémonie, nous la voulons intime, touchante, personnalisée. Avec de la musique qui a bercé nos chagrins et soulevé nos joies. Avec des textes qui ont remis l'espoir en notre cœur. Avec des témoignages de gens pour qui nous avons été importantes.

Cérémonie à l'église ou pas ? Nous en discutons, en espérant qu'on aura le temps de prendre une décision la conscience en paix. Et parce que seulement l'une de nous deux remplira sa mission (et qu'on ne sait pas encore laquelle !), nous sommes à coucher ces dernières volontés sur papier. Même si ça fait mal, même si c'est triste, il faut soigner sa mort comme on a soigné sa vie, écrit Sophie Durocher dans la chronique *In memoriam*[21] : « Penser à la façon dont on va quitter la scène. Et mettre en scène l'heure de notre dernière heure. »

Quoi faire lors d'un décès ?

Quand un proche décède, il faut rapidement prendre des arrangements pour la disposition du corps, ses funérailles et la gestion de ses affaires. Parmi les décisions à prendre ou à faire exécuter si le défunt avait un testament : don d'organes, inhumation ou crémation, réservation de l'espace au cimetière ou au columbarium, achat d'une pierre tombale, d'une plaque commémorative ou d'une urne, choix du cercueil, cercueil ouvert ou fermé au salon funéraire.

Les nombreuses démarches à effectuer sont réunies dans le guide *Quoi faire lors d'un décès*, publié par Communication-Québec, aussi disponible par Internet. Pour les funérailles et toutes les formalités qui y sont attachées, on s'adresse à un directeur des funérailles, un cimetière ou à un crématorium, qu'on choisit selon les volontés exprimées dans le testament, les habitudes de la famille ou en cherchant dans les pages jaunes.

Guide « Quoi faire lors d'un décès » :
www.mrci.gouv.qc.ca/52_2.asp?pid=citoyens/fr/305

L'État civil et le décès :
www.etatcivil.gouv.qc.ca/Deces.htm

Office de la protection du consommateur :
www.opc.gouv.qc.ca/publications/apropos/AP-15_Prearrangements_funeraires.pdf

---

21. *Châtelaine*, février 2004.

On n'a plus le temps de mourir !

Nous n'avons presque plus de contacts avec la mort. Le cercueil fermé, surmonté d'une belle photo, est une option grandissante, qui va souvent de pair avec la crémation. On ne voit donc plus le corps. Autrefois, on mourrait surtout à la maison, entourés de nos proches. Actuellement, on finit souvent ses jours à l'hôpital, bien que le mouvement des soins palliatifs fasse beaucoup pour humaniser la mort. Autrefois, on tenait des veillées funéraires qui pouvaient durer jusqu'à une semaine. Le défunt était promené de l'église au cimetière, en passant par le salon funéraire où il était exposé pendant quelques jours.

Où sont les funérailles d'antan ? chante Brassens. Maintenant, tout se déroule dans le même lieu et, en une journée ou deux, c'est vite expédié. Il faut dire que la *Loi sur les normes du travail* n'accorde qu'une malheureuse journée payée lors du décès d'un membre de la famille immédiate ! À l'autre bout du spectre, lors de la naissance, la nouvelle mère passe 48 heures à l'hôpital et hop, à la maison. Dans notre société qui sprinte, on a peu de temps pour se faire aux grands changements de notre vie. Autrefois, on soulignait le jour des Morts, le 2 novembre, par toutes sortes de rituels. Actuellement, c'est jour de classification des bonbons récoltés à l'Halloween ! Les Mexicains, à titre d'exemple, fêtent la *Dia de los Muertos*, organisant des banquets dans les cimetières, où ils laissent une place à table pour les défunts, font des pains de sucre en forme de crânes, chantent et dansent. C'est ce qu'a voulu évoquer le collectif théâtral Momentum avec la pièce *La Fête des Morts*, qui se déroule au pied de pierres tombales.

3.1 Des rites funéraires en pleine mutation

Les funérailles catholiques d'avant, célébrées à l'église et au salon funéraire, étaient axées sur l'après-mort, sur la paix de l'âme et sur son chemin vers le Paradis. Elles offraient une réponse collective que la Révolution tranquille est venue ébranler. De nos jours, beaucoup ne se reconnaissent plus dans les rituels traditionnels. Ils comprennent le sens culturel des gestes posés, mais ça ne les rejoint plus.

Parce que l'Homme a horreur du vide, on a donc vu poindre des cérémonies qui se teintent de la personnalité du défunt ou de celle des personnes endeuillées. Ces rituels personnalisés, fabriqués sur mesure, s'adressent avant tout à ceux qui restent : on évoque le défunt, on nourrit nos souvenirs. On est passé d'un rituel consacrant le passage de l'âme du défunt à un rituel pour alimenter le souvenir des proches. Par ailleurs, pour que leurs funérailles leur ressemblent, de plus en plus de gens optent pour les préarrangements funéraires, en planifiant dans les moindres détails les modalités matérielles et symboliques de leurs funérailles.

L'engouement pour ce type de rituels est symptomatique d'un appauvrissement de notre imaginaire collectif, croit Sébastien St-Onge, auteur du livre *L'industrie de la mort* : « Car peu importe les variantes qu'il peut prendre, le rituel personnalisé s'ancre essentiellement sur le versant des vivants. À défaut de pouvoir outrepasser la *Fin* du film, ou plutôt à ne voir que la *Fin*, on repasse à plusieurs les meilleures séquences[22] ». Selon le sociologue, les rituels funéraires contemporains ne relèvent plus de la mobilisation d'une culture, d'une institutionnalisation d'un sens partagé, mais ils se déploient dans l'horizon limité de l'individu. « À travers la disposition de ses morts, conclut-il, la société nous laisse entrevoir le mal dont elle souffre, celui de la fragilisation du lien social, de l'éclatement de la culture[23] ».

Si ces rituels personnalisés sont plus touchants, ils ne régleraient donc pas le non-sens de la mort. Cela met un baume temporaire et éphémère, mais ça n'apporte pas de réponse à l'angoisse qui nous envahit. Cette cérémonie marque le temps social de cet individu, mais elle ne l'inscrit pas symboliquement dans la communauté. Le sens qu'on façonne pour soi-même ne dépasse pas notre champ personnel. À travers le rituel traditionnel, la société affirmait ses valeurs et son mode d'emploi. La modernité l'a fait sauter. Résultat : la détresse des contemporains n'est plus reprise collectivement.

Quoi faire alors ? Se rendre tout de même, lors du passage ultime, dans un lieu qu'on n'a guère fréquenté de notre vivant ? Dans *Éloge des rituels*[24], Denis Jeffrey traite de ce paradoxe avec beaucoup de pertinence : « Ils ne désirent certes plus confesser une appartenance religieuse, mais ils reviennent spontanément à la religion pour ritualiser un événement à grande teneur existentielle. » Lors d'un moment fort, on retourne s'abreuver auprès de la société, pour réactiver quelque chose d'enfoui en nous.

22. *L'industrie de la mort*, Sébastien St-Onge, Éditions Nota Bene, 2001, p. 135-136.
23. Sébastien St-Onge, *ibid.*, p. 165.
24. *Éloge des rituels*, Denis Jeffrey, Presses de l'Université Laval, 2003, 230 p.

Les funérailles civiques (sans référence religieuse) du peintre Jean-Paul Riopelle, du grand communicateur et indépendantiste Pierre Bourgault, qui ont eu lieu dans des lieux de culte consacrés, ont souligné une fois de plus notre relation ambiguë avec la religion catholique. Si le signataire du *Refus global* n'avait pas choisi l'église (une décision de sa dernière compagne, décriée dans la famille), l'un de nos plus grands tribuns, pour sa part, a désigné lui-même la basilique Notre-Dame dans ses dernières volontés. On a pu observer ce même paradoxe lors des funérailles de Claude Jutra ou de Gaston Miron. En 1997, la cérémonie laïque tenue dans une église pour commémorer le décès de la comédienne Marie-Soleil Tougas a causé une petite commotion. Sous la houlette de Gregory Charles, les proches de la comédienne ont organisé des funérailles laïques qui laissaient davantage place à l'évocation de souvenirs. Au lieu du rituel catholique, on y a lu des poèmes, écouté du Ferland, du Brel, du Ferré, chanté sur des airs de gospel.

C'est que l'église est un lieu sacré, solennel, spirituellement chargé, dont l'architecture nous élève et nous fait toucher à l'intangible. C'est l'un de nos rares lieux collectifs, qui nous rattachent à notre communauté. En ce sens, son pouvoir d'attraction est indéniable. Comme le dit Raymond Lemieux, professeur de théologie et de sciences religieuses à l'Université Laval, passer par l'église, «même quand on se pense incroyant, c'est pour beaucoup inscrire un état de fait dans une certaine tradition. À ce propos, l'édifice lui-même parle. Il représente un bien venant des ancêtres, appartenant au peuple et perdurant aux individus qui l'utilisent. C'est un lieu dans lequel on cesse d'être seul, ne serait-ce que parce qu'il évoque les générations de ceux qui y sont passés, dans des circonstances semblables.»

Doit-on plutôt être conforme à nos croyances et à nos habitudes de fréquentation? Dans un article du magazine *L'actualité*[25], le journaliste Luc Chartrand relate l'exemple de François, un bon vivant et bon buveur, sur qui aucun rite catholique n'aurait pu coller. C'est donc à un 5 à 7 dans un bar que sa compagne a convié 150 parents, clients et amis, pour prendre un coup en souvenir de lui! C'est un peu ce que planifie Norm – une fête, plutôt qu'un service religieux, lorsque le temps sera venu de passer l'arme à gauche. Hot-dogs au menu, pas de chansons tristes mais plutôt de la musique dynamique et bigarrée, pour illustrer son parcours de vie varié. Il a d'ailleurs prévu qu'on fasse jouer *And When I Die* (Blood, Sweat, and Tears), qui raconte sur un fond musical enlevant qu'à notre mort un nouveau-né prend la relève.

---

25. «Ceci est mon rite», Luc Chartrand, *L'actualité*, 1er mai 1998.

Pour les non-croyants ou ceux pour qui les rites de l'Église n'évoquent rien, les centres funéraires multiplient désormais les services offerts sous le même toit, proposant même une chapelle et un conseiller en rituels. Qu'on pense à la campagne lancée par Urgel Bourgie sous la signature *C'est comme vous voulez*, présentant des gens (surtout des baby-boomers) qui racontent les funérailles nouveau genre qu'ils aimeraient. Une fois par mois, les employés de cette chaîne mettent d'ailleurs en scène des funérailles fictives en s'inspirant de la personnalité d'un défunt. Il faut dire également que le caractère multiethnique des grandes villes oblige les maisons funéraires à s'adapter aux rites propres aux différentes cultures, selon leurs croyances en la réincarnation (ou pas), la disposition souhaitable des corps (crémation dans certaines religions, enterrement dans d'autres), le recours à des pierres tombales (ou pas) ou le degré de sobriété que revêt la cérémonie. Les funérailles juives, par exemple, sont très simples (selon le précepte de *tous sont égaux devant la mort et doivent être traités pareillement*), mais le deuil prescrit est plus long qu'ailleurs.

Dans cette ère de rituels à la carte où l'industrie funéraire domine, le prêtre est devenu, pour reprendre l'expression de Sébastien St-Onge, un *commis à la section spirituelle*[26]. Ce fournisseur de services intervient au besoin, si les endeuillés requièrent sa présence dans la chapelle multiculte érigée dans les entreprises funéraires modernes.

J'ai pour toi un lac

Dans *Les mots qui font du bien. Que dire quand on ne sait pas quoi dire*, Nance Guilmartin raconte que la famille s'est réunie à bord d'un voilier pour verser les cendres de sa mère dans le lac au bord duquel celle-ci aimait tant se retrouver et où, enfants, ils ont barboté jusqu'à plus soif. Mme Guilmartin émaille son récit de conseils pertinents : apporter un couteau ou un canif pour ouvrir le sac hermétique qui contient les cendres, placées dans une boîte, penser plutôt à verser les cendres qu'à les épandre puisqu'il s'agit d'une poudre fine et, surtout, ne rien précipiter quant à la disposition du corps (sa sœur, arrivée trois jours plus tard en avion, aurait souhaité voir la dépouille, qui avait déjà pris le chemin du crématorium).

---

26. Sébastien St-Onge, *ibid.*, p. 121.

Enterrement ou dispersion des cendres

Combien de scènes de proches éplorés réunis au cimetière avons-nous vues au cinéma? De nos jours, la crémation a davantage la cote : 60 % des Québécois préfèrent être incinérés[27]. Le cinéma commence donc à faire écho à cette tendance : *Maelström, Goodbye Lénine, The Big Lebowski,* etc. Si la plupart des cendres sont conservées dans des urnes aux styles diversifiés, 33 % sont répandues, immergées ou enterrées. Au Québec, il n'y a pas de loi concernant la disposition des cendres, bien que l'Église recommande de les enterrer ou de les disposer dans un columbarium afin d'en faire un lieu de recueillement. L'anthropologue Luce Des Aulniers, professeure au Centre d'études sur la mort de l'UQAM, croit qu'ils s'inscrivent ainsi dans la mémoire collective et demeurent accessibles autant à leurs proches qu'à leurs collègues de travail[28].

De nombreuses personnalités ont vu leurs cendres dispersées[29], tel Albert Einstein, savant (dans une rivière du New-Jersey), Henry Miller, écrivain (près de Big Sur, en Californie), Linda McCartney (la moitié dans les prés, près de la ferme familiale dans le sud de l'Angleterre, et l'autre moitié sur le ranch familial de Tucson, en Arizona) et Charlie Mingus, musicien (dans le Gange, en Inde).

Les cercueils n'échappent pas à ce besoin de personnalisation. On retrouve sur le marché des cercueils sur lesquels on peut écrire un dernier message au défunt, avec des panneaux personnalisables ou des tiroirs souvenirs, d'autres que n'auraient pas renié les pompiers, chasseurs et amateurs de courses. La tribu des Ga, en Afrique, enterre ses morts dans des cercueils à l'image du métier ou du passe-temps du disparu : poisson, homard, voiture, avion, taxi, livre, etc. Le marché des urnes funéraires, porté par la hausse de la crémation, se développe, et certaines sont de véritables œuvres d'art, comme celles que fabrique l'artiste verrier Karine Bouchard (Verre Minuit).

27. Sondage Léger Marketing, 2000.
28. « Au royaume des morts », Marie-Ève Cousineau, *La Presse*, mercredi 18 juillet 2001. Pour en savoir plus, consultez la bibliographie à la fin de ce chapitre.
29. « Rites et poussières », Céline Poissant, *La Presse*, lundi 27 août 2001.

3.2 Service religieux ou pas ?

Parmi les premières décisions à prendre, il y a donc le type de cérémonie. Se déroulera-t-elle dans un lieu de culte ou au salon funéraire ? C'est là où les croyances du défunt, celle de la famille éplorée et les traditions s'entrechoquent. D'un côté, le poids de la tradition, de la culture et l'appel du sacré et, de l'autre, une envie que cette cérémonie nous ressemble ou évoque cette personne qu'on a bien connue et aimée. Selon le sociologue Sébastien St-Onge, nous traversons une période charnière, dans laquelle nous redéfinissons nos rites et, par extension, notre société.

D'ici là, puisqu'on fera face à la mort, pour soi ou pour nos proches, on devra prendre une décision. Quoi qu'il en soit, peu importe leur forme, les cérémonies funéraires sont des rites de passage essentiels, et ne rien faire est d'une tristesse dévastatrice. Luce Des Aulniers, anthropologue et professeure au Centre d'études sur la mort de l'UQAM[30], souligne l'importance d'organiser une cérémonie rituelle[31], religieuse ou laïque, pour « permettre aux proches d'avouer la réalité de la mort, d'avouer le mal que ça leur fait. C'est à ce moment-là que va se vivre en condensé toutes les émotions qui vont se vivre après coup pendant plusieurs mois autour du deuil. » Sur le site Internet des Services commémoratifs Mont-Royal, on indique : « S'approprier la cérémonie funéraire, c'est se donner les moyens de vivre son deuil. »

Car au-delà de l'aspect religieux, il y a le côté humain. Que la personne décédée ait été croyante ou pas, il n'en demeure pas moins que sa vie était nourrie par des passions, des projets, des amours, des amitiés, une vocation parfois. Ce dernier rendez-vous auquel elle nous convie devrait nous faire ressentir ce qui était son moteur, ce qui l'animait, quelle était sa substance. Bref, un peu d'âme, que diable !

---

30. Pour en savoir plus, voir la bibliographie à la fin de ce chapitre.
31. « La mort à la carte », Geneviève Otis-Dionne, *Le Devoir*, samedi 23 et dimanche 24 août 2003.

Pour France, un dernier hommage en pleine nature

Un an après le décès de France, ses proches se sont donné rendez-vous sur son terrain de la Rivière-Rouge, au pied de la petite chute où celle-ci aimait se recueillir. À sa demande, on y a versé ses cendres, après que son conjoint et son frère aient à tour de rôle lu un texte personnel très émouvant. On avait aussi prévu jouer de la musique, mais pas les moustiques ! Embêtés par ces bestioles, la famille et les amis de France se sont réfugiés à l'intérieur de la maison, où ils ont continué à évoquer les bons moments passés en compagnie de France.

Laisser aller Sarah

Dans la série télévisée *Tabou*, la famille Vandelac ressent le besoin d'organiser une cérémonie pour faire le deuil de Sarah, disparue depuis des années sans laisser de traces. Réunis à l'endroit où la jeune femme a été vue pour la dernière fois, ils font brûler des objets qui, pour chacun d'eux, évoquent Sarah : un bijou, un poème, un accessoire à cheveux. Un rituel bien vite interrompu par la mère, pour qui cette idée même du deuil est intolérable, convaincue que sa fille est toujours vivante.

Voici quelques idées courantes et des suggestions, que ce soit pour l'organisation des funérailles d'un proche ou nos préarrangements.

3.3 *Les éléments d'une cérémonie funéraire*

Les conseillers des centres funéraires nous guideront dans la préparation de la cérémonie funéraire et pourront assurer l'enchaînement entre les lectures, les témoignages, l'écoute de pièces musicales et les rituels accomplis. Voici tout de même quelques éléments à intégrer :

- **L'éloge funèbre et les divers témoignages.** Depuis la fin du concile Vatican II, l'Église est plus réceptive face aux témoignages des proches.

Autrefois prononcé par le prêtre qui présidait la cérémonie, l'éloge funèbre peut être partagé entre les membres de la famille et les amis qui souhaitent témoigner ou raconter une anecdote ou un moment complice. Aux funérailles nationales du journaliste et homme politique Claude Ryan, en 2004, ses enfants et petits-enfants se sont relayés au micro pour évoquer des souvenirs. Ceci doit être volontaire, certains n'ayant pas la force, le jour venu, de parler devant une assemblée, et c'est tout à fait compréhensible.

Afin d'intégrer les souvenirs des proches, la personne qui prononcera l'éloge funèbre peut les contacter au préalable, si elle en a le temps. S'il y a des textes lus par des proches, il serait judicieux que la personne responsable en ait une copie, pour assurer le relais si l'émotion prend le dessus.

Lorsqu'on ne se sent pas à l'aise de prendre la parole dans un contexte où affleurent la peine et le chagrin, quand les poussées d'émotion sont à craindre ou, pire, quand les rapports affectifs entre les personnes, plus ou moins troubles, ne sont pas bien contrôlés, il vaut peut-être mieux emprunter des paroles à d'autres, recommande Raymond Lemieux, professeur de théologie et de sciences religieuses à l'Université Laval.

On peut aussi demander à ceux qui viennent rendre un dernier hommage au disparu d'écrire quelques mots dans un cahier, dont on lira des extraits pendant le service funéraire. Ces mots d'adieu couchés sur papier pourront être réunis dans un cahier souvenir, dont on pourra faire des copies pour les proches. On retrouve au chapitre 14 d'autres conseils reliés aux hommages en général (quoi dire et quoi éviter) et, à la fin du chapitre, des adresses où obtenir des exemples de discours.

- **La musique.** Nous chérissons tous des chansons. Certaines, plus marquantes, jalonnent notre existence et sont associées à des moments clés de notre vie. Plusieurs choisissent de faire jouer des pièces musicales qu'affectionnait le défunt, comme l'ont fait, à l'église, les proches du père de Benoit, pour qui *What a wonderful world* (Louis Armstrong) était une chanson significative. Richard a demandé qu'on fasse jouer *Hôtel California* (The Eagles) à ses funérailles. Pour Jacques, ce sera *The Beatles* mur à mur, alors que Nicole veut que le rideau tombe sur le *Stabat Mater* de Dvorak. L'émotion peut aussi être du côté des paroles, qu'elles évoquent la vie de la personne ou la mort. Qu'on pense à *Lomer* de Richard Desjardins ou *J'arrive* de Jacques Brel.

Plutôt qu'un enregistrement sonore, on peut opter pour des musiciens qui joueront, sur place, les airs qu'aimait le défunt. Feu Pierre Péladeau a choisi des mariachis pour l'accompagner dans sa dernière demeure alors que c'est au son des tam-tam du groupe Fakhass Sico que les proches de Dédé Fortin se sont recueillis. Lors du décès du journaliste et politicien municipal Nick Auf der Maur, c'est au son d'un orchestre dixieland que ses proches ont marché de la Cathédrale Saint-Patrick jusqu'à son bar préféré sur Bishop. Voilà une variante intéressante des funérailles jazz de la Nouvelle-Orléans, où un orchestre de jazz conduit lentement la procession en musique à travers le voisinage et, après la cérémonie, se lance dans des airs plus joyeux. Pour célébrer la vie, même dans la mort. On y entend souvent *Just A Closer Walk With Thee, Didn't He Ramble?* (chanté par Louis Armstrong), *When The Saints Go Marching In* ou *Nearer, My God, To Thee* (chantée entre autres par Mahalia Jackson, cette pièce aurait semble-t-il fait partie des dernières jouées par les musiciens du Titanic). Dans sa chronique *In memoriam*[32], Sophie Durocher relate qu'un de ses amis a convié, aux funérailles de son père, le professeur de tango de celui-ci à exécuter son plus beau pas de deux. Un ultime hommage à cette passion qui lui en avait fait connaître une autre : sa deuxième femme !

Il vaut peut-être même la peine de fureter du côté des musicothérapeutes : ils peuvent sans doute mettre leur art à notre service.

- **La lecture de textes.** Les mots apaisent ou aident à exprimer notre peine et à la vivre à fond. Sous la plume de nombreux poètes et romanciers coule la vie, cette splendeur éphémère, et la douleur de l'absence. On retrouvera quelques suggestions à la fin de ce chapitre. Certains incluent, dans leurs préarrangements, une lettre destinée à leurs proches, pour les remercier des bons moments passés à leurs côtés. C'est ce qu'a fait Diane, atteinte d'un cancer[33]. Une employée de la maison funéraire a lu les dernières paroles de la défunte aux personnes venues assister au service, rythmées par la musique que Diane avait également choisie. Claude Ryan, lui, en a profité pour laisser un « testament politique et spirituel »

32. *Châtelaine*, février 2004.
33. « La mort à la carte », Geneviève Otis-Dionne, *Le Devoir*, samedi 23 et dimanche 24 août 2003.

qui a été lu à l'assemblée. Et au décès d'Isabelle, c'est un extrait du journal destiné à son fils Vincent qui a été partagé avec les proches.

• **Les objets qui alimentent le souvenir.** C'est grâce à eux que les gens qui nous quittent restent vivants dans notre cœur. On peut apporter au salon funéraire des objets qui symbolisent le métier de la personne disparue, sa passion, son sport préféré, son hobby, afin de créer un genre de petit musée en son honneur. Ce peut aussi être un jet de son parfum qui embaume l'air, des brownies ou des morceaux de sucre à la crème faits selon sa recette maison. Lorsque son fils Hugo a succombé, à 10 ans, à un lymphome de Burkitt, une forme de cancer du système lymphatique, Daniel a investi le salon funéraire pour que ce lieu leur ressemble[34]. La famille a donc apporté différents objets : jeux, photos, cartons sur lesquels les gens pouvaient dessiner et ceux-ci ont été invités à déposer des objets représentatifs dans le cercueil.

• **Photos, diapositives et vidéos.** Une image vaut mille mots, dit-on souvent. Disposer une belle mosaïque de photos de la personne décédée fixe dans nos cœurs des images de bonheur. Les photos sont particulièrement appropriées dans le cas où le défunt ne souhaite pas être exposé. Flairant cette tendance, certains centres funéraires offrent désormais l'hommage vidéo. Sur le site Internet de *Il était une vie*, associé à l'entreprise Urgel Bourgie, on indique : «Quand une grande personnalité disparaît, dans les heures qui suivent, sur toutes les chaînes de la télé, on nous présente un document où défilent les grands moments de sa vie, des extraits de discours, quelques témoignages de ceux qui l'ont connue, sur une musique de circonstance. Lors du décès d'un de vos proches, vous pouvez maintenant lui offrir le traitement réservé aux grands de ce monde.» Chez Alfred Dallaire, le service Memoria, sous la direction de la comédienne Rita Lafontaine, propose l'hommage photo, soit une sélection de photos du défunt projetées en continu au salon funéraire, et le vidéo-mémoire, qu'on réalise de son vivant pour laisser un souvenir de sa voix et de son sourire à nos proches.

• **Fleurs, colombes et autres symboles.** Les fleurs sont toujours populaires : en plus d'envelopper la famille éplorée par leur beauté, elles peuvent également être utilisées dans un rituel : par exemple, demander à chaque participant de déposer une fleur sur le cercueil. Certains optent pour une envolée de colombes ou de papillons, symbolisant l'envol de l'âme.

---

34. «Rituels à la carte», un reportage de l'émission d'affaires publiques *Enjeux*, Radio-Canada, 2001.

Une rose pour la mère de Myriam

Lors du décès de la mère de Myriam, on a enterré ses cendres dans le jardin du terrain familial où elle avait jardiné des heures durant et on a planté par-dessus un rosier, en rappel de ces fleurs qu'elle aimait tant cultiver.

- **Divers rituels.** Dans une cérémonie religieuse, les rituels sont inscrits dans une tradition et un savoir-faire établi. Ceux qui souhaitent une cérémonie laïque voudront peut-être inclure certains rituels avec des chandelles, des lampions ou de l'encens, déposer des fleurs ou tout autre objet sur le cercueil ou même écrire un mot à même le cercueil, comme le permettent certains modèles.

Fêter l'amour et la vie d'Isabelle

Lors du décès de sa conjointe Isabelle, Louis et les proches d'Isabelle voulaient faire autrement. Ils souhaitaient organiser quelque chose de lumineux, en hommage à cette belle jeune femme de 33 ans qui souriait dans sa nécrologie. Sous la photo, un extrait, bouleversant, du journal rédigé pour son fils Vincent, 6 ans. Des paroles pleines de sagesse, d'espoir et d'amour écrites par une maman qui venait d'apprendre qu'une tumeur menaçait sa vie.

Louis raconte : «Comme notre philosophie de vie a toujours été de vivre au maximum, nous avons profité de chaque moment où les "belles fenêtres" étaient là. Isabelle étant une fille d'odeurs, d'ambiance, de musique, sensible et proche des gens, nous avons décidé qu'elle passerait ses derniers instants à la maison, parmi les siens, parmi ses choses, dans son univers. Ça n'a pas été facile, car nous balancions continuellement entre espoir et lucidité. Et il y avait les soins à donner, 24 heures sur 24. Avec l'aide des professionnels de la santé, on s'est relayés à son chevet pendant des mois. Quant à Vincent, nous avons sollicité l'aide d'un psychologue, qui nous a suggéré de dire les vraies affaires. Le fait de voir sa mère s'étioler lentement et ne plus pouvoir s'adonner avec lui à ses activités habituelles l'a mis face à la réalité inéluctable de sa mort prochaine.

Il était donc impensable qu'au moment du dernier passage cela ait lieu dans un endroit impersonnel et froid, et que la cérémonie soit menée par un inconnu. L'ambiance mortuaire des salons funéraires ne nous inspirait guère et ne convenait pas à la sérénité des dernières heures d'Isabelle. Je crois que les grandes forces qui s'élèvent au-dessus de nous n'ont pas besoin d'être matérialisées dans un système. Pour moi, les religions ont été inventées par les hommes et je ne suis pas à l'aise avec la façon dont c'est mené. J'avais donc la liberté intellectuelle pour inventer quelque chose de différent, en m'inspirant d'échanges que nous avions déjà eus, Isabelle et moi. Avec les proches, nous avons discuté de concepts qui respecteraient les croyances d'Isabelle, sans choquer celles, plus religieuses, d'autres membres de la famille.

Pour lui rendre hommage, je me suis tout naturellement tourné vers ce qui nous ressemblait, nous liait et a nourri notre relation pendant 12 ans : notre passion commune pour la gastronomie, les bons vins, les petites auberges douillettes. D'ailleurs, lorsque Isabelle connaissait des moments de répit, nous roulions son lit jusqu'à la cuisine et, avec les amis, on faisait bombance et on ouvrait de bonnes bouteilles. Nous avons donc opté pour une fête, en hommage à la vie et à l'amour d'Isabelle, à l'auberge La Roche des Brises, située sur un vignoble, avec un beau verger pour laisser courir les enfants. C'était non pas une cérémonie mais une journée portes ouvertes, tenue un mardi. Parents, amis et collègues étaient invités à s'arrêter, quelques minutes ou quelques heures, pour partager avec nous émotions et souvenirs.

Isabelle était là, partout : sur les photos – 50 à 60 clichés d'elle à différents moments de sa vie, souriant aux côtés de proches et d'amis, dont un en format géant; dans la musique (nous avions enregistré 180 chansons qu'elle aimait, qui jouaient en boucle toute la journée); dans les fleurs (des tournesols et des marguerites, aussi rayonnantes et pimpantes qu'Isabelle l'était); dans la nourriture servie (d'exquises petites bouchées et un buffet de fin de soirée qui faisaient honneur à son appétit pour la bonne chère). Les cendres étaient disposées dans une belle petite boîte en bois qui lui ressemblait et non pas dans une urne. Il n'y a pas vraiment eu de témoignages devant une assemblée, c'était spontané et je ne me sentais pas la capacité de forcer rien.

Des textes en hommage à Isabelle, écrits par ses amies intimes, étaient encadrés, de même que des extraits de son journal à Vincent, à qui nous avions demandé son accord. Les gens qui sont venus ont beaucoup apprécié la formule. Même de purs inconnus, touchés par le texte de la nécrologie, m'ont écrit à l'auberge, ce qui m'a fait vivre de grandes émotions.»

3.4 *Pour perpétuer la mémoire de vos proches*

- **Commémoration.** Si certains se rendent fréquemment au cimetière ou au columbarium pour honorer la mémoire de la personne disparue, d'autres y convient la famille une fois par année ou font chanter une messe. Les centres funéraires proposent parfois des services commémoratifs, particulièrement à Noël, à Pâques, des moments spéciaux où on ressent davantage la nostalgie de nos chers disparus. Ce pourra être une veillée aux chandelles, la rédaction d'un message inspiré par une musique de circonstance, la plantation d'un rosier au printemps qu'on reviendra admirer à l'été. L'organisme Leucan, dont la mission est de favoriser le mieux-être et la guérison des enfants atteints de cancer et d'assurer un soutien à leur famille, organise chaque année une cérémonie commémorative sur un thème en particulier (les enfants célestes, le voyage, le village de l'Autre Rive, les petits anges, papillons, soleils ou flocons de neige, etc.). Dans la télésérie *La vie, la vie*, la mère de Marie et de Jacques organise un souper annuel à la maison de campagne pour commémorer le décès de leur père.

- **Concevoir un CD souvenir.** À partir des CD préférés de la personne disparue, on peut réaliser une compilation et graver un CD, auquel on ajoute des photos si on le souhaite. Les jours de cafard, on recrée ainsi le lien en écoutant la musique qui égayait la vie de cette personne. Et pourquoi ne pas distribuer ce CD aux personnes qui viendront lui rendre un dernier hommage?

- **S'inventer des petits rituels significatifs.** Chaque printemps, Michel plante des hydrangées en souvenir de sa grand-mère, et son macaroni à la viande respecte à la lettre celui de son aïeule. Pierre amène son fils à la pêche chaque été, comme le faisait feu son père avec lui. Sur l'eau avec fiston, c'est l'occasion d'avoir une bonne pensée pour son paternel. Jacques joue une ronde de golf annuelle sur le parcours préféré de son père à l'occasion de l'anniversaire de son décès. À chaque 31 décembre, en souvenir de Marianne, l'arrière-grand-mère polonaise d'Alfred, qui refusait rarement une petite larme de vodka, Marie-Claude et Alfred font claquer leurs verres au son d'un *Nasdrovia!* bien senti, l'équivalent polonais de notre *Santé!* Pour ma part, j'ai une pensée spéciale pour ma marraine Mimi chaque fois que je prépare des carrés aux dattes, un cacao chaud ou que je coupe des oranges à sa manière.

- **Un objet significatif.** Outre le fait de conserver l'urne funéraire à la maison, une pratique qui divise les spécialistes, on peut choisir un bel objet inspirant, qui représente l'espoir (ex : une petite fontaine *feng-shui* avec des roches). Isabelle, d'origine vietnamienne par sa mère, a chez elle un autel des ancêtres. Ainsi, les Vietnamiens cultivent la mémoire de leurs défunts en faisant brûler tous les jours quelques bâtons d'encens et en remplaçant périodiquement les offrandes (fruits, alcool, gâteries diverses) disposées sur un buffet ou tout autre meuble, sur lequel ils posent également des photos des membres disparus de la famille. Depuis 27 ans, Guy A. Lepage porte à son cou une chaîne que lui avait offerte sa mère pour son 16e anniversaire. Comme elle est décédée quatre ans plus tard, c'est pour lui une façon de garder le souvenir de sa mère bien vivant, tout près de son cœur[35]. De mon côté, j'ai fait laminer une photo noir et blanc de ma Mimi alors qu'elle avait 18 ans, une magnifique image à la Doisneau que j'utilise pour confectionner des cartes de souhaits maison.

- **Cimetières virtuels.** Il existe maintenant sur Internet des sites qui proposent de conserver un souvenir virtuel de nos proches disparus (ex . : www.oparadis.com), une option qu'offrent également les centres funéraires. Si on est habile avec l'informatique, on peut le concevoir soi-même. Les géants de la technologie s'activent présentement à la conception de logiciels qui seront ni plus ni moins que l'extension de notre mémoire, pour archiver électroniquement... notre vie (*MyLifeBits*, de Microsoft et *Lifeblog*, de Nokia). Un peu comme le chante Jeanne Cherhal dans *Super 8*!

- **Annonces dans les journaux.** Certaines familles font paraître une annonce chaque date anniversaire de décès.

- **Porter un T-shirt... en son honneur.** Le T-shirt funéraire est une tendance grandissante aux États-Unis, habituellement associée aux morts tragiques, ainsi qu'on l'a vu lors des événements du 11 septembre et de Columbine High School, ou lorsque le défunt est une jeune personne. Mais pourquoi ne pas y recourir dans le cas d'un décès «ordinaire», par exemple si le disparu était un militant actif ou membre d'une association. Ce serait du même souffle une vitrine pour la cause qui lui tenait à cœur, et peut-être pourrait-on vendre des T-shirts pour amasser des fonds en vue de créer un fond hommage. Le T-shirt funéraire

---

35. *Indicatif Présent*, Radio-Canada, émission du 15 juin 2004.

« type » inclut une photo de la personne, un logo ou un graphique, avec un slogan, une citation ou un message et la date du décès.

- **Créer un fond hommage** en son nom, pour soutenir une cause qu'il ou elle aimait. Il existe certains sites pour nous aider dans cette démarche : www.community-fdn.ca ou www.fondationdugrandmontreal.org.

3.5 *Comment transmettre vos condoléances ?*

Une personne que vous connaissez vient de perdre un proche. Pour lui faire part de votre soutien dans cette épreuve, quelques idées.

- **Assister à la cérémonie funéraire.** Voilà une marque de soutien qui ne se dément pas. Si on préconise toujours une tenue sobre, le noir n'est plus un impératif. Fait marquant : des entreprises comme Funeral-Cast.com proposent, aux États-Unis et au Canada anglais, la transmission sur Internet des funérailles, utile pour ceux qui ne peuvent se déplacer.

- **Envoyer une carte de condoléances.** Je n'oublierai jamais le réconfort que m'a prodigué la carte reçue par Marianne, une collègue de travail, lors du décès de ma grand-mère. J'ai donc pris l'habitude d'envoyer une carte à ceux qui sont éprouvés par le deuil, en privilégiant les cartes qui illustrent un symbole d'espoir, qui me font penser à la personne ou qui sont reliées au métier qu'elle exerçait, plutôt que ces fades cartes mauves qu'on voit trop souvent. Dans *Les mots qui font du bien. Que dire quand on ne sait pas quoi dire*[36], Nance Guilmartin suggère d'écrire une lettre aux proches pour raconter une histoire ou partager une expérience qu'on a vécue avec le défunt, à travers laquelle on a perçu un trait singulier de sa personnalité, ou encore de révéler ce que cette personne nous a transmis ou nous a appris.

- **Offrir du temps... pour parler.** Dans notre carte, on inscrit que notre cœur et nos oreilles sont ouverts pour les moments où la personne éplorée aura besoin de s'épancher. Car la peine ne cesse pas à la clôture du service funèbre ! On peut aussi passer un petit coup de fil de temps à

36. Éditions de l'Homme, 2004.

autre et simplement dire «je t'écoute» ou, comme le suggère Nance Guilmartin, envoyer une carte lors d'un moment fort qui risque de raviver la douleur (ex. : l'anniversaire de naissance ou de décès du défunt, la fête des Mères ou des Pères, Noël ou Pâques).

- **Envoyer des fleurs, une plante, un panier de fruits et de noix** (à la maison ou au salon funéraire). De nos jours, on peut même envoyer des fleurs... virtuelles! Diane, décédée du cancer, avait demandé qu'on apporte des plantes[37] plutôt que des fleurs, de sorte que son conjoint puisse les garder.

- **Contribuer à un don *in memoriam*.** Plutôt que d'envoyer des fleurs, plusieurs familles demandent que l'on contribue à un don *in memoriam*, que ce soit pour un centre hospitalier, une association reliée à la santé ou une cause qu'appuyait le défunt. Cela est habituellement spécifié dans l'avis de décès que la famille fait paraître dans les journaux.

- **Offrir un livre,** comme ce magnifique *Jamais de la vie*, écrits et images sur les pertes et les deuils (collectif, Éditions du Passage), les réconfortants *Grandir : aimer, perdre et grandir* (Jean Monbourquette, Novalis) et *De l'autre côté des larmes* (Suzanne Pinard, Éditions de Mortagne).

- **Trouver une photo inédite.** Dans nos albums, il y a peut-être une photo inédite du défunt, que ne possèdent pas les proches. On pourrait la disposer dans une carte en racontant les circonstances dans lesquelles cette photo a été prise et faire tirer quelques exemplaires pour les proches.

- **Faire réaliser un portrait.** On peut se cotiser pour faire réaliser une peinture de la personne décédée à partir d'une belle photo, qu'on offrira à son ou sa conjoint(e), enfants ou parents. Et si le disparu avait le sens de l'humour large comme ça, ce pourrait aussi être... une caricature!

---

37. « La mort à la carte », Geneviève Otis-Dionne, *Le Devoir*, samedi 23 et dimanche 24 août 2003.

Et Pitou et Minou?

Dans beaucoup de familles, Pitou et Minou sont des membres à part entière. Lorsqu'ils quittent pour un monde meilleur, le choc est profond. Sans compter que, pour les enfants, c'est souvent le premier contact avec la mort. Dans une chronique parue sur le site www.envoler.com, la psychologue Annique Lavergne écrit : « Malgré certaines ressemblances avec le deuil d'un être cher, le deuil d'un animal de compagnie est unique. Tout d'abord, à cause d'un manque fréquent de reconnaissance et d'empathie de la part de notre société, beaucoup de solitude est ressenti par les maîtres endeuillés à la suite de la perte de leur animal de compagnie. Certains auteurs précisent que la solitude semble être directement liée au fait que les personnes endeuillées évitent tout contact social là où il y aurait possibilité d'entendre des commentaires négatifs ou réprobateurs tels que "Arrête de pleurer, ce n'était qu'un animal, après tout, ça se remplace !" »

Voilà pourquoi certains maîtres choisissent d'enterrer leur animal de compagnie, de conserver les cendres dans une urne ou même, dans certains cas, de le faire naturaliser. Il existe désormais des cimetières pour animaux, réels et virtuels, et des cercueils et des urnes adaptés.

Cimetière pour animaux :
www.alamemoiredenosamis.com

Cimetières virtuels pour animaux :
www.envoler.com
www.ILovedMyPet.com
www.chezmaya.com/alm/alamemoire.htm

3.6 *En paroles et en musique*

Quelques textes

- *Je vivrai par-delà la mort* (Khalil Gibran)
- *À mon ami* (Jean Giono)
- *Des mots qui font vivre, Nous te cherchons partout, Demain dès l'aube, La nuit n'est jamais complète* (Paul Éluard)
- *Éloge de la fuite* (Henri Laborit)
- *Être fidèle à ceux qui sont morts* (Martin Gray - *Le livre de la vie*)
- *Il faut du temps* (Louis Aragon)
- *Il restera de toi* (Victor Hugo)
- *Mon amour, si je meurs, Tu ne dors pas* et *Tous cherchaient leur chemin* (ces deux derniers textes conviennent bien à un ou une militant(e) (Pablo Neruda)
- Choix de textes sur : www.obseques-liberte.com.

Poésie québécoise

- *Je t'écrirai encore demain* (Geneviève Amyot)
- *Les heures* (Fernand Ouellette)
- *Portraits de mer* et *Pierres invisibles* (Hélène Dorion)
- *Une écharde sous ton ongle, Noir déjà* ou *La Memoria* (Louise Dupré)

Quelques morceaux de musique

- *Amazing Grace*
- *Bonjour maman* (Paul Kunigis)
- *Ceux qui s'en vont et ceux qui nous laissent* ou *L'essentiel* (Ginette Reno)
- *Imagine* (John Lennon)
- *In memoriam* (Jacques Thibaud, violon, étiquette Testament, 2003, avec l'Orchestre de chambre de Lausanne et le Royal Concertgebouworkest Orchestra d'Amsterdam)
- *J'arrive* (Jacques Brel)

- *Lettre à une émigrante* (Jacques Michel)
- *Lomer* (Richard Desjardins)
- *Mon père à moi, Quand il est mort, le poète* ou *Viens dans la lumière* (Gilbert Bécaud)
- *Si Dieu existe* (Claude Dubois)
- *Tears in Heaven* (Éric Clapton)
- Thème du film *Le passage* (Francis Lalanne)
- *Tu vivras tant qu'on t'aimera* (Serge Reggiani)
- *Un jour ou l'autre, Une autre vie, Vole colombe* (Isabelle Boulay)
- *Musique pour les funérailles* (Henry Purcell)
- *Funérailles*, dans les trames sonores de *Marguerite Volant* (musique de Richard Grégoire) et de *Roméo et Juliette* (musique de Sergei Prokofiev)
- Trame sonore du film *Les invasions barbares*
- *Requiem* (Mozart)
- *Harmonies poétiques et religieuses / Funérailles, No. 7* (Franz Liszt)
- En Belgique, le Service laïque d'aide aux personnes (SLP) aide les familles à organiser des cérémonies de funérailles civiles. On peut s'inspirer de leurs façons de faire et y puiser des suggestions de textes et de musiques sur : www.ulb.ac.be/cal/commissions/ceremonieslaiques/documents /ceremoniesfunerailles.pdf.

Ressources

- *Remembering well, Rituals for celebrating life and mourning death*, Sarah York, Jossey-Bass, 2000.

- *Jamais de la vie. Écrits et images sur les pertes et les deuils*, Collectif, Les Éditions du Passage, 2001.

- *Les mots qui font du bien. Que dire quand on ne sait pas quoi dire*, Nance Guilmartin, Éditions de l'Homme, 2004 (traduction française).

- *Grandir : aimer, perdre et grandir*, Jean Monbourquette, Novalis, 1994.

- *De l'autre côté des larmes*, Suzanne Pinard, Éditions de Mortagne, 1997.

- *Surmonter l'épreuve du deuil*, Roger Régnier et Line Saint-Pierre, Éditions Quebecor, 2002.

- *L'industrie de la mort*, Sébastien St-Onge, Éditions Nota Bene, 2001.

- *Articles de Luce Des Aulniers, du Centre d'études sur la mort de l'UQAM :*

  « Rites d'aujourd'hui et de toujours » (Éditorial), p. 3-10 et « Par terre et par feu, pérégrinations humaines vers l'infini », p.15-20, *Frontières, Variations sur le rite*, Vol. 10, no 2, hiver 1998.

  « La mort-rose ? Colorations culturelles des pratiques mortuaires actuelles », *Liturgie, Foi et culture, Célébrer la mort*, Vol. 30, Automne 1996, p. 21-27.

- **Références diversifiées sur la mort et le deuil – Bibliothèque de l'UQAM (Études sur la mort) :** www.bibliotheques.uqam.ca/recherche/Thematiques/Et_mort/net_deuil.html

- **Les rites funéraires d'ici et d'ailleurs, à travers les époques :** www.obseques-liberte.com

- **Le Repos Saint-François d'Assise :** www.repos-sf.qc.ca

- **Fédération des coopératives funéraires du Québec :**
  www.fcfq.qc.ca

- **Il était une vie :**
  www.iletaitunevie.com

- **Memoria (Alfred Dallaire) :**
  www.memoria.ca

- **Magnus Poirier :**
  www.magnuspoirier.com

- **Services commémoratifs Mont-Royal :**
  www.mountroyalcem.com/fr/home

- **Urgel Bourgie :**
  www.urgelbourgie.com/products.asp

- **Verre Minuit (urnes en verre) :**
  www.verreminuit.com

- **Maison funéraire Aaron :**
  www.maisonaaron.com
  (Document disponible : « Le guide pour célébrer une vie »)

- **Cimetière virtuel O'Paradis :**
  www.oparadis.com

- **Fondation du patrimoine religieux du Québec :**
  www.patrimoine-religieux.qc.ca/cimetiere/cimetieref.htm

- **Association québécoise des soins palliatifs :**
  www.aqsp.org

- **Parting Wishes (en anglais), pour transmettre ses dernières volontés :**
  www.partingwishes.com

« *Shower* » de bébé | *4*

Le « *shower* », une coutume nord-américaine

L'Office de la langue française propose « réception-cadeaux » pour traduire le terme « shower », soit une réception organisée pour souligner un événement heureux (mariage, naissance) où les invités déversent une « pluie » de cadeaux sur la future mariée ou future maman. La pratique de ce genre de réception, qui a vu le jour aux États-Unis et qui a été adoptée par le Québec et le Canada anglais, ne semble pas avoir cours en Europe. Le « shower » de naissance est une coutume beaucoup plus récente que le « shower » de mariage, mais tous deux tendent à évoluer au diapason de la société québécoise. Ainsi, on remarque un nombre grandissant de « showers » de naissance mixtes, où le futur papa est de la partie. La même « justice » se fait du côté de l'enterrement de vie de garçon, un rituel festif qui attend aussi les futures mariées dans le détour.

Source : Chroniques « Coutumes et culture », rédigées par une équipe d'ethnologues sous la direction de Martine Roberge, Réseau de diffusion des archives du Québec, www.rdaq.qc.ca.

Notre présence à cette réception témoigne de notre encouragement et de notre appui aux futurs parents pour la grande aventure qui commence pour eux. C'est aussi l'occasion de réunir parents et amis avant l'arrivée du poupon. Quant aux présents, ils donnent un fichu coup de pouce, à un moment où les dépenses sont à la hausse et les revenus.... à la baisse, congé parental oblige!

4.1 Conseils pratiques

Qui l'organise?
La tradition voudrait que ce ne soit pas la mère ou un membre de la famille, pour ne pas donner l'impression qu'on demande des cadeaux. Notre conseil? Que les proches de la future maman se consultent et conviennent de ce qui est préférable. L'organisatrice peut aussi être une amie, une collègue très proche ou un petit comité. Dans un groupe d'amies tissé serré ou dans une même famille, on peut instaurer un rituel : la dernière qui a eu droit à un « shower » organise le prochain!

Quand tenir un « shower »?
Dans le dernier trimestre de la grossesse, de sorte que la future maman puisse compléter ses achats en étant encore relativement en forme. Si la date du « shower » frôle de trop près celle prévue pour la naissance, il se peut que bébé se pointe le bout du nez avant ou que la future maman soit trop fatiguée. Trop tôt, on craint parfois la fausse-couche, et la bedaine n'est pas encore bellement ronde.

Attention : certaines personnes (dont les membres de certaines communautés culturelles) préfèrent ne pas recevoir de cadeaux liés au bébé avant la naissance. Certains « showers » ont donc lieu après, en présence de l'invité d'honneur, ce qui concentre en un seul moment les visites au poupon et, en une seule fois, le récit de l'accouchement! Le seul bémol : il vaut mieux que les parents disposent déjà de l'équipement de base, car, croyez-moi sur parole, premier mois ne rime pas avec magasinage! Si bébé a déjà tout le bagage nécessaire, on lui apportera alors de ravissantes petites tenues (surtout si on ne connaissait pas le sexe d'avance) ou on optera pour une autre formule (voir plus loin).

Seulement des femmes?

Comme le futur père s'implique davantage qu'avant, pourquoi l'exclure? Après tout, cette fête destinée à accueillir bébé le concerne tout autant. Comme plusieurs parents ne sont pas mariés, c'est une manière de célébrer leur union en compagnie des deux familles réunies. De plus, un «shower» mixte inclut nos amis masculins qui, autrement, seraient mis de côté. Plusieurs femmes affirment que les «showers» mixtes sont plus sympathiques et amusants alors que d'autres préfèrent conserver la tradition du «shower» exclusivement féminin. Dans ce cas-ci, il arrive qu'on organise en plus un party à thématique sportive pour le papa et ses amis, à qui on demandera simplement d'apporter... un sac de couches!

Qui inviter?

On réunit les copains et copines, quelques collègues dont la future maman est proche et des membres de la famille, en autant que ce mélange des genres soit heureux! Voilà pourquoi l'organisatrice doit bien connaître le réseau de la fêtée et s'assurer que les personnes importantes seront là. Elle devra recourir à l'habileté du futur père à dénicher les coordonnées des invités. Un truc? Si la future maman nous a déjà envoyé un courriel de groupe et que toutes les adresses y apparaissent, on pourra leur envoyer une invitation virtuelle. Ceux qui ne peuvent venir peuvent toutefois envoyer leur cadeau ou leurs vœux à l'avance à l'organisatrice et même participer à distance aux jeux de devinette s'il y a lieu! D'autres conseils d'invitation au chapitre 6, qui traite des anniversaires.

Une surprise, est-ce mieux?

Même si la future maman s'en doute, c'est plus agréable si elle ne sait pas quand, où et sous quelle forme se déroulera le «shower» (à moins qu'elle déteste les surprises). On sème l'ambiguïté sur la date et on s'organise avec son conjoint pour qu'elle arrive au lieu prévu au bon moment. Évitons donc de tenir le «shower» trop tard dans la grossesse pour ne pas que la fête coïncide avec un pressant besoin de faire la sieste!

Si on est la future maman, on aidera l'organisatrice de notre «shower» en préparant deux listes : une liste des gens à qui on compte envoyer un faire-part de naissance et une liste des items dont on a besoin. On garde le tout dans une chemise ou un cartable que notre conjoint pourra subtiliser en douce. Si personne ne nous organise un «shower», ces deux listes nous seront tout de même utiles.

Sous quelle forme?

On choisit d'abord le lieu (chez l'organisatrice s'il y a suffisamment d'espace pour tous les convives, au restaurant ou dans un centre d'activités), puis le concept :

- **Thé, douceurs ou apéro?** Pour faire changement de l'habituel dîner ou souper et pour diminuer les coûts, optons pour un moment où personne ne s'attend à un repas. Par exemple, on peut dresser un buffet de desserts en soirée (pourquoi pas une sélection de crèmes glacées – et quelques cornichons, pour rire!), inviter pour le 5 à 7 (avec des mimosas au cidre mousseux et au moût de pomme – non alcoolisé – pour la future maman), ou encore servir le thé, à l'anglaise, avec les sandwiches traditionnels au concombre, scones et petits biscuits.

- **Petit buffet collectif.** Chacun fait sa recette en double : on apporte un plat pour partager avec les convives et un autre, congelé, à l'intention des parents, qui apprécieront cette attention. Et on fournit la recette, que tous pourront copier si ça leur chante.

- **Barbecue.** Un classique d'été, toujours apprécié, et approprié pour les « showers » mixtes.

- **Brunch.** Peu coûteux, le brunch a sa place ici, la future maman étant encore en forme à cette heure.

Pour d'autres suggestions de concepts, faites un détour par le chapitre 14.

Les parents ont tout le mobilier et la layette voulus? D'autres idées :

- **Ateliers bricolage.** Certains cafés où on peint de la céramique proposent des forfaits aux groupes : on peint une pièce de céramique pour bébé ou pour la maman, tout en prenant une bouchée sur place. On peut aussi créer une œuvre collective (réaliser un mobile, une courtepointe, un album souvenir pour bébé ou un babillard pour y épingler de l'information ; peindre un tableau ou un tatou au henné sur le ventre de la future maman ou encore le mouler dans le plâtre, si elle y consent, bien sûr).

- **Préparer la chambre du bébé.** Autrefois, on organisait des corvées pour aider les futurs époux (ex. : construction d'une maison) et les futurs parents (construction d'un lit de bébé, fabrication de vêtements ou de couches). Dans la télésérie *Rumeurs*, les amis d'Esther optent, après un *brainstorming* animé, pour une corvée : leur cadeau sera la chambre du bébé réaménagée, décorée et meublée. Voilà une idée sympa ! On peut se cotiser pour les services d'une décoratrice ou encore limiter notre aide à la peinture, la pose du papier peint, l'assemblage des meubles et l'installation des tablettes. Et, à la fin d'une journée bien remplie, après les oh ! et les ah ! de la future maman, on se commande une pizza.

- **Un « shower » livres, musique et films.** Chacun contribue à garnir la bibliothèque, la vidéothèque et l'armoire à CD du petit à naître. En donnant notre cadeau, on prend une minute pour motiver notre choix. Par exemple, *Bébé dragon* (Daniel Lavoie) était le « hit » à l'heure du souper, *Dora l'exploratrice* fait flipper notre fillette, les livres plastifiés de Caillou sont aussi utiles... pour les dents ou la collection de mini-livres *Puce* nous est tombée dans l'œil. Ajoutez à votre carte l'information sur le programme *Une naissance, un livre*, offert par les bibliothèques publiques du Québec.

- **Chèques-cadeaux.** On les achète tout faits (cinéma – pour consommation immédiate, après on n'a plus le temps avant un bail –, massothérapie, musique, livraison de repas, location de pagette pour le dernier mois) ou on les conçoit nous-mêmes (soirées de gardiennage, bons pour mets préparés, aide pour les courses ou l'entretien). Les parents ne repartiront pas les bras pleins mais le cœur, ça oui, avec la promesse sur papier du soutien à venir. Madeline Barillo, auteure de *Spectacular Showers for Brides, Babies and Beyond*, appelle ceci un « It-Takes-a-Village Shower », en rappel du dicton africain « It takes a village to raise a child », qui évoque l'importance de l'appui de la communauté.

- **Couches et nourriture.** On en a toujours besoin ! Chaque invité apporte un sac de couches (de différentes grandeurs) ou des couches de coton si c'est le choix des parents, et des petits pots de purée, des boîtes de céréales et des biscuits pour bébé (vérifions les dates), etc.

- **Nourriture... pour l'âme.** Certaines préféreront une formule plus spirituelle au « shower » traditionnel, par exemple une célébration appelée *Blessing way*, inspirée des rituels indiens Navajo. Si on n'est pas à l'aise avec la formule dans son entier, libre à nous d'y piger des idées ! Le but : insuffler de l'énergie à la future maman, la nourrir spirituellement et la bichonner. À cette occasion, on fleurit ses cheveux, on fait tremper et on masse ses pieds enflés, on fabrique un collier de billes de verre à enfiler pendant l'accouchement pour qu'elle ressente notre appui (d'autres s'attachent le poignet avec un fil de couleur qu'elles garderont jusqu'à la naissance du bébé). On forme un cercle autour d'elle, on allume des chandelles, on lit des poèmes liés à la naissance, on formule un souhait pour le bébé à naître ou on donne notre meilleur conseil de parent. Dans *The Joy of Family Rituals*[38], Barbara Biziou propose une variante de cette cérémonie : les futurs parents allument d'abord une chandelle or, symbolisant la confiance en soi, et une chandelle argent, évoquant la sagesse. Au-dessus d'un bol d'eau, dans une atmosphère purifiée à la sauge et au romarin, ils verbalisent leurs peurs et laissent aller leurs appréhensions. Ils demandent à leur conjoint et à leurs invités de les aider à vivre cette transition en douceur. Enfin, ils revêtent un tissu de couleur or et argent (ou un châle ayant appartenu à l'une des grands-mères) pour signifier qu'ils acceptent les nouvelles responsabilités qui leur seront bientôt dévolues. Si ce concept vous plaît, vous trouverez quelques sites Internet pertinents à la fin de ce guide.

- « **Shower-partage** ». Les parents invités apportent les objets de bébé qu'ils n'utilisent plus, et ceux qui sont à l'aise financièrement ajoutent quelques accessoires. On organise une corvée d'emballage et on apporte le tout dans un centre de femmes pour gâter une maman moins fortunée.

Céramique à gogo

Pour célébrer les futurs «ga-ga» d'Ann-Li, les amis de Nathalie et Daniel se sont réunis dans un café-céramique. En plus d'y réaliser des pièces pour enjoliver la chambre de la petite, ils y ont cassé la croûte, mangé le gâteau de bienvenue et offert les cadeaux. Chaque invité devait apporter une fleur avec, à sa tige, une petite carte contenant des vœux pour Ann-Li. Michèle, grande amie du couple et organisatrice hors pair, a capturé le sourire des convives avec un appareil instantané de type Polaroïd et a demandé à chacun d'inscrire, dans un album, un vœu pour la nouvelle famille bientôt réunie. Photo et petit mot composaient un témoignage d'amitié qui les a soutenus pendant leur long voyage vers la Chine, où ils y ont cueilli leur petite fleur.

---

38. St. Martin's Press, New York, 2000, 176 p.

4.2 Un thème? Pourquoi pas !

Un thème se décline dans toute l'organisation (invitations, jeux, décoration, etc.) et rend l'événement plus mémorable. On s'inspire de :

- **La chambre du bébé.**

- **Une couleur, un objet** (bouteille, suce, couche).

- **Les magnifiques bébés d'Anne Geddes.**

- **Un animal** (ourson, lapin, chat, coccinelle, grenouille, papillon, abeille, poisson, canard, cigogne) ou l'arche de Noé (idéal pour des jumeaux).

- **Un pays, le soleil et les étoiles, les mignons petons de bébé.**

- **Une émission de télé ou un film jeunesse** (*Cornemuse, Caillou, Télétubbies, Winnie the Pooh*).

- **Ce qui est dans l'air du temps au moment du « shower »** (party Nouvelle-Orléans pour le Mardi gras, œufs ou lapins pour Pâques, fête tropicale d'été avec rhum, punch et musique reggae).

- **Contes pour enfants** (*Alice au pays des merveilles, La Belle au bois dormant, Cendrillon, Peter Pan*).

- **L'ABC**[39] : on assigne une ou plusieurs lettres à chaque invité, qui doit apporter un cadeau commençant par cette même lettre. On décore avec des lettres peintes, des blocs, on sert de la soupe... à l'alphabet et des biscuits en forme de lettres (pourquoi pas les prénoms des invités?). Et j'ajouterais : on donne nos conseils de parent sur l'ABC des soins au bébé, qu'on peut réunir dans un cahier souvenir.

- **La première année de bébé**[40] : chaque invité apporte un cadeau associé à un mois de la vie de bébé ou à une première fois : médicament homéopathique et anneau de dentition pour soulager la poussée dentaire, ensemble de vaisselle pour les premiers repas, équipement pour sécuriser la maison, bottines pour les premiers pas, « kit » pour fêter son premier anniversaire. Pour illustrer les étapes de l'évolution de bébé, on offre les cadeaux dans l'ordre chronologique. On décore avec des

---

39. *Spectacular Showers for Brides, Babies and Beyond*, Madeline Barillo, Contemporary Books, 2002.
40. *Ibid.*

photos de bébé naissant jusqu'à un an, on affiche au mur un calendrier de croissance acheté ou fait maison et chacun y inscrit les progrès de son propre rejeton à tel mois (ou d'eux-mêmes étant bébé s'ils n'ont pas d'enfant).

- **Les arbres... généalogiques.** C'est l'occasion pour les grands-parents de remettre un objet qui se transmet de génération en génération (Vincent a ainsi porté des mocassins minuscules jadis enfilés par son père de 6 pi 2 po !). Des idées : décorer avec des photos d'enfance en noir et blanc ou sépia (les centres de photo peuvent vieillir des clichés d'aujourd'hui), se cotiser pour faire dresser l'arbre généalogique de bébé, s'engager à planter un arbre à l'arrivée du poupon, acheter le livre audio *L'arbre des possibles et autres histoires* (Bernard Werber, Coffragants). On conclut par une belle promenade dans un parc (si on habite Montréal et les environs, pourquoi pas une visite à la Maison de l'arbre du Jardin botanique ?).

Hollywood party !

Alissa, une fana des stars d'Hollywood, a eu droit à un « shower » de célébrités. « Nous devions jumeler les mamans célèbres et leurs bébés et notre thème faisait référence aux films tels *Raising Arizona, Three men and a baby, Baby Boom, Look who's talking now.* »

Fille ou garçon ?

Pendant son échographie, Linda a demandé à la technicienne de glisser dans une enveloppe un papier qui révèle le sexe du bébé. Cette enveloppe a été confiée à l'organisatrice de son « shower » qui en a discrètement avisé les invités. Et c'est en découvrant une minuscule robe rose que Linda a appris qu'elle attendait une petite fille !

4.3 Et les cadeaux?

Pour la liste de cadeaux, on établit une liste d'objets dont les parents ont besoin (on les consulte si ce n'est pas une surprise) et on la transmet aux invités. On leur demande de nous aviser de leur sélection qu'on raye au fur et à mesure de la liste et on communique régulièrement les choix. Selon les besoins des futurs parents, on peut choisir entre les « gros morceaux » (cadeaux collectifs) ou les plus petits (cadeaux individuels). Comme c'est le cas pour les mariages, certains grands magasins et certaines boutiques (vêtements, jouets et accessoires de bébés) proposent aux parents d'enregistrer une liste de naissance, dans laquelle pourront piger les invités à la recherche du cadeau idéal. Si les futurs parents ont déjà fait leurs choix, on spécifie le magasin en question lorsque les invités confirment leur présence (et non dans l'invitation). Bon à savoir : la future maman compte-t-elle allaiter?

Quinze idées de cadeaux

1. **Des vêtements et produits pour bébé** (on prépare un sac à couches rempli de tout le nécessaire). Pour les vêtements, assurons-nous de graduer les tailles, pour que bébé ait toujours un nouvel ensemble à porter au fil des mois.

2. **Un chèque-cadeau chez un photographe** pour immortaliser la belle bedaine ou les premiers sourires de bébé.

3. **Un moulage du ventre de la future maman.**

4. **Sa valise d'hôpital remplie :** pyjamas et soutiens-gorge d'allaitement (ceux de Bravado sont très chou!), livre, disque, grignotines, brumisateur d'eau thermale, cigares en chocolat pour les visiteurs, etc.

5. **Un livre-souvenir de bébé, un album photo, une magnifique boîte** pour y loger les souvenirs (bracelet d'hôpital, première mèche de cheveux, photo du pied de bébé) ou le logiciel *L'album de bébé*.

6. **Un souper dans un restaurant gastronomique...** une évasion gourmande qu'on ne se permettra pas avant plusieurs mois une fois bébé arrivé! C'est le cadeau original que nous ont offert mes beaux-parents.

7. **Un chèque-cadeau pour un massage** (certains massothérapeutes se déplacent à domicile, idéal pendant les derniers mois de grossesse où

même aller aux toilettes est une expédition, ou pendant que bébé fait la sieste). On visite le site de la Fédération québécoise des massothérapeutes : www.fqm.qc.ca.

8. **Pour que la future maman puisse souffler entre deux contractions** ou affronter le possible baby blues, on l'arme d'une dose de rire : une bande dessinée de la série *Baby Blues* (Rick Kirkman et Jerry Scott) ou *Les mères* (Claire Bretecher).

9. **Puisque les parents ont droit aux histoires eux aussi,** on choisit un CD parlant, qui leur tiendra compagnie pendant les nuits à veiller bébé. Quelques sélections de la collection Coffragants : *L'art du bonheur ; Dis papa, l'amour, c'est quoi ? ; La vie avant la naissance ; Lettres à un jeune poète ; L'abondance dans la simplicité ; Les Philo-Fables ; Contes à rire, contes à pleurer ; Le prophète.*

10. **Une cassette d'exercices prénataux et postnataux.**

11. **Un chèque-cadeau pour un cours de premiers soins** (pour la tranquillité d'esprit).

12. **Un abonnement à un magazine de parents** et une liste de sites Internet spécialisés qu'on colle dans la carte.

13. **Des objets pratiques pour les parents qui ont la bougeotte.** J'ai ainsi reçu une chaise de bébé portative en tissu, qu'on glisse sur une chaise normale. Très utile et peu encombrante !

14. **Une jupe ou un pantalon taille élastique pour l'après-bébé.** Rares sont celles qui entrent dans leurs jeans illico et les nouvelles mamans hésitent à acheter des vêtements qu'elles ne porteront, souhaitent-elles, que quelques mois. Pourtant, l'effet est « liftant »... pour le moral !

15. **Et si on n'en fait pas le thème du « shower »,** ces cadeaux seront tout de même fort appréciés : chèques-cadeaux maison pour garder bébé, pendant que les nouveaux parents reprennent leur souffle au cinéma, au restaurant ou dans une auberge ; livres, disques ou films pour petits mousses ; montagne de couches et de nourriture pour bébé ; petits plats congelés, etc.

Et bébé numéro 2?

Si les «showers» sont plus courants pour un premier bébé, rien n'empêche de célébrer la venue d'un deuxième poupon! Après tout, pour les parents et leur premier enfant, c'est un nouveau passage à traverser. Si l'écart d'âge entre les deux enfants est grand ou que le père n'est pas le même, la maman n'a sans doute pas gardé ses articles de bébé. Il est aussi possible qu'étant plus jeune et moins fortunée elle ait acheté des produits de moins grande qualité. De plus, les innovations vont vite en ce domaine! Et si l'aînée est une fille, va pour léguer au petit frère la layette jaune, verte et bleue, mais, pour les jolies robes roses, on repassera... à une autre fillette. Enfin, si le premier enfant est un garçon, en général plus actif, il se peut que les jouets soient davantage abîmés. Pensons à apporter un petit présent à l'enfant plus âgé, pour faciliter sa transition au titre d'aîné.

Un «shower»... pour grand-maman?

Une amie proche devient grand-mère pour la première fois et on veut souligner ce moment? Dans *Spectacular Showers for Brides, Babies and Beyond*, Madeline Barillo suggère de lui organiser un «shower»: on lui donne des accessoires qui seront utiles lorsque bébé rendra visite à sa grand-maman, ce qui évitera aux parents de remplir la voiture à ras bord: parc, chaise portative, poussette pliante, chaise berçante (si elle a l'espace voulu). Et pourquoi pas les acheter usagés s'ils sont récents, en bon état et qu'ils respectent les normes? On ajoute bavettes, débarbouillettes, livres et CD de berceuses, album photo et cadre pour avoir son petit-enfant sous les yeux tous les jours.

4.4 Dix jeux et activités pour un « shower » de bébé

Si on souhaite inclure des jeux et des activités, on s'assure de garder un équilibre entre les activités et un temps de pause pour relaxer. L'organisatrice peut acheter des petits prix de présence (produits de beauté ou de gourmet, gadgets de cuisine, chocolats ou bonbons, bouteille de porto, chèques-cadeaux pour le cinéma), selon son budget ou la contribution des autres convives.

1. **Devinez, devinez...** On mise sur la date de naissance, le sexe du bébé (si inconnu), le poids, la taille, la durée de l'accouchement. Chacun fournit un montant qui sera remis au gagnant après la naissance ou, mieux, qui garnira un REEE pour bébé! Une autre variante : on prend un rouleau de ficelle et chaque personne coupe un bout qui correspond à son estimation du tour de taille de la maman fêtée. On vérifie son vrai tour de taille (si elle est d'accord) avec une ficelle d'une autre couleur. Celui qui était le plus proche gagne. Dans un autre genre, on peut associer le nom des bébés animaux à leur mère.

2. **Perdu : t'as dit le mot bébé!** Chacun se glisse autour du cou une bavette ou un ruban avec une suce. On échappe le mot « bébé » pendant qu'on parle avec quelqu'un? Cette personne nous le retire. Celui qui a le plus de bavettes ou de colliers gagne!

3. **Un album-souvenir qu'on compose pendant le « shower ».** Avec un Polaroïd, on prend une photo de chaque invité et on les enjoint d'écrire un mot au bébé ou un conseil aux parents. On peut aussi rédiger un poème ou imaginer quelle sera la personnalité de bébé en s'inspirant de celle des parents.

4. **Préparer des sketches sur la vie de parents.** Chaque invité raconte une anecdote de sa jeunesse, un mignon « mot d'enfant » ou livre son meilleur conseil. On filme le tout si on dispose d'une caméra vidéo.

5. **Devine à qui la binette.** Les convives apportent une photo d'eux étant bébé, que l'organisatrice dispose sur un carton. Celui qui fait le plus d'appariements bébé/adulte gagne un prix de présence. On peut aussi faire un jeu d'associations entre les prénoms des invités et leur signification. Bien sûr, on inscrira celui de bébé ou ceux entre lesquels on hésite.

6. **C'est à quoi ce petit pot-là?** On enlève les étiquettes d'une douzaine de pots de bébé et on essaie d'associer les bonnes saveurs… au simple regard ou au goût! D'autres plus audacieux badigeonnent des couches de beurre d'arachides et autres aliments «évocateurs» d'une réalité de parents (on vous passe les détails!) et passent au vote : qu'y avait-il dans la couche?

7. **Jeux de mots.** On peut créer des mots croisés ou un jeu de bingo avec des expressions tirées de l'univers de bébé, composer des charades, etc.

8. **Igloo, igloo...** On remplit des biberons de jus ou de thé glacé et celui qui finit sa bouteille le premier gagne un prix. Une variante rigolote du rituel *Ami (untel), lève ton verre* souvent pratiqué lors de certains anniversaires.

9. **On met le futur papa à l'épreuve!** Il doit deviner à quoi servent tous les cadeaux et assembler les gros morceaux devant tout le monde. On peut aussi tester l'habileté des invités en leur faisant habiller ou mettre une couche à une poupée bébé. Top chrono! Ce peut être une séance de démonstration utile si les nouveaux parents n'ont pas eu l'occasion de s'exercer, étant enfant unique ou le benjamin de leur famille.

10. **Un quiz sur les futurs parents.** On prépare 10 questions à partir d'informations croustillantes qu'on aura récoltées auprès des proches des futurs parents (sur leur jeunesse, par exemple). On peut le faire oralement ou par écrit (on distribue un questionnaire incluant des choix de réponses, ce qui permet à ceux qui ne pouvaient se joindre d'être là en pensée, pourvu qu'on leur envoie le document). Celui qui a un maximum de bonnes réponses gagne un prix de présence.

4.5 Conseils d'organisation et idées déco

Le chapitre 14 comprend de nombreuses astuces pour organiser un événement sympa qui roule. Voici toutefois cinq éléments propres au « shower » :

1. **S'assurer que la future maman est en forme le jour du « shower »**, qu'une chaise confortable est mise à sa disposition, que les jeux choisis conviennent à sa personnalité, etc.

2. **Prévoir des boissons non alcoolisées pour la future maman.** Le moût de pomme mousseux, servi dans une flûte à champagne, cultive l'illusion... à défaut du goût! Le sexe du bébé peut nous inspirer dans la préparation des cocktails : curaçao pour un garçon et sirop de grenadine pour une fille. Si on fait un punch, prévoyons une version sans alcool ou prévenons la future maman si le punch en contient. On peut aussi opter pour un événement « sans alcool », par solidarité. C'est votre choix!

3. **Dans l'invitation, mentionner qui « offre » la réception**, pour éviter que la future mère croie que la personne qui reçoit a assumé tous les coûts.

4. **Au moment d'acheter les invitations et les décorations liées au thème**, ajoutons au panier des cartes de remerciement ou des faire-part de naissance. La future maman restera ainsi dans le thème, sans devoir arpenter les magasins à la recherche du motif coccinelle!

5. **Désigner quelqu'un pour noter discrètement** qui donne quoi sur une feuille. On la remet ensuite à la future maman, qui pourra ainsi personnaliser ses remerciements.

Côté déco, notre thème sera certainement fertile en idées. L'animatrice Clodine Desrochers a eu droit à un « shower » lors de son émission *Les saisons de Clodine* (TVA). Le décor était inspiré des idées suivantes :

- vêtements de bébé disposés un peu partout ;

- bouquets de tulle et marguerites ;

- cônes de papier contenant un bouquet de souffles de bébé (que les invités peuvent rapporter) ;

- petits pots fleuris garnis de rubans.

Et quoi encore ? Un gâteau... de couches, des toutous, des ballons, une banderole, un parc rempli des cadeaux enveloppés, des photos de bébés, des serviettes de table adaptées au thème.

« *Shower* » de mariage et enterrement de vie de jeunesse | 5

Il n'y a pas si longtemps, les fêtes rituelles précédant le mariage étaient sexuées : enterrement de vie de garçon pour monsieur (avec ses histoires d'horreur de beurrage et de beuveries) et «shower» pour madame, qui recevait moult gadgets domestiques (une «pluie de cadeaux»), parfois réunis dans un parapluie. De nos jours, si l'enterrement de vie de garçon a encore la cote, il semble que le «shower» traditionnel soit une coutume un brin désuète, à l'heure où la plupart des femmes ne sont plus «reines du foyer» et partagent déjà la couette avec leur fiancé avant le grand jour. Le «shower» de mariage a aussi évolué avec les classes sociales[41]. Il s'est d'abord imposé à la bourgeoisie de Montréal, probablement au début du siècle et, après la Seconde Guerre mondiale, s'est étendu à toutes les classes sociales et a subi quelques transformations. Beaucoup de futures mariées connaissent de nos jours le même sort que leur chéri : on leur organise un

---

41. Selon un article publié dans la revue *Ethnologie française*, no 28, 1998, 4, p. 472-479, portant sur une étude menée par Mme Denise Girard.

enterrement de vie de fille ou, du moins, un «shower» qui n'est pas uniquement axé sur la bonification du trousseau.

Si la formule connaît une évolution, cela demeure un rite de passage valable, qui fournit en prime l'occasion d'une belle soirée entre amis et une introduction olé olé au discours de la fille ou du garçon d'honneur. Si on a la chance de capter ces moments uniques sur vidéo et de les diffuser à la réception, c'est encore mieux! Ne dit-on pas qu'une image vaut mille mots? De plus, fixer le déroulement de la soirée sur pellicule tend à réfréner certaines ardeurs parfois enfiévrées!

Ensemble... ou séparés?

Ici, contrairement au «shower» de bébé qui tend vers la mixité, la plupart des fiancés fêtent le passage à leur nouveau statut avec leurs amis de même sexe. Les filles avec les filles, les gars avec les gars. Mais si on préfère le «shower» mixte, on peut puiser ici et là des idées dans ce qui suit. Et rien n'empêche de prendre l'apéro ensemble avant d'aller bambocher chacun de son côté ou encore de se retrouver en fin de soirée. C'est une belle occasion de briser la glace avant le mariage, et si la réception de noces est un dîner ou un brunch, eh bien, on aura fait la fête avant! Voici donc des idées pour les filles, d'autres pour les garçons et, plus loin, des concepts communs et des idées de cadeaux pour les deux tourtereaux. Et rien n'interdit de lorgner dans la section de l'autre sexe pour y glaner des suggestions à adapter.

D'où viennent les enterrements de vie de jeunesse?

Selon certaines hypothèses, ce serait la survivance d'un culte de la fécondité (ce qui expliquerait plusieurs aspects liés à la sexualité, à la virilité ou à la féminité). Si celui des garçons a longtemps eu mauvaise presse pour ses légendaires frasques, du côté des filles, c'est en général plus rangé. Par sa formule, l'enterrement de vie de jeunesse est un rite d'initiation dans les règles (séparation du milieu habituel, période de marge et agrégation) qui vise à tourner la page sur un ancien statut et à en adopter un nouveau.

Source : Chroniques «Coutumes et culture», rédigées par une équipe d'ethnologues sous la direction de Martine Roberge, Réseau de diffusion des archives du Québec, www.rdaq.qc.ca.

5.1 Enterrement de vie de fille

Quelques idées pour célébrer le passage vers le mariage d'une copine sans qu'elle fasse une tête d'enterrement! Trois versions – à doser selon la personnalité de la mariée : le « shower » célébré à domicile, classique ou avec une pointe d'audace, les sorties entre amies et la totale – le parcours jonché d'épreuves (qu'on retrouve dans la section 5.3, intitulée Idées folles pour elle et lui).

Qui l'organise?

C'est habituellement le rôle de la dame d'honneur. S'il n'y a pas de cortège, la sœur, la belle-sœur, l'amie, l'une des témoins ou la collègue peut en prendre l'initiative. Selon Suzanne Laplante, coordonnatrice de mariages, il est préférable que ce ne soit pas la mère de la mariée, pour ne pas donner l'impression qu'on demande des cadeaux. Celle-ci peut toutefois débourser les frais de la réception si elle le souhaite. Pour que la frénésie soit au rendez-vous, on se réunit quelques semaines à l'avance pour préparer le programme et on le peaufine par courriel, en remettant à nos acolytes une copie conforme.

Quand tenir l'événement?

Dans le dernier mois avant le mariage. Sûrement pas la veille, surtout si on entend faire la tournée des grands ducs! Comme la surprise devrait être au rendez-vous, on s'assure que la promise est disponible le soir voulu et on résiste à ses efforts d'en savoir plus. L'important : connaître ses restrictions. Dans le cas d'un « shower » plus traditionnel à domicile, on concentre les éléments de surprise sur le concept et les cadeaux.

Qui inviter?

Les copines proches, bien entendu, et toute personne avec laquelle la future mariée acceptera de lâcher son fou. Quant à maman et à belle-maman, cela dépend du concept... et de leur ouverture d'esprit.

Jusqu'où doit-on aller?

La plupart des fiancées embarqueront volontiers dans nos folies, à condition qu'on respecte leurs limites, sous peine de voir la soirée assombrie par leur déception. Avant de convier à demeure un faux policier ou pompier à lui dévoiler ses charmes ou de prévoir un détour dans l'antre de la testostérone musclée, assurons-nous que la fiancée prise ce genre de démonstration... Et si ça l'enchante, malgré sa gêne (allô visage couleur de coquelicot!), allons-y pour ce vieux rituel paillard. Mais si elle souhaite éviter les séances d'effeuillage extrême, le badigeonnage de diverses substances et la beuverie, que ses désirs soient des ordres! Il y a beaucoup d'autres possibilités. L'idée n'est pas de se cloîtrer, mais de s'amuser, en accord avec les principes et les valeurs de la vedette du jour.

Un parcours en 12 étapes pour Nadia
Nadia a eu droit à 12 étapes pas piquées des vers, fagotée d'un look disons... particulier, conçu par ses copines complices. Des exemples? Vendre des baisers pour un dollar chacun; entrer dans des maisons au hasard pour annoncer son mariage; raconter une histoire salée; demander un condom à un pur inconnu; inviter un bel homme à danser; dégoter... un billet de 100 $ datant de 1993, un tampon, une cigarette et deux Tylenol! Si la plupart des épreuves avaient un lien avec son histoire amoureuse, certaines ont été concoctées pour le seul plaisir de rigoler un bon coup.

« Showers » classiques, avec un brin d'audace

On se réunit chez la dame d'honneur, chez la mère ou la sœur de la mariée, chez une amie ou chez toute invitée qui dispose de l'espace nécessaire pour notre petit groupe. On choisira une formule appropriée (thé, apéro, brunch, buffet, barbecue, vin et fromages, bouchées, dégustation de chocolats fins et de porto ou de sushis, pique-nique, brunch, dîner, souper) en s'inspirant du chapitre 4 (« Shower » de bébé), du chapitre 8 (Les petits riens... qui cimentent les liens) et du chapitre 14 (Comment organiser un événement original et efficace). Le but n'est pas de garnir le trousseau (bien qu'on aime toutes les cadeaux!), mais de souligner ce passage important en s'amusant entre filles. Quant au concept, voici quelques idées :

- **Qu'y a-t-il dans ton sac à main?** On retient les services d'un maquilleur ou d'une maquilleuse qui passera nos pochettes de maquillage au laser et nous fera les recommandations appropriées. On peut aussi s'amuser au jeu de la «sacoche» : on liste ce qu'on y retrouve habituellement, chacune déverse le contenu de la sienne par terre et on coche si on a l'objet ou pas. Celle qui a le plus de trucs bizarres doit nous expliquer pourquoi.

- **Miroir, dis-moi qui est la plus belle.** Le maquilleur ou la maquilleuse peut aussi rafraîchir nos connaissances en matière de fards. Certains grands magasins organisent parfois des soirées beauté lors des nouvelles collections : profitons-en ! Dans les mariages hindous, la fiancée participe à une fête où on applique sur son corps différents motifs réalisés au henné, en plus de partager chants, danse et confidences.

- **Je n'ai rien à me mettre !** On organise une soirée de troc de vêtements (en autant que le chiffre sur l'étiquette de nos pantalons ne passe pas du 4 au 14, sinon l'échange tournera court). Chacune apporte de 5 à 10 vêtements en bon état et encore à la mode, mais qu'elle troquerait volontiers. Le cadeau à la fiancée : un styliste qui décrypte le contenu de sa garde-robe.

- **Démonstration de lingerie ou d'accessoires érotiques.** On zieute frou-frou et dentelles et on aide la fiancée à choisir la tenue de nuit de noces idéale.

- **Un cours de « strip-tease ».** Une effeuilleuse professionnelle peut nous dévoiler quelques techniques pour faire monter la pression de nos jules ! Fous rires garantis.

- **Une gang tricotée serrée.** Pouvez-vous croire que le tricot revient à la mode ? De plus en plus de futures mariées américaines organisent, assure le magazine *Modern Bride*, des « showers » de tricot. Ensemble, on confectionne une pièce pour la mariée (couverture ou jeté) ou pour soi-même (foulard, sac, pantoufles). On ne sait pas tricoter ? Certaines entreprises apportent tout le matériel et nous enseignent l'art de la broche. Une résurgence de l'ancienne coutume de la courtepointe ?

- **Création collective.** On aime créer, mais le tricot ne nous emballe guère ? On peut aussi retenir les services d'un artisan qui nous enseignera les rudiments d'un art – les choix ne manquent pas (vitrail, peinture, peinture au pochoir, céramique, origami, savons avec incrustation de fleurs, encadrement, dessin, art floral, calligraphie, dorure, création de colliers, photographie). Cet artisan ne reçoit qu'à son studio ? Ça nous fera une belle sortie avant le resto !

- **Serais-je heureuse avec lui?** Pourquoi pas une soirée mystère avec une tireuse de cartes ou de tarot? L'une des filles a sûrement une tante qui s'amuse à tirer les vers du nez au destin. Que vous y croyiez ou pas, la rigolade est assurée!

- **Un «bien-cuit» croustillant.** Chacune prépare un récit épicé, puisé à même les anciennes histoires d'amour de la fiancée : amoureux éconduits; peines d'amour lamentables; fantasmes de jeunesse; choix amoureux douteux (non, non, on ne veut pas rire de ses ex, mais avouons que certains se sont mérité quelques surnoms!); les débuts officiels du couple; le moment de leur rencontre. On peut aussi en faire l'objet d'un quiz pour savoir jusqu'à quel point on connaît la fiancée. Plus de conseils sur le «bien-cuit» au chapitre 14.

- **S.O.S., je ne sais pas cuisiner!** Ici, ce n'est pas la mariée qu'on passe à la casserole, mais un petit plat qu'on fricote ensemble. Certains chefs se déplacent à domicile pour un cours privé, que ce soit pour apprendre l'art des sushis ou des sauces classiques. Il vaudrait peut-être la peine de briser la tradition et d'inviter ces messieurs? Chacune peut aussi apporter une recette savoureuse immanquable, qu'on réunit dans un cartable. En cadeau, on offre des gadgets de cuisine, ces petits trucs souvent pratiques qu'on ne s'achète jamais soi-même, ou on se cotise pour acheter un appareil pratique (ex. : autocuiseur, gril à raclette, robot culinaire). Pas très sexy tout ça, mais drôlement pratique au quotidien!

- **Une soirée de vidéos de «filles».** D'accord, c'est un peu plus «mémère», mais ça en prend pour tous les goûts! L'occasion de louer ces films qui rebutent nos conjoints? Pourquoi pas *The Full Monty*, un touchant film anglais sur des travailleurs ordinaires au chômage qui décident d'organiser un spectacle de danseurs nus? Si on décide d'esquiver ce temple de la masculinité, on peut toujours rester dans le thème. Une autre idée : les DVD d'*Un gars, une fille*.

- **Ça, c'est ma «toune»!** On demande à chaque invitée de nous transmettre sa meilleure chanson d'amour, qu'on réunit sur un CD souvenir pour la fiancée. Ce sera la trame sonore de l'événement. Chacune explique ce que cette chanson évoque pour elle, et pourquoi pas lire une citation sur l'amour?

- **Parle, parle, jase, jase.** C'est l'occasion d'évacuer toutes nos peurs à propos du mariage ou encore de changer complètement de sujet. On peut s'amuser à confronter nos points de vue avec le jeu *Polémique* ou *Question de scrupules* ou jouer à tout jeu de société (ex. : *Cranium*).

- **« Back to the future »**. Le rétro est à l'honneur, celui de nos premières amours adolescentes. On loue des films de l'époque et on met de la musique de ce temps (et une tenue, si on veut), on apporte nos albums de finissants du secondaire, on parle de nos premières fois.

- **Pyjama party. Pourquoi pas?** S'il n'y a pas assez de chambres chez notre hôte, on étend les sacs de couchage par terre. On loue nos films d'amour classiques, on écoute de la musique romantico-kitsch, on fait du popcorn et on monte un bar à cocktails ou à sundae (on ira courir le lendemain!)

- **Cercle d'énergie.** Notre « shower » prendra alors une tournure plus spirituelle. Barbara Biziou, dans *The joy of ritual*, suggère la cérémonie suivante : on se place en cercle, en se tenant les mains, pour aider la future mariée à aborder ce nouveau cycle de vie. On fait circuler un bol d'eau de rose dans laquelle chacune prend une petite gorgée, pour connecter avec le groupe et démontrer son ouverture d'esprit. La fiancée parle de ses peurs et de ses insécurités face au mariage, en tenant un œuf dans ses mains. Après l'avoir brisé dans un bol, elle communique ses rêves, ses espoirs, ses vœux. Tour à tour, chacune y va de ses meilleurs conseils sur l'amour ou lit une citation évocatrice. On en profite pour remettre les fameux *something old, new, borrowed and blue*, en expliquant la signification de cette tradition (voir notre chapitre sur le mariage). On allume ensuite une chandelle argent (symbolisant la mariée) et or (symbolisant son futur époux), avant de partager nourriture et confidences. Quelques éléments nous conviennent moins? Adaptons la formule à notre goût.

Jeux et activités pour un « shower »

En plus de tout ce qu'on vient d'évoquer, on peut vouloir inclure des petits jeux et des activités pour divertir nos convives. Quelques exemples :

- **Venez donc faire un tour... des amies.** Les amies de la fiancée se placent en ligne[42], par ordre « d'apparition » dans sa vie, et on prend une photo. Si elles ne se connaissent pas beaucoup, on demande à la fiancée de les présenter à tour de rôle, en nous disant pourquoi elles font

---

42. *Spectacular Showers for Brides, Babies and Beyond*, Madeline Barillo, Contemporary Books, 2002.

partie de son cercle d'amies. On demande ensuite à chacune de partager avec les autres un souvenir d'une sortie mémorable, d'une conversation marquante, d'un moment de complicité avec la future mariée. En guise de décoration, chacune apporte une photo qui la met en scène avec la mariée, qu'on collera dans un cahier ou un «scrapbook» en y ajoutant une bulle, comme dans les bandes dessinées.

- **Quiz sur les symboles d'anniversaires de mariage.** Sur une feuille, on inscrit les chiffres dans une colonne à gauche et, à droite, les symboles correspondant aux anniversaires, mais dans le désordre. On a quelques minutes pour faire le plus d'associations possible. On prévoit un petit prix de présence pour celle qui en a obtenu le plus.

- **Secrets d'alcôve.** Au fur et à mesure que la fiancée ouvre ses cadeaux, on note ce qu'elle dit : *Wow, c'est beau!*, *Quel mignon petit truc*, *Je vais l'utiliser souvent*, etc. À la fin, on mentionne ses propos à la queue leu leu, en affirmant que c'est ce qu'elle dira... lors de sa nuit de noces!

- **Traditions d'ici... et d'ailleurs.** On liste sur une feuille des traditions de mariage à travers le monde et on s'amuse à en imaginer l'origine (on aura la réponse tout près pour étancher la curiosité de ces dames). On peut aussi inventer de nouvelles traditions.

- **Bouquet collectif.** Chacune apporte une fleur qui représente la future mariée et explique en quoi. Notre fiancée repartira avec un beau bouquet!

- **Robe de mariée... en papier-toilette.** On forme des petits groupes et on «habille» une mariée en créant une «œuvre» collective. Un peu dingue, mais ça peut être rigolo après quelques verres de vin...

- **Idées déco :** fleurs, cœurs, papillons (pour la transformation), photos de mariages célèbres de toutes époques ou photos de noces de nos invitées (sinon, de leurs parents ou grands-parents), citations sur l'amour disposées sur la table ou sur des cartons posés au mur.

- **On vole des idées aux «showers» de bébé.** On pige des idées dans le chapitre précédent et on les adapte (ex. : au lieu du mot «bébé», le mot tabou devient «mariage»; sketches sur le mariage; jeux de mots et bingo sur le mariage).

Concepts tout-terrain

Dans cette version, on sort ! Ça peut aller du simple souper entre copines à la soirée survoltée :

- **Rallye « chic ».** On s'habille « glamour », on déguste un cocktail exotique ou du champagne, on prend l'entrée dans un resto, le repas principal dans un autre, le dessert ailleurs, café brésilien en prime. On finit la soirée dans une boîte et on danse jusqu'aux petites heures. Pourquoi pas la salsa ?

- **Tant qu'à entrer dans la danse**, essayons aussi le baladi, le flamenco ou encore le tango, dans des restos spécialisés, des écoles, des salles de danse et même dans certains parcs. Une autre option : réserver les services d'un couple d'enseignants qui apprendront à nos amis (filles et garçons) les rudiments du fox-trot, du cha-cha-cha, de la samba et autres danses sociales usuelles dans les mariages.

- **Rallye « nostalgie ».** On écume les bars et les restos où on a naguère consolé ses peines d'amour. Et on se réjouit maintenant de son bonheur !

- **Rallye culturel ou sportif.** On planifie une journée d'activités culturelles : visite au musée, au cinéma, circuit thématique en autobus ou à pied (certaines entreprises proposent des forfaits à peu de frais) ou d'activités sportives : golf, randonnée pédestre, kayak, ski nautique, escalade, glissades d'eau, plage, peu importe, pourvu qu'on termine la journée autour d'une belle tablée (pourquoi pas une table champêtre ?).

- **Week-end à la campagne.** On s'organise une vraie fin de semaine de filles, avec massage, spa et autres petites douceurs pour la version luxe ou, pour la version camping, randonnée, canot et autres sports de plein air.

- **Place au spectacle !** On réserve des places pour le spectacle de son groupe ou de sa chanteuse préférée ou pour une pièce de théâtre dont le sujet évoque l'amour, les femmes, l'amitié.

- **Métamorphose-beauté et séance photo.** On lui offre un bichonnage en règle puis une session de photos [style portrait ou sensuel, vêtue de lingerie fine, ou encore métamorphosée en personnage célèbre (ex. : Marilyn Monroe, Cléopâtre ou toute artiste qu'elle admire ou encore en pin-up rétro, en diva des années folles, en rockeuse)].

5.2 Enterrement de vie de garçon

On a tous en mémoire le pauvre type couvert de goudron et de plumes qui s'esquinte en courant derrière une voiture ou, plus couramment, la beuverie mémorable ou l'incontournable détour chez les effeuilleuses. Mais les fiancées seront contentes d'apprendre que l'enterrement de vie de garçon tend à évoluer. Si le circuit «du rhum, des femmes et d'la bière nom de Dieu», comme l'évoque Soldat Louis, semble encore prisé, de plus en plus de fiancés rénovent la tradition. Cela dit, l'occasion est souvent trop belle pour ne pas faire subir à notre futur marié toutes sortes d'épreuves humiliantes, histoire d'agrémenter le toast du garçon d'honneur!

Qui l'organise?
Chez les hommes, cette tâche incombe souvent au garçon d'honneur. Pas de cortège? Un ami doué pour l'organisation, le frère ou le beau-frère prendra les devants. Et chacun peut y aller de ses petites suggestions de fine torture... Le courriel peut être utile pour mettre la touche finale à la séance qui se prépare. On formera une liste de distribution incluant les adresses des compères qui seront de la fête.

Qui invite-t-on?
Les amis proches, bien entendu, peut-être les collègues ou les membres de l'équipe de hockey ou de baseball. Cette décision appartient au fiancé, selon qu'il souhaite ou pas mixer ses différents univers, souvent composés de gens qui ne se fréquentent pas. Bien entendu, la formule choisie dictera l'étendue du groupe de complices. Invite-t-on le beau-frère? Ça dépend... du beau-frère, du fiancé et du concept! Même chose pour papa et beau-papa.

Jusqu'où doit-on aller?
Le mot d'ordre est le même que chez les filles : respectez les limites du fiancé et sa personnalité. Certains ne voient pas nécessairement d'un bon œil le séjour autrefois quasi obligé chez ces demoiselles courtement vêtues et veulent garder la tête (modérément) froide. Cela dit, si vous n'envisagez pas un enterrement de vie de garçon sans ce classique rituel, évitez l'enivrement du fiancé qui le pousserait peut-être à regretter certains gestes...

Ah! si mon moine voulait danser!
Les amis de Christian ont beaucoup d'imagination : le fiancé a d'abord dû enfiler une bure de moine, sous laquelle il avait le « moine » à l'air, âpre sensation s'il en est! Après avoir fait pénitence en montant les marches de l'oratoire Saint-Joseph, les amis ont amené le religieux-d'un-jour dans une boutique d'accessoires érotiques pour acheter un « moineau » de plastique qu'il a ensuite dû... revendre aux passants! Heureusement pour lui, un groupe d'amis a eu pitié de lui. Ensuite, tournée des grands ducs où Christian a dû inviter une dame à danser la lambada, toujours vêtu de ses rugueux atours!

Sous quelle forme?

L'enterrement de vie de garçon est un rituel plus ancien que celui des filles. Voilà peut-être pourquoi il est davantage codé et relativement classique dans sa forme. Cependant, d'autres options naissent peu à peu, comme la journée au golf, ainsi que l'a voulu Benoit. On peut piger quelques idées aux filles, en y ajoutant une dose de testostérone (c'est vraiment là qu'on voit à quel point hommes et femmes sont différents!). Entre autres : la soirée jeux de société, le rallye culturel, les spectacles, l'après-midi de sports, les cours de cuisine, le « bien-cuit » et le week-end en pleine nature conviennent aux deux sexes. L'important sera de voir ce qui ferait plaisir au fiancé, tout en mettant notre grain de sel. D'autres concepts susceptibles d'intéresser ces messieurs :

- **S'initier à la chasse ou à la pêche.**

- **Faire coïncider l'enterrement de vie de garçon** avec un événement sportif d'envergure pour une réunion amicale entre potes : Superbowl, éliminatoires de hockey, Grand Prix, Euro.

- **Aller voir un match ou une compétition** (football, baseball, hockey, tennis, boxe, etc.) avant d'aller souper dans un restaurant sportif ou ailleurs.

- **Louer une patinoire** pour y disputer une partie de hockey ou organiser un tournoi (pool, baseball, basketball, badminton, tennis).

- **Souper dans un « steak house »** ou organiser un barbecue maison où on fait griller des steaks géants.

- **Cigares cubains et porto.** Certains bars ont des sections réservées.

- **Dégustation de bières** (certaines microbrasseries organisent des visites de groupes de leurs installations).

- **Soirée dans un centre de divertissement** (on défie tout le monde au babyfoot !).

- **Poker-pizza.** Une vraie soirée de cartes entre gars, avec de la bière, de la pizza, des ailes de poulet.

- **Vidéos drôles.** Chacun apporte le film ou le vidéo le plus drôle qu'il ait jamais vu. Et si l'un des invités dispose d'un cinéma maison, on sait où aller !

- **Soirée de paris.** On se met sur son 31 pour une virée à l'un des trois casinos du Québec ou encore direction hippodrome de Montréal pour une course de chevaux.

- **« Road-trip ».** L'un des invités a une décapotable ? On s'y engouffre et on part à l'aventure. Parfait pour un groupe de quatre ou cinq personnes.

- **Week-end clinquant, si on a les sous.** À nous New York, Las Vegas, Atlantic City.

Un fiancé claqué

Pour punir son meilleur ami au passé de play-boy, Étienne s'est inspiré de la pancarte au cou de la fiancée, invitant les passants à troquer un bisou contre quelques sous. Pour son copain ayant à son crédit plusieurs maris cocus et maîtresses éconduites, on a écrit : *1 $ la fessée* ! Pour minimiser l'impact des claques, on lui a fait enfiler un boxer moulant en latex sous son pantalon, qu'on a magasiné en sa compagnie dans une boutique érotique. Ensuite, tournée des bars, où les esprits revanchards en ont eu pour leur argent ! Deux cents dollars plus tard (et autant de fessées), le fiancé maintenant rentré dans le droit chemin a été ramené à sa douce, surprise de la couleur de son postérieur ! Étienne raconte que l'idée de base était de réunir les ex du copain en question, mais qu'on n'arrivait pas à savoir qui s'était mérité ce titre parmi la galerie de femmes qui ont partagé sa vie... ou quelques nuits. Ce qui n'est pas le cas de Bruno Blanchet, animateur, scripteur et humoriste, qui a cru voir quadruple lors d'un souper organisé pour ses 40 ans[43] : sa sœur Chantal avait cru bon inviter une ex... de chaque génération !

---

43. Lu dans sa chronique publiée dans *La Presse*.

5.3 *Idées folles pour elle et lui*

La totale : le parcours jonché d'épreuves
Nos fiancés sont prêts pour la grande virée et on a beaucoup d'imagination ? On se réunit en petit comité pour mijoter un plan de match diabolique (qui respecte les limites qu'ils ont exprimées, au risque que la sauce ne prenne pas !).

Les ingrédients de ce type d'enterrement de vie de jeunesse, proche du bizutage étudiant, comprennent :

- **« L'enlèvement »** du ou de la fiancé(e) à son lieu de travail, à son domicile ou dans tout autre lieu. Soyez sûrs que la plaisanterie soit explicite aux yeux des passants, au risque d'avoir les policiers à vos trousses – à moins que ce soit un faux agent de la paix ! (Tiens, une idée ?)

- **Un déguisement ou un accoutrement bizarre** (look de petite fille, servante, curé, bunny, clown ou toute composition bigarrée à laquelle vous pouvez songer). On peut aussi leur faire porter un T-shirt sur lequel on a reproduit une photo géante du ou de la promis(e).

- **Une série d'épreuves**, pensées en fonction de la personnalité du ou de la fiancé(e) : vente ou chasse aux objets inusités ; déclarations publiques rigolotes ; jeux de rôles (ex. : faire semblant que c'est une star connue avec lunettes noires, perruque et gardes du corps munis de walkie-talkie et lunettes noires) ; louer les services d'un sosie ou obtenir à l'avance un petit mot d'une personnalité connue qui le ou la fait frétiller ; l'envoyer soutirer aux passants le secret du bonheur conjugal (à l'instar du personnage d'Anne-Marie Cadieux qui, dans *Le bonheur est une chanson triste*, fixe le bonheur sur caméra vidéo).

- **De quoi se sustenter le palais… et le gosier !** Évitez l'ivrognerie, bien sûr, mais prévoyez quand même une dégustation de cocktails, histoire d'alléger l'atmosphère… Et si le ou la fiancé(e) est membre des Alcooliques Anonymes, optez pour un détour dans un bar à jus ou composez-lui des cocktails exotiques sans alcool qui feront pâlir d'envie n'importe quel cosmo !

À régler à l'avance : la question du retour (plusieurs dépassent le taux d'alcoolémie maximum ces soirs de douces bacchanales...) et les aspects financiers (notre victime ne devrait pas sortir un sou de sa poche).

Pour des idées de scénarios fripons : les sites Internet www.alafolie.com ou www.le-mariage.com/enterrement.

Amateurs d'émotions fortes

Des suggestions pour les fiancés aventureux, homme ou femme :

- **On se met la corde au cou ?** Pourquoi pas aux pieds alors, avec un saut en bungee ?

- **Se marier, c'est se lancer dans le vide ?** C'est l'occasion d'essayer le parachute !

- **En amour, il y a des hauts et des bas ?** On réunit les troupes à La Ronde ou tout endroit où on retrouve des montagnes russes, ou encore on prévoit une journée d'escalade (intérieure ou extérieure) ou de ski alpin.

- **Parfois, c'est la houle, parfois, on est à marée basse ?** En été, une journée près de l'eau s'impose : plage, volley-ball de plage, water-polo, kayak, cours de surf, location d'un catamaran, tour de voilier, croisière, descente de rapides, ski nautique, canot, glissades d'eau.

- **On peut lui concocter un programme pour vaincre ses peurs,** en écho à celle de l'engagement, en s'inspirant d'émissions telles *Fort Boyard*, *Survivor* ou *Facteur de risques*.

- **D'autres activités qui provoquent une décharge d'adrénaline :** paintball, go-kart, tir, tour en avion ou en hélicoptère.

Ronde de golf et caddie surprise pour Benoit
Les meilleurs amis de Benoit se sont réunis dans une auberge pour souligner son dernier week-end de célibataire. Au programme : partie de golf, cocktail, souper gastronomique, nuitée sur place et déjeuner en groupe. De quoi nourrir les souvenirs pendant longtemps ! Comme on ne pouvait éviter complètement les grivoiseries, les copains du fiancé lui ont joué un tour, en conviant dans la voiturette Caddie, une demoiselle grandeur nature... en plastique ! Les golfeurs présents sur le terrain ce jour-là ont bien rigolé.

5.4 Et les cadeaux ?

Plusieurs fiancés déposent chez un ou plusieurs détaillants une liste de mariage, bien que la corbeille nuptiale soit une tendance en hausse. Le métier qu'exercent les futurs mariés (ou l'une de leurs passions) peut aussi nous inspirer. Voici d'autres idées en plus de celles émises plus haut :

- **Moi, c'est le salon, et toi ?** Un ou plusieurs invités sont associés à une pièce de la maison et apportent des cadeaux qui y sont reliés. Une autre option : composer le coffre à outils parfait, avec un guide pour régler les bobos domestiques.

- **Vingt-quatre heures avec toi, c'est le paradis !** Chaque invité est jumelé à une heure de la journée et choisit un cadeau qui y est associé. Il y a aussi la variante mensuelle : nos cadeaux seront saisonniers ou encore raviveront notre amitié à tous les mois (ex. : abonnement à un magazine, un service de fleurs coupées, de location de tableaux, de tonte de gazon ou de déneigement).

- **Bed & Breakfast.** Draps, oreillers et coussins, plateau pour le lit, serviettes moelleuses, panier avec confitures variées et chèque-cadeau pour une nuitée dans un B & B.

- **Vivement notre premier anniversaire !** Comme son symbole est le papier, on offre des cahiers, de la papeterie et une sélection de cartes artistiques pour toute occasion (on en a toujours besoin !) réunies dans un beau coffret.

- **Veiller dehors, quel plaisir !** Pour un « shower » d'été, le thème du patio est rafraîchissant si le couple dispose d'une terrasse. Chaise longue, hamac, napperons mignons, pots à fleurs, lampes extérieures, vaisselle et pichet incassables composeront un univers où on laissera le bon temps rouler...

- **Avec toi, je ferais le tour de la terre.** Pour des fiancés voyageurs, des accessoires de voyage pratiques. Pour les désorganisés, des accessoires de classement et de rangement.

- **Je lis l'amour dans tes yeux.** Un « shower » de livres, sympa, non ? Ce peut être des romans, des essais, des guides pratiques sur le vin, les fromages, les voyages, la rénovation, des livres de recettes, un beau livre de photos, une lampe de lecture.

- **Aubergiste, à boire!** On compose à notre couple vedette le bar idéal : spiritueux variés, accessoires de bar, livres de recettes de cocktails. Truc : le site Internet de la Société des alcools du Québec (SAQ) propose trois versions avec la liste des achats à effectuer.

Youpi, c'est ma fête ! | 6

Rappelez-vous, lorsque vous étiez enfant, le plaisir anticipé à l'idée de célébrer votre anniversaire. Gâteau, ballons, jeux, chapeaux et cadeaux étaient de la partie et on s'amusait ferme. À l'âge adulte, plusieurs cessent de souligner ce moment, n'y voyant que la marque du temps qui passe. Leur anniversaire devient une date dans un calendrier, rien de plus. Pourtant, ce jour-là, « c'est votre tour de vous laisser parler d'amour », chante Gilles Vigneault dans *Gens du pays*, dont on entonne le refrain à chaque anniversaire. C'est la réflexion qui m'est venue alors que mon père chantait la chanson en entier, accompagné de sa guitare, lors de l'anniversaire de ma sœur Carinne. Le premier couplet illustre bien l'aspect précieux de ce moment : « Le temps que l'on prend pour se dire je t'aime/C'est le seul qui reste au bout de nos jours. »

Autrefois, on s'entourait de notre famille et de nos amis afin de se protéger des esprits maléfiques qui, croyait-on, nous rendaient une petite visite ce jour-là[44]. Aujourd'hui, l'anniversaire est plutôt un prétexte pour festoyer. Cela dit, il n'en demeure pas moins qu'à cette occasion nos proches nous comblent d'attention et nous insufflent de l'énergie. Pourquoi ne pas profiter de ce beau luxe? Notre anniversaire célèbre notre venue en ce monde, ce qu'on y apporte et nos liens avec les autres. D'ailleurs, ne dit-on pas, le jour de notre anniversaire, que c'est notre «fête»? Alors, fêtons! N'attendons pas qu'on nous planifie un «surprise-party», prenons les choses en main! Mine de rien, on aura vu nos amis une fois de plus cette année!

Bien sûr, on réservera le grand faste aux changements de décennie (20, 30, 40, 50, 60, etc.), au quart de siècle (25 ans) ou à l'obtention de la majorité (18 ans). Mais qui dit qu'on ne peut s'amuser chaque année? Quelques semaines avant chacun de nos anniversaires, mon conjoint et moi nous adonnons à une petite session de *brainstorming* autour d'un café ou en prenant un bol d'air frais. Au fil des années, nous avons, entre autres, organisé une soirée de courses à l'hippodrome, fêté dans un restaurant-concept qui évoque la Nouvelle-France, assisté aux prouesses d'un «personnificateur féminin» dans un restaurant «lounge rococo» drapé de velours rouge, apprécié l'ambiance 1930 dans un cabaret-théâtre et réuni les copains dans un centre de divertissement. Cette année, les amis sont venus à la maison pour une dégustation de vins et fromages sous le thème de la France, avec de la chanson française en fond sonore. Aussi, je repense avec joie à ce restaurant russe où mes amis ont honoré avec éclat la traditionnelle danse slave. Main dans la main, nous avons fait le tour du restaurant, au son des musiciens venus mettre de l'ambiance. Pauvres petits couples en tête-à-tête! Ce soir-là, mon ami Christian a inauguré un rituel spécial que je lui commande chaque année: les tours de magie absurdes, qu'il accomplit une fois l'ambiance bien installée!

Que vous organisiez votre propre anniversaire ou celui de quelqu'un d'autre, voici quelques conseils et idées de thèmes, en plus de témoignages inspirants.

---

44. Source: *À chaque fête ses symboles!*, Mélanie Thivierge, site Internet Petit Monde.

D'où vient la chanson « Happy Birthday To You ? »

En plus de *C'est à ton tour de te laisser parler d'amour*, on vous a sûrement déjà chanté *Bonne fête à toi*, cette traduction de *Happy birthday to you*. Les auteures de cette amusante chanson, les sœurs Mildred et Patty Hill, respectivement enseignante et directrice d'un établissement scolaire, ont un jour inventé cet air afin d'accueillir les enfants à l'école chaque matin. Intitulée à l'époque *Good Morning to All*, la chanson s'est retrouvée quelques années plus tard, en 1893, dans le recueil *Song Stories of the Kindergarten* des sœurs Hill.

Un dénommé Robert H. Coleman a réédité la fameuse chanson sans la permission des auteures, en lui donnant cette fois les paroles qu'on lui connaît aujourd'hui. Après la mort de sa sœur Mildred, Patty a eu vent de cette fraude et a alors entrepris des procédures judiciaires afin de prouver que cette chanson lui appartenait. Fort heureusement, justice a été faite, et, pendant plusieurs années, la famille Hill a reçu des redevances lors de l'utilisation publique de cet air de fête. Les droits de *Happy birthday to you* appartiennent aujourd'hui à Time Warner AOL.

Source : *À chaque fête ses symboles !*, Mélanie Thivierge, publié sur le site Petit Monde. On y apprend aussi la signification des symboles d'anniversaire (gâteau, chandelles, cartes de vœux, clowns, etc.) www.petitmonde.com et inscrire le mot « fête ».

6.1 Pour trouver un concept original

- **Deux ou trois têtes valent mieux qu'une.** Pour trouver une idée rafraîchissante, rien ne vaut un *brainstorming* (ou remue-méninges) ! Les idées de l'un combinées à celles de l'autre finissent toujours par provoquer l'étincelle. On s'assure d'abord que la personne aime souligner son anniversaire, certaines préférant se terrer chez elles, stores baissés, ou simplement le passer sous silence… On parle du style de la personne fêtée, de sa personnalité, du genre de fête qu'elle aimerait. Ses loisirs habituels, ses goûts culinaires et musicaux peuvent aussi nous inspirer.

- **Sous quelle forme ?** Dîner, souper, brunch, cocktail, pique-nique, vin et fromages, les possibilités sont nombreuses ! Le chapitre 14 commente chacun de ces concepts et fourmille d'idées de thèmes.

- **Trouver un lieu différent.** Vous vous rappelez l'ambiance géniale dans laquelle a baigné la fête organisée pour Évelyne l'an dernier ? Pourquoi ne pas réserver au même restaurant, puisque ce sont des groupes différents ? Lancer un appel aux amis, à la famille et aux collègues peut rapporter gros. Tout le monde connaît une petite auberge sympathique dont la nourriture est à se rouler par terre, un restaurant original qui vaut le détour ou un lieu inédit qui épatera la galerie. En plus de sonder nos proches, fureter sur Internet est un bon réflexe. On trouve sur les portails de divertissement des restaurants thématiques ou exotiques qui transporteront nos convives dans un autre monde. Le chapitre 14 propose une vingtaine de lieux différents et des critères pour choisir le lieu idéal.

Lieux de plaisir

Dans la famille de Lucie, on rivalise d'originalité pour l'anniversaire des petits… et des grands : on se réunit dans un centre de quilles ou d'escalade, au cinéma, dans un café-céramique ou au musée ; on réserve un restaurant spécialisé en déjeuners ouvrant ses portes aux groupes en soirée (demandez-leur !) ; on découvre les tables champêtres, etc.

- **S'inspirer de la saison.** En hiver, fondue ou raclette dans un restaurant spécialisé ou journée sportive (patin, ski de fond, raquette) ; au printemps, virée à la cabane à sucre, autour d'une table champêtre, ou souper remise des Oscars ; en été, souper homard, terrasse, « beach party », barbecue, pique-nique ou épluchette de blé d'Inde ; et à l'automne, party d'huîtres, découverte du beaujolais nouveau, dégustation de vins et fromages.

Chez Alexandra, on célèbre la « fête des Lions »

« Six membres de la famille sont nés en juillet et août. On a six gâteaux à la fois, c'est complètement fou ! »

- **S'inspirer de l'âge de la personne.** À 31 ans, pourquoi pas une soirée chic (« *Mettez-vous sur votre 31 !* » (et non 36, comme on entend souvent)) ou, plus simplement, une partie de 31 et autres jeux de cartes avec un bon gueuleton à la maison. Pour un 40ᵉ anniversaire, on organise une soirée clandestine dans un lieu inusité (« *On vous met en quarantaine* ») et on lui chante *Une femme à 40 ans* (Didier Barbelivien, interprétée, entre autres, par Dalida et Ginette Reno (« On est une femme à 40 ans/On est une femme tout simplement/On a la force et l'expérience »). Dans la carte de vœux d'une femme qui fête son 30ᵉ anniversaire, on écrit les paroles de cet hymne de Jean-Pierre Ferland qu'est *Les femmes de trente ans* ou, pour un homme, celles de *Place des grands hommes* de Patrick Bruel (« On verra quand on aura 30 ans/Si on est d'venus des grands hommes... »). Pour quelqu'un qui a le sens de l'humour aiguisé, celles de *Toto 30 ans* (Alain Souchon). À 20 ans, encore Jean-Pierre Ferland (*Quand on aime on a toujours 20 ans*), Sylvain Lelièvre (*Marie-Hélène*), Léo Ferré (*Vingt ans*), etc. Et si la personne comprend l'anglais, alors, là, vive le choix !

- **Petits gestes magiques et surprises étonnantes…** Ce peut être un petit geste inoubliable, comme ce musicien venu jouer dans le salon pour l'épouse de Marc, à la demande de celui-ci. Ce peut-être un rendez-vous qu'on a réussi à obtenir auprès d'une personnalité publique admirée de notre chéri(e) (je l'ai fait pour mon conjoint et il en a été renversé !) ou, du moins, un petit mot écrit de sa main. Si on croit que ça lui ferait plaisir, on peut aussi demander une lettre de félicitations de son député local, d'un ministre ou encore du premier ministre.

- **Mystère, mystère…** Une soirée *Meurtre et mystères*, pourquoi pas ? Si l'idée vous enchante, consultez le chapitre 14 et lisez le témoignage ci-bas de Jacinthe, qui s'est laissée séduire par les mystères d'Harry Potter.

Tout le monde dévore Harry Potter

Pour l'anniversaire de son conjoint, Jacinthe a organisé un souper mystère « débile », comme elle le qualifie, inspiré du thème Harry Potter : « Nos convives ont établi leur menu table d'hôte de quatre services d'après une liste de 12 plats mystère. Sur un menu fait maison (une feuille 8 1/2 x 11 pliée en 4), ils ont donc inscrit les numéros 10, 6, 4 et 9, correspondant aux plats Voldemort, Poudlard, Encarta et Plumpton. Résultat ? Certains ont mangé du gâteau au premier service, leur spaghetti avec les doigts, etc. Plusieurs ne se connaissaient pas et ils ont ri à en pleurer ! Ça fait quatre ans de cela et ils en parlent encore ! »

- **Un «bien-cuit».** Un hommage à la personne fêtée, ponctué d'anecdotes, de photos ou vidéos, est toujours extrêmement apprécié. Vous pouvez aussi organiser un quiz avec des questions qui portent sur leurs petites manies et leurs habitudes, qui servira d'animation dans la soirée. C'est ce qu'ont fait Annie et son frère pour le 60e anniversaire de leur père. Le chapitre 14 détaille l'organisation d'un «bien-cuit», donne de précieux conseils (dont ceux de Marcel Béliveau, concepteur de *Surprise sur Prise*) et fournit une liste pour ne rien oublier.

- **Un rallye avec des étapes significatives.** Voilà un concept qui demande une organisation de longue haleine, de l'imagination et des complices, mais qui en vaut drôlement la peine! Voyez ces deux témoignages de rallyes orchestrés pour Claudie et Nathalie. D'autres conseils au chapitre 14.

Pour ses 20 ans, un rallye dont Claudie se souviendra... au moins 20 ans!

Christiane a eu beaucoup de plaisir, avec ses complices, à concocter ce rallye-surprise pour sa fille Claudie. Rien de très coûteux, dit-elle, mais combien «payant» en souvenirs de toutes sortes. Elle raconte : «Au matin, Claudie reçoit des vœux d'anniversaire et une carte avec des consignes. Très intriguée, elle cherche à en savoir plus, mais elle doit exécuter les consignes sans poser de questions, en se laissant guider. Dans cette carte, elle est invitée à se rendre chez sa tante Manon, qui la reçoit à dîner et lui propose de jouer aux cartes, un passe-temps commun. Manon lui remet ensuite une autre carte comprenant d'autres consignes.

Claudie doit aller chez l'une de mes copines, qui l'accueille avec plein de petites surprises venant des enfants. Elle s'y amuse pendant une heure et reçoit ensuite sa troisième affectation : rendez-vous chez une autre tante, qui lui réserve un traitement royal : cocktail, bain moussant, massage, coiffure et maquillage. On passe ensuite à l'étape habillage. Horreur, sa tante lui tend une vieille robe de sa grand-mère! En voyant le nouvel ensemble qui attend d'être enfilé, elle s'aperçoit qu'on l'a fait marcher un brin. Fiou!

Revêtue de ses plus beaux atours, Claudie poursuit sa tournée. La nouvelle carte la convie chez sa meilleure amie, qui, à son tour, la gâte avec un cocktail et des surprises. Elle quitte ensuite la maison de cette amie avec deux autres personnes, supposément pour un souper intime au restaurant. Surprise! Nous sommes une cinquantaine à l'attendre, caméra et vidéo en main! C'est le choc total, les larmes de joie! Témoignages et surprises se succèdent, comme cette amie qui lui chante, guitare en main, ses chansons préférées. Durant la soirée, très émue, Claudie ne cesse de raconter son rallye de cartes mystères et son étonnement à toutes les étapes.

Pour la remuer encore plus, je lui remets son livre préféré, lorsqu'elle était petite : *Pablo le pingouin qui n'aimait pas le froid*. Comme ma fille me reprochait gentiment d'avoir donné sa collection de livres Walt Disney, j'ai retrouvé la copine à qui j'avais donné ces livres. Par chance, elle avait encore son livre préféré, que j'ai emballé, en y inscrivant son rituel de dodo et plein de beaux mots».

Le cadeau de Nathalie : 24 heures… juste pour elle!

Le mari de Nathalie lui a conçu un «24 heures de bichonnage» (la chanceuse!) : spa, boutique de lingerie, restaurant et hôtel (où son époux est venu la rejoindre en fin de journée). Le samedi matin, Nathalie a trouvé une enveloppe près de sa tasse à café, qui en contenait trois autres, à ouvrir à des moments précis dans la journée. Une belle surprise, qui a commandé plusieurs étapes d'organisation : trouver une gardienne fiable qui pouvait passer la nuit avec les enfants, magasiner le spa, le restaurant et l'hôtel, acheter le chèque-cadeau pour la lingerie, préparer en cachette une valise pour Nathalie et avertir les enfants au dernier moment pour qu'ils ne vendent pas la mèche!

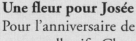

Une fleur pour Josée

Pour l'anniversaire de Josée, on a fait un buffet et un bouquet… collectifs. Chacun devait apporter un plat, ainsi qu'une fleur (ou une plante) qui rappelle Josée. Après s'être bien repu, chacun lui a remis sa fleur… en lui disant en quoi elle lui ressemble, que ce soit par la couleur ou par la forme.

Les amis d'Ugo ont marqué un but pour ses 30 ans!

«Alors que j'étais étendu sur le sofa avec ma blonde à écouter un film, j'ai entendu un vacarme qui a fait trembler toute la maison. On aurait dit une armée qui grimpe l'escalier! Surprise: mes amis étaient là, patins à l'épaule, prêts à jouer au hockey. Ma blonde a fait jouer la musique du film *Les Boys* et m'a offert un authentique chandail des Canadiens, avec le numéro 30 et mon nom de famille brodés au dos. Mes amis m'ont emmené jouer au hockey à la patinoire du coin. Quel plaisir nous avons eu! Un après-midi mémorable! Après une bonne douche, nous nous sommes retrouvés au restaurant, où les conjointes de mes amis sont venues nous rejoindre.»

Un programme bien ficelé pour les 40 ans de Nathalie

Pour fêter dignement ses 40 ans, Nathalie avait déjà plusieurs idées en tête, qui ont servi de canevas de base à son comité d'organisation. Véronique et Michèle racontent: «Nathalie avait trouvé le lieu où tenir la réception. Elle nous a transmis sa liste d'invités, que nous avons joints par courriel. Elle voulait un montage photo et vidéo, qui a été réalisé avec le logiciel Powerpoint. Il y avait un cadeau collectif (une contribution monétaire pour un voyage). Nous avons pris une photo des invités avec un Polaroïd, que nous avons collée dans un album, où chacun a inscrit un petit mot. Lors du souper, Nathalie a présenté chacun des convives aux autres, en disant comment elle les avait rencontrés et le rôle qu'ils jouent dans sa vie.»

Pour les 60 ans d'André, un quiz follement amusant!

«Pour les 60 ans de mon père, nous avons organisé un quiz de dix questions, portant sur ses habitudes et petits travers, raconte Annie. Comme mon père est un maniaque de statistiques (il a déjà compilé le nombre de prises par chaloupe à l'occasion de nombreux voyages de pêche) et qu'il conserve à peu près tout, ce ne sont pas les anecdotes qui ont manqué. On a toujours dit à la blague que pour savoir le nombre de vaches dans un pré, papa compte les pattes et divise par quatre! Parmi les 10 questions, il y avait : depuis combien de temps André garde-t-il des "party mix" daiquiri dans son bar au sous-sol? Réponse : 35 ans! Sur la musique de *Who wants to be a millionnaire*, chacun devait lever une feuille correspondant au choix de réponses (A, B, C ou D). Ceux qui répondaient correctement recevaient un rouleau de papier-toilette (mon père a travaillé dans cette industrie toute sa vie). Le but : ériger la plus haute tour de rouleaux! Nous avions prévu des petits prix, dont des "gratteux". Enfin, il y a eu un sketch sarcastique des *Belles-Sœurs* de Michel Tremblay (qui fêtait lui aussi ses 60 ans).

Tout ce beau monde (plus de 80 personnes) s'est donné rendez-vous le midi, dans un restaurant, en campagne. Il y avait aussi un cocktail avec fontaine. Comme mes parents habitent tout près, tous ont suivi à la maison pour jouer aux cartes et nous avons commandé de la pizza pour souper. »

Joe Dassin au 60e anniversaire de Marthe

Annie et son frère Philippe ont aussi fait preuve d'imagination pour l'anniversaire de leur mère : «Nous avons installé un écran qui devait recevoir un message vidéo en direct d'un proche qui ne pouvait se joindre à la fête. C'était arrangé avec le gars des vues comme on dit souvent, mais les personnes plus âgées, moins familières avec la technique, n'y ont vu que du feu! L'astuce : nous avons filmé d'avance ses propos, qui ont été intégrés à l'animation comme s'il nous interpellait directement sur écran. Nous avons même fait semblant qu'il y avait eu un problème technique. Ce proche, qui prétendait être hors d'ondes, parlait dans le dos de notre mère, racontant des anecdotes comiques. C'était très drôle! La chorale dont notre mère fait partie (et qu'elle a présidée pendant quelques années) a chanté une version adaptée de *Marie la Polonaise*, de Serge Lama, rebaptisée *Marthe la Présidente*. Mon frère et moi (Philippe m'accompagnant à la guitare) avons adapté *Mrs Robinson* pour en faire *Fantastique Maman*. La fête a réuni 80 personnes au deuxième étage d'un restaurant, dont chaque table était identifiée par une note de musique. Le clou de la soirée : mon père, déguisé en Joe Dassin, lui a offert un petit spectacle en lipsync!»

6.2 Organiser un « party surprise »

En premier lieu, assurez-vous que la personne fêtée est une bonne candidate au party surprise. Certains individus sont tellement curieux qu'il est ardu de les surprendre. Gentils harceleurs, ils sont à l'affût du moindre indice qu'une fête se prépare et vous tirent les vers du nez en moins de deux ! Si vous tenez quand même à leur organiser un party surprise, confiez la responsabilité à quelqu'un qui sait résister au déluge de questions de ces curieux ! D'autres n'aiment pas les surprises et certains, plus contrôlants ou maîtres-organisateurs, voudront tellement que leur fête leur ressemble qu'il vaut mieux les laisser énoncer leurs préférences. Et faut-il vraiment spécifier d'écrire en grosses lettres dans votre invitation que c'est une SURPRISE ?

Qui invite-t-on ?

On met dans le coup son conjoint, ses parents, son frère, sa sœur ou des collègues afin qu'ils identifient les personnes à inviter, selon les liens qu'elle entretient avec tous et chacun et la formule de party choisie (souper intime ou mégaboum). Il est plus aisé de dresser la liste d'invités lorsque le cercle d'amis de la personne fêtée est tissé serré. Tout le monde se connaît : un courriel ou un coup de fil, et hop !

Si son clan est plutôt élastique et qu'on n'a jamais rencontré ses autres amis, on peut amorcer avec elle une conversation téléphonique anodine sur l'amitié (par exemple, en s'interrogeant à voix haute si les amis d'enfance valent mieux que les amis récents). On se confie sur le sujet, ce qui devrait l'amener à parler en retour. Sinon, on la questionne sans trop insister, pour ne pas lui mettre la puce à l'oreille. Il ne restera plus qu'à noter les noms qu'elle balance au fil de la conversation. Si elle n'énonce que les prénoms, on peut lancer au hasard : «Ah oui, Nathalie Tremblay ?» Habituellement, elle corrigera. Et si elle nous demande pourquoi, simplement lui répondre qu'il nous semble avoir déjà entendu ce nom. Un conseil : partir à la chasse aux noms assez tôt pour ne pas qu'elle associe nos manigances à sa date d'anniversaire.

Comment trouver les coordonnées ?

- **Demander aux proches de la personne fêtée de zieuter** son carnet d'adresses pour nous fournir les coordonnées. Mais ce serait trop beau, alors voici...

- **Retrouver un courriel de groupe** provenant de la personne fêtée où apparaissent peut-être les adresses électroniques de ces gens en copie conforme (c.c.).

- **Employer la méthode journalistique :** remonter des filières. Selon les indices qu'on a pu récolter, on contacte l'association des diplômés de l'école secondaire, de l'université ou du cégep concerné, l'association professionnelle ou bénévole dont la personne pourrait être membre.

- **On peut tenter notre coup en utilisant les moteurs de recherche dans Internet :** on apprendra peut-être le métier que l'invité recherché exerce, ou s'il est membre d'une association. C'est fou ce que Google et autres fouineurs de la toile peuvent être parfois bavards... Tentez une recherche avec vos prénom et nom ! On peut aussi faire une recherche sur les sites tels Retrouvailles.ca, Classmates.com, etc.

- **Et il y a toujours le bottin téléphonique et 411** (version téléphonique ou Internet : www.canada411.ca). Bien sûr, cela demande beaucoup de démarches, surtout si la personne a un nom commun, car il faudra alors savoir si c'est la *bonne* Nathalie Tremblay...

- **Demander à chaque personne identifiée** si elle connaît les coordonnées de quelqu'un d'autre à inviter.

- **Arobase.org fournit quelques petits trucs** pour trouver une adresse de courriel. On le consulte à : www.arobase.org/services/rechercher.htm.

Quand ?

La personne fêtée se doute qu'un événement se trame ? On peut nier ou encore lui laisser entendre que c'est pour telle date et l'organiser à un autre moment. À tout le moins, on la surprendra avec la date.

Où ?

Si le party surprise a lieu à son domicile, prétextez une sortie en sa compagnie assez longtemps pour que tous aient la chance d'arriver. Demandez aux invités de se garer dans une rue éloignée, pour diminuer les soupçons.

Si cela a lieu ailleurs (plus facile !), donnez rendez-vous aux invités une trentaine de minutes avant son arrivée prévue. Au restaurant, choisissez un endroit qui accepte les réservations et qui dispose d'un coin en retrait pour votre groupe. L'autre possibilité est le « party surprise inversé » : on annonce un petit souper intime à la maison, auquel se joignent ensuite les invités pour le dessert ou le digestif (on aura pris soin de cacher le gâteau dans un autre frigo ou de demander à quelqu'un de l'apporter).

 Pour Mélanie, une chambre d'hôtel bien remplie
Benoit a retenu l'option du « party surprise inversé » pour célébrer les 30 ans de sa douce, dont la date d'anniversaire frôle la Saint-Valentin : « J'avais réservé une suite dans un hôtel chic pour l'occasion. J'ai envoyé une invitation par courriel à ses proches afin qu'ils se joignent à nous pour l'apéro, entre 16 h et 18 h. Mélanie a vite compris lorsque sa mère a sonné à la porte de notre chambre, avec du vin et des canapés, bientôt suivie par d'autres personnes ! Chacun a été invité à écrire un mot sur une affiche murale conçue pour cet usage. À 18 h, nous avons apprécié la fine gastronomie de cet hôtel réputé, puis, de retour à notre chambre, nous nous sommes plongés dans un bain moussant aux huiles essentielles, inclus dans notre forfait Saint-Valentin. »

6.3 Et les cadeaux ?

Deux options : chacun apporte un cadeau selon son envie et son budget ou contribue à un cadeau collectif, que ce soit pour acheter un objet plus dispendieux ou grossir une cagnotte pour un voyage, par exemple. La personne fêtée n'a pas à savoir combien chacun a donné, car on glisse simplement l'argent dans une enveloppe, dont la responsabilité est confiée à un membre du comité d'organisation.

Le cadeau thématique, Michel en a fait sa spécialité!

Emballé par ses trouvailles, Michel mijote son affaire des mois à l'avance. J'ai d'ailleurs eu droit à l'un de ses «kits du succès» après avoir réussi un bon coup: carte avec confettis, petite bouteille de champagne, flûte, etc. Il raconte: «Tout au long de l'année, lorsque j'aperçois un objet qui ferait un cadeau idéal, je l'achète pour alimenter ma réserve. Il y a habituellement un cadeau central, plus important, auquel s'ajoutent trois autres cadeaux connexes reliés à un thème (par exemple, les vaches, qu'affectionne une de mes amies). Pour ma collègue dont le chien est de race Dachshund, j'ai trouvé dans Internet un emporte-pièce en cuivre à l'effigie du toutou. Je l'ai donc commandé et emballé en joignant, en prime, des biscuits préparés avec cet instrument. Pour cette même personne, qui a des origines irlandaises, j'ai sollicité à l'avance une lettre du premier ministre d'Irlande à son attention. À une personne qui souhaitait troquer le café pour le thé, j'ai offert une théière (il y en a de belles à prix doux dans les quartiers et magasins chinois), deux tasses, des thés de qualité et… des biscuits en forme de T!

J'aime chiner chez les antiquaires, où je trouve par exemple des revues datant de l'année de naissance de mes amis. Pour un passionné de voitures, j'y ai trouvé un magazine d'autos d'époque. Pour un collectionneur de pièces de monnaie qui fêtait ses 50 ans, j'ai trouvé un 50 cents de la même année que sa naissance, auquel j'ai ajouté un rouleau de 50 cents noirs et une bouteille de bière de marque 50! J'ai aussi réalisé, pour l'anniversaire d'un ami, une "capsule à voyager dans le temps": une boîte à lunch des *Sentinelles de l'air* remplie de gommes Bazooka et autres bonbons de notre jeunesse, une cassette vidéo des émissions qui ont bercé notre enfance, une tasse achetée sur le site de Warner Bros.»

6.4 Conseils pour les fêtes d'enfants

Mon fils Simon commence sa propagande d'anniversaire au moins six mois à l'avance : le thème de la fête, les cadeaux qu'il convoite, les heureux élus à inviter, etc. C'est dire à quel point ce jour-là lui tient à cœur! L'année dernière, c'était l'angoisse, son demi-frère étant attendu la semaine même de son anniversaire. Allait-il pouvoir fêter? Vincent a eu la gentillesse de laisser passer la bamboula avant de se pointer. Yé! De la 1re année d'un enfant jusqu'à son adolescence (où les sorties entre copains ont davantage la cote), la fête d'anniversaire est un rituel incontournable. Tout comme la photo classique du premier anniversaire, vous savez, celle où notre petit mousse prend d'assaut le gâteau. Comme on aime ces photos de museaux barbouillés!

Les ingrédients de la fête

- **Quand?** Un samedi ou un dimanche après-midi. Pour les tout-petits, deux ou trois heures de tornade suffisent (à nous aussi)! Pour les plus grands, on peut convier les amis pour midi et mettre tout ce petit monde à la porte à 17 h. Dans ma famille, on en profite ensuite pour souper entre sœurs, avec les beaux-frères, les parents et quelques amis proches.

- **Où?** Si la maison convient mieux aux bambins surexcités et laisse respirer notre portefeuille, on a parfois envie d'éviter le trio ménage-cyclone-ménage! De nombreux lieux publics proposent des forfaits anniversaires : cinéma, centres sportifs, centres d'amusement, musées, cafés-céramique, salles de quilles (Simon a adoré!). Notre suggestion : faites un tour sur le site www.petitmonde.com et tapez « fêtes d'enfants » dans le moteur de recherche.

- **Qui?** Plusieurs spécialistes recommandent d'établir le nombre d'invités en lien avec l'âge du fêté (4 ans = 4 invités). Cela dit, l'espace dont on dispose dictera souvent le nombre de convives. Dix invités et moins, cela permet de garder un peu le contrôle. En grandissant, notre enfant pourra préparer lui-même ses cartes d'invitation, donner un coup de fil ou envoyer un courriel si ses potes sont branchés.

- **Un thème?** Ouuuiii! Les enfants adorent : cela les plonge dans un univers magique et agit comme un fil conducteur pour les invitations, la décoration, le repas, les jeux. Les petits aiment les dinosaures, les camions, les pirates, les princesses, les personnages de leurs émissions de télé ou films préférés, les super héros. Les plus vieux apprécient des thèmes comme la magie, les chevaliers, la fête à l'envers, l'Égypte, les détectives, l'espace, etc. Parmi les thèmes qui ont survolté Simon, il y a eu la fête mexicaine (la piñata a passé un mauvais quart d'heure, pour le plus grand plaisir de ses amis!). Pour les préados, pourquoi pas un party pyjama ou un échange de vêtements?

- **Qu'est-ce qu'on mange?** Les enfants mangent avec leurs yeux, c'est bien connu. En plus des sites Internet qui fourmillent de suggestions, il existe plusieurs livres de recettes simples, colorées, succulentes au goût... et à l'œil! Cependant, les petits sandwichs et les hamburgers sur le gril font toujours fureur. Pour les plus vieux, pourquoi pas un buffet de pâtés, fromages, salades et brochettes de fruits ou une popote collective (pizza, fajitas, rouleaux de printemps, sushis) : on met les ingrédients sur la table et chacun prépare son repas. Pour impressionner la petite bande, une bouteille de moût de pomme, qui «pope» comme du champagne! Le moment fort est bien sûr le gâteau, sur lequel on plante des bougies et/ou des feux de Bengale. Chocolat et vanille sont toujours de bons choix, les gâteaux sophistiqués plaisant davantage aux adultes (et notre portefeuille souffrira moins!).

- **On joue?** J'ai toujours admiré mes copains Brigitte et Christian, dont les jeux et activités organisés pour l'anniversaire de leurs enfants donnent le goût d'avoir encore huit ans! Dans un lieu public, tout est prévu pour amuser les enfants. À la maison, il faut rivaliser d'imagination pour occuper la tribu. Sites Internet et guides spécialisés viendront à la rescousse (voir plus loin). Pour les plus vieux, un jeu de société enlevant peut être le clou du party!

- **Ballons, cotillons et autres décorations.** Les cheveux enveloppés d'électricité statique après avoir fixé les ballons au mur, ça vous rappelle quelque chose? Vive les ballons gonflés à l'hélium et retenus par une petite pierre (ou tout ce qui fait office de poids). Tant mieux si on en trouve qui collent avec le thème choisi.

Pour Laurent, un seul ami... mais la totale!
Pour ses 10 ans, Laurent a choisi d'inviter un seul ami, mais d'allonger la fête : 24 heures de plaisir! Au programme : une visite au magasin de sport pour l'achat de son vélo (son cadeau d'anniversaire), une bonne bouffe au restaurant, un film au cinéma avec popcorn et bonbons, un dodo à la maison suivi d'un déjeuner et d'un avant-midi de jeux endiablés. Une formule que Laurent a beaucoup appréciée. Ses parents aussi : moins de logistique et l'anniversaire le moins coûteux à vie!

Pour faciliter le passage à cette nouvelle année

- **On regarde avec lui les photos de ses anniversaires passés.** Je fais tirer un double des photos de chaque anniversaire de Simon, que je range dans un album qui lui est dédié. C'est l'occasion de mesurer à quel point notre enfant grandit et change. Voilà une porte ouverte pour discuter des changements corporels et psychologiques qui se produisent en lui.

- **Un ménage des jouets s'impose.** Puisque famille et amis demanderont des suggestions de cadeaux, c'est le moment de discuter de ses goûts, qui auront certainement évolué au cours de l'année. Pourquoi ne pas entreprendre un ménage des jouets délaissés, qu'on donnera à des enfants plus jeunes ou à un organisme de charité. Même chose du côté des vêtements.

- **Plus de liberté, nouvelles responsabilités.** On profite de ce passage pour faire le point sur ses nouvelles responsabilités et permissions, discuter d'argent de poche, etc. Cela peut faire l'objet d'un conseil de famille (voir le chapitre 8, section Chouettes habitudes familiales).

Une prière d'espérance

Dans les écoles primaires à pédagogie Waldorf, à chaque anniversaire, l'enseignant prononce ces paroles que l'enfant répète après lui :

Mon Dieu, fais que je sois
Durant les douze mois
De cette année nouvelle
Pareil à la chandelle
Qui brûle devant moi.
Fais que mon âme
Brille comme la flamme
Et comble ainsi tous ceux
Que j'aime de mon mieux.

Source : *Fêtes et rituels ; célébrer les passages de la vie*, France Paradis, Éditions Enfants Québec, collection « Parent guide », 2003, 64 p.

Ressources

- *Fêtes originales et pas banales*, Caroline Gauthier, Quebecor, 2003, 176 p.

- *Fêtes et goûters d'enfants*, Angela Wilkes, Flammarion, 1997, 80 p.

- *Soirée pyjama. Guide pour une nuit réussie entre amies*, Nancy Kurlik, Éditions Scholastic, collection « Ô ffffilles », 2001, 64 p.

- *Fêtes d'enfants de 1 à 12 ans*, France Grenier, Éditions de l'Homme, 2004, 64 p.

- *Mon-anniversaire.com*
  Le site propose de nombreux thèmes et des façons de les décliner à travers l'organisation de la fête. Jeux et recettes sont aussi au programme. Il fournit également des listes à imprimer : invités, planning et courses.

- **Pour des idées de thèmes, de jeux et de recettes :**
  www.magicbirthday.com (en français),
  www.petitmonde.com et www.famillesdaujourdhui.com.

- **Des suggestions de cadeaux pour les fêtes d'enfants :**
  www.madame.ca et tapez « cadeaux ».

Anniversaire de mariage (ou de rencontre) | 7

De nos jours, comme on se marie moins, l'anniversaire de mariage est parfois celui de la rencontre. Car même si on ne s'est pas dit « *oui* » officiellement, on aime bien célébrer ce moment magique où nos yeux se sont croisés pour la première fois. À moins que ce ne soit notre premier baiser, le premier « *je t'aime* » ou nos premiers soupirs... Fêter son anniversaire de mariage ou de rencontre, c'est l'occasion de se dire « *je t'aime* » une fois de plus, d'exprimer ce qu'on apprécie l'un de l'autre et de s'engager, le cœur ouvert, à vivre une autre année d'amour.

7.1 Célébrer... les yeux dans les yeux

En plus du classique repas en tête-à-tête, participer à une activité commune réjouit le cœur. Des idées ? Cinéma, golf, visite guidée, tour en montgolfière, en avion ou saut en bungee, essayons de nous surprendre nous-mêmes !

Pour fêter votre anniversaire de manière intime, nous vous suggérons de consulter les sections suivantes du livre :

- Les rituels de couple (section 8, Les petits riens... qui cimentent les liens)

- La Saint-Valentin (section 9.5, Célébrez au fil des saisons! – Hiver)

Symboles des anniversaires de mariage

On peut choisir un cadeau en lien avec ce thème pour se gâter ou pour rappeler à un couple d'amis ce moment béni où ils ont dit... oui! Plusieurs sites Internet listent les symboles des anniversaires de mariage : nous avons retenu ici les principaux. Le site Le-mariage.com offre même un petit moteur de recherche : tapez l'année de votre anniversaire et le symbole apparaît (www.le-mariage.com/anniversaires.htm).

1 an : coton	**8 ans :** coquelicot	**35 ans :** rubis
2 ans : cuir	**9 ans :** faïence	**40 ans :** émeraude
3 ans : froment	**10 ans :** étain	**45 ans :** vermeil
4 ans : cire	**15 ans :** cristal	**50 ans :** or
5 ans : bois	**20 ans :** porcelaine	**60 ans :** diamant
6 ans : chypre	**25 ans :** argent	**70 ans :** platine
7 ans : laine	**30 ans :** perle	

7.2 Célébrer notre amour... avec parents et amis

Vous souvenez-vous de la fête orientale somptueuse tenue en 2000, à Las Vegas, pour le renouvellement des vœux de Céline Dion et René Angélil? Ou encore de cette fiesta monstre pour les 20 ans d'union de Ozzy et Sharon Osbourne (500 invités au jour de l'An)? Sans faire autant d'esbroufe, plusieurs couples profitent de leur anniversaire de mariage pour renouveler leurs vœux officiellement, que ce soit pour s'offrir enfin la réception qu'ils ne pouvaient se payer à l'époque, ou, sur une note plus spirituelle, pour réaffirmer publiquement leur engagement ou faire bénir de nouveau leur union.

7.3 Des noces d'argent pour papa et maman?

L'anniversaire de mariage de nos parents donne souvent lieu à des réjouissances familiales, surtout lors des noces d'argent (25 ans) ou d'or (50 ans). Mais on peut aussi célébrer leurs noces de perle (30 ans), de rubis (35 ans), d'émeraude (40 ans), etc. Voici quelques idées pour fêter bellement l'anniversaire de nos parents :

- **Trouver un lieu significatif.** En plus d'être suffisamment spacieux pour contenir votre groupe, il serait chouette que le lieu choisi évoque de beaux souvenirs pour le couple fêté. Ce peut être lié au métier de l'un ou de l'autre, à une passion ou à une implication commune, à un voyage mémorable. Ce peut aussi être l'hôtel qui a accueilli la réception de mariage ou l'auberge où ils ont passé leur nuit de noces (si ces lieux existent encore), ou un lieu chargé d'histoire, comme les sites historiques. Plusieurs de ces endroits permettent de jumeler une visite guidée au repas : un bonus ! Pour des suggestions, voir au chapitre 14.

- **Souvenirs, souvenirs.** On met la main sur leurs photos de mariage, pour joindre aux invitations ou décorer la salle. On utilise les merveilles de la technologie numérique pour faire restaurer une vieille photo, la faire agrandir et encadrer. Un cadeau « coule larmes » assuré !

- **D'autres idées-cadeaux.** On se cotise pour faire dresser leur arbre généalogique ou mettre en mots leur histoire (plusieurs écrivains publics offrent ce service). Un cadeau dont nous bénéficierons également, car leur histoire, c'est un peu la nôtre... On peut aussi faire réaliser un tableau, une caricature ou des personnages à leur effigie à partir d'une photo. Certains artisans réalisent, entre autres, des poupées fort ressemblantes !

- **La musica.** On recrée l'univers sonore dans lequel a baigné leur amour naissant, sans oublier la chanson sur laquelle ils ont ouvert la danse, il y a des années. Si on dispose d'un budget enviable, on retient les services de musiciens qui viendront leur jouer une sérénade. Dans le cas contraire, on se procure des CD ou on achète à la pièce leurs meilleures chansons, qu'on grave sur un CD-souvenir, dont l'étiquette et la pochette seront personnalisées. On fait jouer des chansons évocatrices des amours qui durent, telle *À vous*, composée par le regretté André « Dédé » Fortin, qu'on retrouve sur l'album *Tout un jour* d'Isabelle Boulay (« J'connais pas votre secret/Dites-le-moi à l'oreille/Si des fois si jamais/Je voulais faire pareil »). Il y a aussi les classiques d'anniversaires de mariage, comme

Le temps qu'il nous reste, Cet anneau d'or, Comme j'ai toujours envie d'aimer, Les vieux amants.

- **Les témoignages.** Il est souhaitable de demander à des témoins de leur amour de raconter quelques anecdotes. Ce peut être nous, les enfants, ou leurs frères et sœurs ou encore des amis fidèles, des collaborateurs précieux. Voyez au chapitre 14 quelques conseils pour les témoignages.

- **Prenez place dans la limo!** Pour les amener à l'endroit où aura lieu la réception, on réserve une limousine, une voiture d'époque (qui évoque la première automobile des tourtereaux), une calèche ou encore, comme l'a fait Suzanne, on leur fait faire un petit tour de bateau.

- **Un voyage de groupe.** Si on en a les moyens, on combine célébrations et vacances familiales. Ce peut être un week-end dans une auberge ou une semaine dans le Sud ou ailleurs. Et si on passait Noël en famille au soleil pour célébrer l'anniversaire de nos parents? Dans pareil cas, on s'y prend au moins un an à l'avance pour faire les arrangements nécessaires et remplir la cagnotte!

- **Et quoi encore?** Pour d'autres idées, consultez la section 6 (Youpi, c'est ma fête!), le chapitre 8 (Chouettes habitudes familiales et Les copains d'abord), le chapitre 2 (Un mariage qui nous ressemble) ainsi que le chapitre 14. Un «bien-cuit» serait ici tout à fait approprié, de même qu'un circuit des lieux qui témoignent de l'histoire du couple.

 Le 40ᵉ des parents de Suzanne... sur un bateau[45]
Le père de Suzanne, Roger, ayant été éclusier puis maître éclusier pendant une trentaine d'années, le thème des bateaux s'imposait. Suzanne raconte : «Après la messe, nous sommes montés à bord d'un bateau-croisière qui nous a conduits jusqu'au lieu de la réception, le restaurant Le Vieux Kitzbühel, situé de l'autre côté du lac Saint-Louis. Nous avons opté pour un brunch gastronomique, un choix qui a ravi tous les convives. Le retour s'est aussi fait par bateau, ce qui a permis aux invités de profiter d'un petit air marin supplémentaire. Mes parents, Roger et Louise, ont beaucoup apprécié cette journée spéciale, et mon fils parle encore avec enthousiasme de son excursion en bateau!» Ce thème vous plaît? Faites la lecture à voix haute du texte *Je connais des bateaux*, de Marie-Annick Rétif.

---

45. Ce témoignage provient du site www.coupdepouce.com où l'on peut lire l'article « Anniversaire de mariage : comment surprendre nos parents ».

Un faux procès pour le 25e de Lise et Christian

« Il y aura procès le 10 juillet sur la place publique, pour juger Lise et Christian qui ont commis l'irréparable : se marier dans les années 1970, à l'ère de l'amour libre et du "flower-power" ! »

Voilà l'esprit de la lettre d'invitation, au style juridique, envoyée à une trentaine de proches de Lise et Christian pour fêter leur 25e anniversaire de mariage, en plein été. Depuis l'automne, un comité, composé de leurs enfants, de deux sœurs de Christian et de ses parents, fricotait dans leur dos pour leur concocter une fête magique. Encore toute émue, Lise raconte : « Comme nous soulignons toujours notre anniversaire, on s'attendait à un petit quelque chose. Mais jamais nous n'aurions pu imaginer ce qui nous attendait ! Après nous avoir demandé d'apporter une petite valise et de ne poser aucune question, notre fils de 20 ans nous a d'abord conduits à une église de L'Assomption. Je pensais que les parents de Christian voulaient aller à la messe ou encore qu'on fêterait au sous-sol de l'église. Surprise : après la messe habituelle, le curé nous a invités en avant pour renouveler nos vœux. J'avais déjà confié à l'une de mes belles-sœurs que c'était l'un de mes rêves : elle s'en est souvenue ! Le curé, très participatif, nous a demandé si on voulait continuer ensemble. Nous avons dit *Oui, je le veux !* une seconde fois. Je me suis mise à pleurer tellement c'était intense. Et, comme des jeunes mariés, nous avons pris des photos devant l'église !

Toujours au volant, notre fils a ensuite pris la direction de l'Oasis du Vieux Palais de L'Assomption. Nous nagions toujours en plein mystère. On ne tenait plus en place ! Après un cocktail dans les jardins et un bon repas, on nous a fait monter au 2e étage. Il s'y trouve une ancienne cour de justice, où nous avons « subi » un procès, assis dans le box des accusés. Se sont succédé à la barre des témoins des proches qui, à grand renfort d'anecdotes hilarantes, répondaient aux questions de l'avocat. Ma belle-sœur avait demandé à tous, en secret, de se préparer d'avance et d'apporter des « pièces à conviction ». Comme nous avons ri ! Ensuite, place à la danse ! Mon beau-frère, qui possède une discothèque mobile, a souligné en musique les moments forts de notre vie, en replaçant les chansons dans leur contexte.

Il y avait aussi un gâteau, dont le glaçage reproduisait une photo (celle-là même où nous coupions notre gâteau de mariage, 25 ans plus tôt). Nous avons ensuite reçu des cadeaux, dont une bourse d'argent en guise de cadeau familial et une boîte-souvenir contenant de belles photos et la lettre d'invitation sur papier parchemin, nouée avec un ruban. Aussi, les invités ont écrit un petit mot dans un bel album fait de papier recyclé et feuilles de soie. Comme ils avaient été avisés de le préparer d'avance pour éviter la panne d'inspiration, c'était touchant de les voir retranscrire leur mot dans l'album. Leur photo, prise dans les jardins, a plus tard été ajoutée à côté de leurs souhaits.

Quant à notre petite valise, elle nous a été utile pour la nuit passée dans l'une des chambres louées là-bas. Avant de nous endormir, des «flashs» de la soirée revenaient, combinés au stress, à l'énervement et à la joie de voir nos proches réunis. Contrairement à notre mariage, où nous étions impliqués à 100%, il nous a fallu accueillir tout cet amour qu'on nous offrait et en profiter à plein. Nous avons flotté sur un nuage jusqu'au lundi soir!»

Ressources

- **Anniversaire de mariage : comment surprendre nos parents,** www.coupdepouce.com (tapez «anniversaire de mariage»).

Les petits riens...
qui cimentent les liens | 8

8.1 Chouettes habitudes familiales

Chaque famille a ses petites habitudes qui renforcent le sentiment d'appartenance et véhiculent des valeurs de partage et de complicité. Plus tard, entre frères et sœurs, c'est avec plaisir qu'on les évoque. Chez nous, c'était les « soupers du grille-pain sur la table », où, avec diverses charcuteries, fromages et pains, on se faisait des rôties… à n'importe quoi ! C'était aussi les « soirées diapositives » où oncles et tantes jouaient les commentateurs, entre-coupés par la pause… trempette et « crottes de fromage » !

Identifiez une famille forte et unie. Il y a de fortes chances que son « catalogue de rituels » soit bien garni et son album-photo aussi ! Nos traditions sont le fil qui nous tient ensemble, qui fait de nous une famille distincte. Les rituels seraient-ils un rempart contre la délinquance ? C'est du moins ce que donne à penser une étude[46] qui révèle que les familles où vivent de jeunes contrevenants ont moins de rites que les familles sans problèmes et qu'elles les pratiquent avec moins de régularité et de cohésion.

Les petits rituels réconfortent : l'histoire avant le dodo est un classique, tout comme la fée des dents! On l'a dit en introduction : les rituels, c'est comme une doudou pour adultes! Rassurant et sécurisant. Les enfants aiment beaucoup les rituels et les fêtes (aussi soulignés à la garderie et à l'école), tout comme les personnes âgées. Entre l'âge de 15 et 30 ans, on prend souvent nos distances par rapport à ces traditions familiales, qu'on peut trouver ringardes. Le besoin de ritualiser certains événements renaît lorsqu'on a soi-même des enfants, car on se sent responsable de leurs souvenirs. En vieillissant, on reconnaît la valeur de ces traditions et on les prolonge souvent dans notre propre famille. Les rituels créent donc un pont entre les générations. Ils nous permettent de nous inscrire dans une lignée, un besoin fondamentalement humain.

Les rituels sont particulièrement importants dans les familles recomposées, car ils servent à redéfinir cette nouvelle entité, comme l'indique Gisèle Larouche dans son livre *Du nouvel amour à la famille recomposée*[47]. Mon fils de onze ans, un de ces enfants-entre-deux-maisons, a baptisé «soirée chic!» le vendredi soir où il est de retour parmi nous. Au menu : pizza, vidéos et pop-corn. C'est en mettant au four un pâté au poulet que j'ai réalisé l'importance de ce rituel pour Simon. «Le vendredi soir, il faut qu'on mange de la pizza, maman!», m'a-t-il gentiment rappelée à l'ordre.

Comment créer des rituels familiaux

Les fêtes prévues au calendrier (comme Noël et Pâques), le passage des saisons et des cycles de la vie, de même que les anniversaires fournissent de belles occasions pour perpétuer des traditions familiales ou en inventer de nouvelles. On se référera aux chapitres correspondants pour faire le plein d'idées.

Au jour le jour, on peut aussi créer nos propres rituels, qui assurent la connexion et cimentent les liens. Voici quelques suggestions et témoignages :

---

46. «Les rituels familiaux et leurs fonctions», Monique Morval et Gilles Biron, *Revue Thérapie familiale*, vol. 14 (2), 1993, p. 149-167.
47. Les Éditions de l'Homme, 2001, 260 p.

On popote et on papote

Durant la semaine, on court, on court. C'est le marathon du quotidien : heures supplémentaires par-ci par-là, sprint vers l'école ou la garderie, cours de judo ou de natation. Le nombre de repas en famille raccourcit comme peau de chagrin. Autres coupables : le four à micro-ondes et les plats cuisinés sous vide qui, s'ils nous facilitent grandement la vie, favorisent le « chacun-pour-soi » alimentaire. Votons-nous au moins une soirée pour passer du temps ensemble, comme le font ces familles :

- **Souper « Cage aux sports » pour Sylvie, son mari et ses ados.** « Depuis plus de trois ans, chaque vendredi soir, je prépare des petites entrées « Cage aux sports » (ailes de poulet, frites, pépites de poulet, oignons français), sans oublier le fameux maïs soufflé. On met des chandelles sur la table et on se raconte notre semaine à tour de rôle. Le temps s'arrête et c'est très agréable, car, durant la semaine, tout va très vite : travail, études, souper, dodo. »

- **« Vins et fromages » chez Bruno.** « Le vendredi soir, on ferme la télé, on allume des chandelles et on s'offre un « vins et fromages ». Les enfants boivent du jus de canneberge, mais dans des verres à vin ! On a répété l'expérience assez souvent pour qu'on appelle ça *se faire un vendredi !* »

- **Film et pâtés au salon.** Évelyne raconte : « On s'installe pour écouter un bon film sur la table du salon, qu'on couvre d'une belle nappe, avec des chandelles. Au menu : pâté, pain croûté, fromages, salades et vin. »

- **Le tour de table.** Brigitte en a appris beaucoup sur ses enfants de six et neuf ans depuis qu'ils ont instauré le tour de table au souper : « Chacun raconte ce qu'il a le plus aimé et détesté de sa journée. »

- **Martine et sa tribu voient du pays à chaque mois.** « On concocte un menu inspiré d'un pays différent chaque fois. On en profite pour apprendre comment vivent les familles de ces pays, quelles sont leurs traditions et leurs coutumes. » On veut jouer le jeu à fond ? Musique et décoration peuvent s'ajouter.

- **Chez Naomy, les petits marmitons enfilent le tablier :** « Une fois par mois, les enfants choisissent le menu, établissent la liste d'épicerie et préparent le repas eux-mêmes. »

- **Chili de « cow-girl ».** Par une belle journée ensoleillée, Josée et ses filles font mijoter longuement sur le feu un chili, dans lequel chacune met son grain de sel : « On le déguste en se disant que nous sommes les nouvelles cow-girls des temps modernes ! »

On se responsabilise

- **On gagne des points à être sérieux.** C'est le message qu'a voulu livrer Marie-Hélène à son fils Charles-Antony : « Sur un tableau, nous avons listé les petites tâches et responsabilités du quotidien qu'il devait accomplir (ex. : desservir la table, ranger sa chambre, mettre ses vêtements sales dans le panier, faire ses devoirs au moment prévu, ne pas argumenter avec sa mère !). Chacune de ces actions se méritait des points, que Charles-Antony pouvait troquer contre des privilèges convenus d'avance (ex. : se coucher un peu plus tard, écouter trente minutes supplémentaires de télévision, faire un gâteau avec maman). Cette méthode lui a permis de mieux s'organiser. »

- **Annie et sa famille ont créé un système de cartes familiales.** Elle raconte : « J'ai bricolé des porte-cartes aimantés, chacun le sien, que l'on a disposés sur le frigo. De temps à autre, on y pige une carte qui désigne des tâches à faire (ex. : passer l'aspirateur), qui octroie des privilèges (ex : choisir le film au vidéoclub ou une activité familiale, jouer à un jeu avec papa, décider du repas) ou qui propose des petits trucs amusants (ex. : écrire un mot d'amour à un membre de la famille, faire une grimace ou une attaque de bisous). Ça met de l'ambiance dans la maison ! »

Le repas dominical, une tradition en perte de vitesse ?

Autrefois, pas moyen de loger rien d'autre dans la case horaire du dimanche soir, réservée au sacro-saint souper en famille. De nos jours, beaucoup de gens ont pris leurs distances par rapport à cette obligation familiale. Toutefois, il semble bien que cette tradition se maintienne sous diverses formes, certaines familles organisant des repas familiaux à d'autres moments de la semaine. Aussi, ce sont autant les enfants qui reçoivent parents, frères et sœurs. On refuse donc des traditions qui nous semblent imposées de l'extérieur, mais on invente les nôtres. Et les soupers entre amis en font résolument partie.

Source : *La circulation du don dans la parenté : une roue qui tourne*, Jacques T. Godbout et Johanne charbonneau, INRS-Urbanisation, 1996, 226 p.

On s'amuse!

- **La soirée ou l'après-midi « casse-tête ou jeux de société ».**

- **La balade du dimanche.** On choisit un coin inconnu et on va se promener, en auto, en vélo ou à pied.

- **Patiner à l'aréna en famille**, le dimanche après-midi, et savourer un bon chocolat chaud par la suite.

- **La journée « pique-nique »**, pour découvrir les plus beaux parcs du Québec.

- **La soirée « karaoké maison »**, où on laisse sortir le côté quétaine en soi, à l'abri des oreilles indiscrètes.

- **Le week-end « découverte d'une région ».** Une fois ou deux par année, on part en famille découvrir une nouvelle région. On en fait un projet familial pour stimuler la débrouillardise de nos jeunes : établir le budget, identifier les activités à faire sur place et dénicher un hôtel pas cher (ou un terrain de camping).

- **Créer une banque d'activités.** Il fait beau, on a envie de prendre le large en famille, mais on ne sait pas trop quoi faire au juste (ou on se décide à 11 h). La solution? Prendre une soirée ou un après-midi pour dresser une liste des activités qui nous intéressent et glisser dans une chemise les dépliants pertinents. On n'aura plus qu'à y piger une idée la veille ou le matin même. Pour créer notre banque d'activités, on fait un *brainstorming* familial sur le type d'activités qui stimule nos troupes (sport, plein air, culture, histoire) et on conserve les encarts qu'on retrouve dans les journaux sur les événements à venir. On consulte aussi le répertoire de notre municipalité, des maisons de la culture ou encore le site Internet de Festivals et Événements Québec : www.attractionsquebec.qc.ca .

- **Dimanche matin, place au farniente.** Va pour les activités, mais vive les moments pour flâner! Certains enfants ont quasiment des agendas de ministre! Après les sports extrêmes, la stimulation extrême? Ne rien faire, parfois, procure le plus grand bien.

- **L'histoire avant le dodo, lue par le grand frère.** Petit Vincent a reçu en cadeau le livre *365 histoires*. Simon, 11 ans, s'est proposé pour lui faire la lecture chaque soir, une façon de se rapprocher de son petit frère… et d'améliorer son français!

- **Le gala des honneurs.** Chaque dimanche soir, chacun rend hommage à un membre de la famille pour un bon coup ou un geste gentil accompli durant la semaine. Cela nous pousse à être attentifs aux qualités des autres et à vouloir remporter les honneurs ! Lorraine en a fait une version festive : à chacun son « téteux » !

 À chacun son « téteux » !
Pour fêter le jour de l'An entre amis, Lorraine a repris une idée de sa sœur Liette, qui avait animé un souper de Noël avec ce concept original. Elle raconte : « Chacun devait être le "téteux" d'une personne dont le nom était identifié sur un bout de papier. Le mandat ? Combler cette personne de petites attentions tout au long de la soirée ! On devait ensuite deviner qui était le "téteux" de qui… Tous ont participé, adultes comme enfants. C'était d'ailleurs touchant de voir ce que les enfants trouvaient à faire pour un adulte qu'ils connaissaient peu. La fille d'un couple d'amis a fait un dessin, mais, trop gênée pour le donner, elle l'a laissé dans le bureau où elle et son frère s'étaient installés pour gribouiller leurs œuvres. Après leur départ, nous avons trouvé le dessin et l'avons donné au destinataire ! À l'école où j'enseigne, nous avions déjà fait un jeu semblable : durant la semaine précédant les vacances des Fêtes, nous devenions tous l'ange d'une autre personne. » Être gentil en s'amusant, chouette !

- **Inverser les rôles.** Invitons notre enfant à passer quelques heures à notre travail, si c'est possible et que notre employeur est d'accord. En retour, demandons à notre enfant une visite commentée de son école ou d'un lieu qu'il affectionne. Ça peut aussi vouloir dire plonger dans l'univers musical de l'autre : les enfants font entendre aux parents et commentent quelques-unes de leurs chansons préférées et vice-versa. Interdiction d'aboyer « Kecéça, c't'e musique-là ? » devant l'infamie musicale de nos rejetons ! Pour s'amuser, on s'inspire des films *Big* ou *Un vendredi dingue, dingue, dingue (Freaky Friday)*.

- **Le cliché annuel de notre binette.** À chaque année, on fait aller le petit oiseau de la caméra. Clic, une photo de famille ! Et si plusieurs générations cohabitent, profitons de la période des Fêtes ou de l'anniversaire de grand-maman pour fixer cette rencontre sur pellicule.

Vive le conseil de famille !

Dans le brouhaha du quotidien, on se parle entre deux cadres de portes, en passant du coq-à-l'âne. Pour arrêter le temps et faire le point, organiser un conseil de famille est salutaire. Après tout, on tient bien des réunions au travail pour clarifier les zones d'ambiguïté ! Et ça irait de soi en famille ? Dans *Les besoins et les défis des enfants de 6 à 12 ans*[48], les auteurs mentionnent que « les rencontres familiales sont des occasions privilégiées pour planifier des activités, partager les bonnes comme les mauvaises expériences et s'exprimer ouvertement. (…) Elles favorisent une plus grande démocratie dans les relations entre parents et enfants et permettent à chaque membre de la communauté d'être engagé dans le processus décisionnel. »

Inspirée par le témoignage d'Annie (voir Le Club des blablateurs p. 176), j'ai proposé à mes hommes qu'on fonde aussi notre propre club. Le but : donner une identité commune à notre famille recomposée, qui comprend trois noms de famille différents ! Nous avons donc créé le Club-house, une proposition de Hugo, en souvenir du bâtiment qui réunissait les familles de toutes nationalités lors de son séjour de deux ans en Arabie Saoudite alors qu'il était enfant.

Petits conseils pour organiser un conseil de famille

- **Proposer l'idée quand tout le monde est de bonne humeur,** et la vendre comme une occasion agréable d'échanger (et non comme une séance de déboulonnage en règle de tout ce qui va mal dans la famille).

- **Déterminer une date, une heure et une fréquence** qui conviennent à tous.

- **Établir une durée limite** à la rencontre et la respecter.

- **Dresser un ordre du jour** des sujets à aborder, tout en faisant preuve de flexibilité.

- **Pendant la rencontre, parler au « je » :** laisser chacun s'exprimer sans se mettre en mode défensif, souligner les bonnes idées émises par chacun.

- **Inscrire dans un cahier les décisions prises** à chaque rencontre et les suivis à faire.

---

48. *Les besoins et les défis des enfants de 6 à 12 ans. Vivre en harmonie avec des apprentis sorciers,* Germain Duclos, Danielle Laporte et Jacques Ross, Les Éditions Héritage, 1994, 367 p.

Le Club des blablateurs

Annie et sa famille ont créé le Club des blablateurs, à l'insti-gation des enfants : « Le Club crée un espace sacré pour parler de nos projets futurs et évacuer certains sujets. On se réunit pour 20 à 30 minutes tous les 5 du mois, en rappel de la date de notre mariage. La réunion ouvre avec notre cri de ralliement, puis avec l'élection d'un "président", élu pour deux ou trois mois. Chacun peut se présenter et le vote est à main levée. Cela initie les enfants à la vie démocratique. Puis nous faisons l'ordre du jour, qui varie en fonction des événements du moment. Par exemple, cela peut être le lieu des prochaines vacances, les décorations d'Halloween, la liste des cadeaux de Noël, les améliorations possibles à la routine domestique ou au fonctionnement scolaire. De ces réunions a entre autres germé l'idée d'un tournoi de jeux de société. À la réunion suivante, nous faisons le point sur les sujets du mois précédent. Par exemple, Baptiste nous avait confié avoir peur dans le noir. Tous ensemble, nous avions discuté des solutions possibles. On a donc fait un retour pour savoir si la situation s'était améliorée. Comme nous tenons un journal des réunions du Club des blablateurs, on peut tracer l'histoire de notre famille au fil des mois. »

Découvrez le Ho'opono Pono

Les Hawaïens appellent ainsi cette pratique (signifiant, en anglais, «making right») qui permet de soulever les problèmes et de résoudre des griefs dans une famille ou une communauté. Barbara Biziou, auteure de *The Joy of Family Rituals*[49], s'est inspirée du Ho'opono Pono pour créer son rituel de rencontres familiales. Elle propose aux familles de fabriquer un «bâton de parole», qui donne le droit à la personne qui l'a entre les mains de parler sans être interrompue ou critiquée. Mme Biziou suggère de se placer en cercle pour symboliser le lien infini, d'allumer deux chandelles aux couleurs significatives (bleue pour la communication et verte pour la guérison), de diffuser une huile essentielle de basilic (pour la clarté mentale) et d'ouvrir la rencontre avec une prière familiale. Barbara Biziou conseille de terminer avec une chanson, de la musique, une bonne blague ou un bon repas.

---

49. *The Joy of Family Rituals. Recipes for Everyday Living*, St. Martin's Press, 2000, 176 p.

Avec la famille élargie

- **Cuisine collective ou cours de cuisine.** Avec nos frères et sœurs, on peut périodiquement mettre à l'agenda une popote collective, comme plusieurs familles le font pendant le temps des Fêtes. Ce peut aussi être un repas collectif où chacun apporte sa spécialité culinaire. Autre option : s'inscrire ensemble à des cours de cuisine. Dans ma famille, on a joint l'utile à l'agréable : c'est Diane, la belle-mère d'Hugo, qui nous enseigne l'art de la cuisine. Voilà une rencontre gourmande fort sympathique.

- **« Souper de sacoches » intergénérationnel.** Dans la famille de Julie, la fin du mois rime avec « souper de sacoches ». L'originalité de cet événement ? Plutôt que de réunir les copines, c'est le point de ralliement d'une joyeuse bande de femmes âgées entre 27 et... 60 ans : « Ma mère, ma sœur, ma tante, ma cousine et moi, on se donne rendez-vous au même restaurant chaque mois. On placote, on potine. Ce qui est spécial, c'est que notre différence d'âge ne paraît pas du tout ! »

- **Créer un site familial.** Chacun y indique sa date d'anniversaire, son adresse, les événements à venir et y télécharge des photos. Ainsi, on aura des nouvelles de nos cousins autrement qu'au jour de l'An ! Si on est familier avec l'informatique, on peut le créer soi-même. Sinon, certains sites Internet (ex. : NotreFamille.com) le font pour nous. Il n'y a plus qu'à inviter les membres de la famille à s'y inscrire.

- **Journée pour les aînés de la famille.** Les parents d'Annie ont pris cette habitude il y a longtemps : « Après être allés les cueillir chez eux, mes parents réservent aux aînés de notre famille une brochette d'activités divertissantes qui se concluent autour d'un bon souper. » Même chose pour Diane, qui invite ses tantes âgées à un barbecue autour de la piscine, chaque été.

- **La partie de cartes chez grand-maman.** Dans la famille de Hugo, ça a été pendant longtemps le rendez-vous des cousins et cousines. Mais depuis que grand-maman habite en résidence, les occasions de se voir se font rares...

- **Sonder la mémoire de nos aïeuls.** On manie la plume avec panache ? On a le sens du cinéma-vérité (et une caméra vidéo) ? Notre famille regorge de bons conteurs, à faire rougir Fanfreluche et Michel Faubert ? Si on a le temps, tirons-leur les vers du nez sur l'histoire de la famille ! Autrement, si on peut compter sur la contribution financière des membres de la famille, on réserve les services d'un biographe, d'un généalogiste ou d'un vidéographe. Une autre option : se cotiser pour faire dresser notre arbre généalogique. On remettra l'œuvre produite (arbre, recueil ou vidéo) à l'occasion d'une fête de famille à laquelle seront conviés tous les descendants, comme l'ont fait Marielle et ses sœurs.

• **Descendants, êtes-vous là ?** De nombreuses familles ont créé des regroupements pour retracer l'histoire de leurs ancêtres, publient un journal et se réunissent régulièrement entre gens de même nom. Ces regroupements sont souvent membres de la Fédération des familles souches du Québec (www.ffsq.qc.ca). Qui sait, peut-être la vôtre y est-elle listée !

Un 100ᵉ anniversaire... sans les mariés !

Quatre-vingt-quinze descendants de J.-Thomas Séguin et Marie-Louise Constant (sur 105 encore vivants) se sont réunis afin de fêter le 100ᵉ anniversaire de mariage de ces derniers. Inutile de dire que c'était en l'absence des mariés ! Marielle, leur petite-fille, raconte : « Le point de départ de cet événement est que mes deux sœurs aînées ont recueilli les mémoires de ma mère et de deux de mes tantes pour en faire un recueil étayé de photos offertes par toutes les familles. Le prétexte officiel de la soirée devenait la remise officielle du recueil à ma mère et à ma tante (l'autre tante est décédée avant l'événement). Mais lorsque ma sœur s'est aperçue que les grands-parents s'étaient mariés en 1903, soit 100 ans auparavant, c'est devenu la thématique. C'est extraordinaire d'avoir pu réunir 95 personnes âgées de 7 semaines à 90 ans, soit 4 générations, qui habitent le Québec, l'Ontario ou les États-Unis, et ce, ailleurs qu'au salon funéraire ! »

On s'est fait notre cinéma!
À l'occasion d'un week-end où je gardais mes trois jeunes
sœurs (mon père étant parti à l'hôtel fouetter les ardeurs de
son couple), j'ai appelé en renfort les deux autres frangines.
Plan de match familial : réaliser un vidéo réalité sur les travers de leur duo,
histoire d'injecter une dose de dynamisme à leur couple. Le vendredi soir,
autour d'un bon repas, nous avons fait une «tempête de cerveaux[50]» sur le
scénario, toutes les six (plus deux beaux-frères). Le samedi, place au tournage : nous avions inventé des petits sketchs et personnifions à tour de rôle
mon père et sa conjointe. Même les trois petites avaient des rôles à jouer!
La qualité de notre vidéo, réalisé avec une caméra maison, laissait bien sûr
à désirer ; pourtant, notre père en a été estomaqué! Notre petit cinéma n'est
pas en cause, mais son couple d'alors n'a pas survécu. La cassette, elle, a
tenu le coup et nous la visionnons avec un plaisir renouvelé chaque fois,
mes sœurs et moi, en souvenir de ce week-end mémorable!»

Et les voisins?

De nos jours, surtout dans les grandes villes, c'est à peine si on connaît le
nom de nos voisins. A-t-on encore l'impression de faire partie d'une même
communauté? On se fait un petit signe de tête, sans plus. On ne veut pas
déranger, on attend que le hasard fasse les choses ou on cherche un prétexte. La tempête de verglas de 1998 nous en a donné quelques-uns... Dans
mon cas, c'est Simon (en quête intense d'amis) et des rénovations extérieures qui m'ont poussée à ouvrir ma «clôture intérieure» aux voisins
immédiats. Si j'avais plus de temps (ô luxe!), voici ce que je pourrais organiser avec eux :

- **Une chasse aux œufs**, à Pâques.

- **Une vente de garage collective**, en mai ou juin.

- **Un barbecue des nouveaux arrivants**, en juillet (ou pourquoi pas une
  fête des nouveau-nés de l'année? En 2003, deux de mes voisins ont
  fabriqué des amis pour Vincent!).

- **Un réseau de gardiennage** et un calepin de références.

---

50. Une jolie expression piquée à Marie-France Bazzo, animatrice de l'émission *Indicatif Présent*, à la
Première Chaîne de Radio-Canada.

- **L'apéro de l'Action de grâce**, avant de se dire *bye, bye* jusqu'au printemps prochain! J'inviterais aussi les parents des amis de Simon.

Vous savez quoi? Au moment où j'écris ces lignes, François, qui habite à quelques portes, m'annonce qu'une fête de ruelle s'organise pour la Saint-Jean-Baptiste! Super!

**Pour ses petits voisins, Marcia Pilote fait pousser...
des toutous!**
Ingrédients :
10 petits pots à fleurs achetés au magasin à un dollar
10 haricots mungo (aussi appelés «graines de toutous»)
Bouts de tissu
10 toutous (achetés par les parents selon un budget déterminé)
Papier, crayon
Espoir, joie et amour des enfants

Depuis quelques années, la comédienne et animatrice Marcia Pilote se livre à un charmant rituel pour ses petits voisins, âgés entre 3 et 8 ans : «Chaque début d'été, on écrit une lettre à Lucien le magicien, que tous les enfants signent, afin qu'il leur fasse parvenir des «graines de toutous». Chacun serre très fort sa petite graine de toutou, dit ce qu'il aimerait voir pousser (koala, lion, tigre, ourson, etc.) et l'enfonce dans la terre qui remplit des pots à fleurs disposés sur mes marches. Je prends une note mentale de leur préférence pour aviser les parents, complices de mon petit manège. Et là, on attend que les toutous poussent... Je mets parfois des bouts de tissu pour signaler que leur «éclosion» est imminente. À tous les 4 ou 5 jours, un nouveau toutou «pousse», à la grande joie des enfants qui versent une petite larme en prenant dans leurs bras un petit koala, lion, tigre ou ourson! C'est tout simple, mais ça me réjouit de voir leurs yeux pétiller de bonheur! J'adore ça!»

8.2 Nos rituels de couple

Bien sûr, la Saint-Valentin remporte la palme des rituels de couple. Nous lui consacrons d'ailleurs une section complète au chapitre 9.5, que nous vous invitons à consulter. Cela dit, comme c'est au quotidien que se cultive l'amour, on aura raison de se développer des rituels amoureux qui nous ressemblent. Voici quelques suggestions et témoignages :

- **Prendre un cours ensemble** (salsa, tango, cuisine, massage, dégustation de vins, etc.). Ma tante Claudine et mon oncle Raymond, un couple dynamique dans la jeune cinquantaine, se sont connus à l'adolescence. Après avoir longtemps tenu une boutique de luminaires, les voici camionneurs, ensemble 24 heures sur 24. Et ils tiennent encore la route après 30 ans de mariage! D'aussi loin que je me souvienne, ils ont toujours pratiqué une activité ensemble, que ce soit le golf ou les cours de rock'n'roll acrobatique. Et je crois que c'est l'un des ingrédients de leur réussite conjugale.

- **Organiser une sortie surprise chaque mois.** À tour de rôle, chacun choisit une activité ou un restaurant à faire découvrir à sa douce moitié. Ainsi, Diane et Yvon expérimentent un nouveau restaurant le 8 de chaque mois, pour commémorer la victoire d'Yvon sur la cigarette un 8 février. Pierre, pour sa part, a déjà donné rendez-vous à sa douce à l'hôtel, en lui donnant un faux nom à mentionner au comptoir.

- **Vive le vendredi soir!** Catherine et Simon ont leur rituel pour célébrer le début du week-end : soirée vidéo, maïs soufflé et surtout la bière dans un bock glacé!

- **Prendre un bol d'air tous les soirs** après le souper, comme le font Hélène et Jean-Louis. « C'est notre petit moment pour décompresser et se parler. De retour à la maison, on se prépare du thé ou une tisane parfumée. Ça nous rapproche avant d'aller au lit », affirment-ils. Pas besoin d'avoir un chien pour aller marcher dehors!

- **Lecture à voix haute.** Comme dans le film français *La lectrice*, Daniel et Lucie se font mutuellement la lecture. Et parfois, leur livre de chevet est loin de leur faire fermer l'œil!

- **Barboter à deux, c'est bien mieux!** Depuis le début de leur vie commune, il y a 12 ans, Sandra et Jean-François prennent régulièrement leur bain ensemble, un rituel qu'ils ont baptisé le «bain-causerie» : «Comme on se voit peu durant la semaine, c'est notre moment privilégié pour partager nos petits bonheurs quotidiens comme nos petits malheurs. »

- **Petits mots… pour éviter les gros.** Pour garder son couple bien vivant, Pierre donne dans les missives enflammées : «Je laisse à ma conjointe des messages romantiques sur sa boîte vocale, en prenant soin d'appeler quand je sais qu'elle n'est pas à son bureau. Ou encore, pendant une réunion ennuyeuse, je lui écris des petits mots que je lui poste à la maison. »

- **S'évader pour un week-end amoureux chaque saison.** On a des enfants? Raison de plus! Avalés par la routine, on peut parfois se perdre de vue. En fixant la date à l'avance, on pourra trouver plus facilement une gardienne. Et les enfants acceptent bien notre absence lorsqu'ils constatent que le climat de la maison s'améliore. Vivre dans un foyer uni les sécurise. C'est trop cher? Voyons cette dépense comme un investissement : se séparer fait mal au portefeuille, pas juste au cœur! Une nuit ou deux dans une petite auberge, un B & B ou un refuge ne coûte pas les yeux de la tête. Et il y a toujours le camping, l'été.

Week-end parlote et plaisir

Mon conjoint et moi avons pris l'habitude du «week-end au sommet» chaque fois qu'une décision importante se profile à l'horizon : habiter ensemble, acheter une maison, avoir un enfant, se marier, etc. Nous nous retrouvons en tête-à-tête dans une auberge, avec une liste de thèmes sur lesquels nous nous engageons à échanger. Chacun donne son point de vue, à tour de rôle, et l'autre doit chercher d'abord à comprendre, sans préparer mentalement sa réplique. Cela nous a permis d'anticiper les changements, de clarifier nos attentes mutuelles… et de se payer du bon temps!

8.3 *Les copains d'abord !*

Dans le monde d'aujourd'hui, les copains prennent souvent le relais d'une famille éclatée ou maigrichonne. Que l'on soit enfant unique ou non, on doit recréer notre cocon autrement. Mathieu Jodoin, psychosociologue de l'Université de Montréal, le confirme dans un article paru dans le magazine *Elle Québec* (« Esprit de clan ») : « L'appartenance et l'intégration sociale sont des besoins fondamentaux. S'ils ne sont pas assouvis par la famille, ils devront être comblés d'une autre façon. »

Les amis, c'est une famille qu'on choisit. Or, la plupart d'entre nous désespèrent de ne pas voir les copains aussi souvent qu'ils le voudraient. Nos agendas sont pleins à craquer : y caser un moment pour casser la croûte relève de la haute voltige ! Si l'amitié est une valeur importante pour nous, prouvons-le en adoptant un rituel. Sa force : libérer l'esprit. Comme c'est un rendez-vous convenu à l'avance, pas besoin de jongler continuellement avec nos horaires. Il n'y a plus qu'à s'amuser !

Martha, sors de ma cuisine !
À part les temps-qui-sprintent, une autre difficulté menace notre vie sociale. Et j'ai nommé « le syndrome Martha Stewart ». Désireux de mettre les petits plats dans les grands et d'offrir aux regards curieux une maison nickel, on remet à plus tard de belles conversations complices. Bien sûr, on aime tous impressionner avec un savoureux repas et un intérieur digne d'une revue de décoration, mais les vrais amis sauront apprécier qu'on mette plutôt l'accent sur la fréquence de nos rencontres et la qualité des échanges. Retrouvons le plaisir de recevoir à la bonne franquette ou de se commander un petit gueuleton sans façon.

Choisir un rituel de saison
Les chapitres consacrés aux fêtes de saison (9 à 12) fournissent plusieurs bons prétextes pour réunir les copains au cours de l'année. On s'y référera pour élire un moment qui convient à tout notre monde : chalet d'été ou au jour de l'An, Superbowl, équinoxe du printemps, Saint-Jean-Baptiste, soirée des Oscars, Halloween, sortie des vins nouveaux en novembre, les occasions ne manquent pas !

On va au parc, venez-vous?

Une autre manière d'intégrer les amis à notre vie quotidienne est de les convier à l'une de nos activités habituelles. On projette d'aller patiner avec les enfants, de faire un pique-nique, d'aller cueillir des fraises, de faire des marinades ou une virée aux pommes? Invitons nos amis qui ont aussi une progéniture à se joindre à nous! Si on est monoparental(e), pourquoi pas un souper parent-enfant avec quelques ami(e)s qui sont dans la même situation?

Et si on se donnait rendez-vous?

Cela dit, on peut aussi choisir une date et un lieu au hasard, qui deviendra le camp de base de nos rencontres. N'est-ce pas le rôle que joue le café Central Perk pour les personnages de la télésérie *Friends*? Voici d'autres exemples efficaces :

- **Mardi cinéma pour France et Lucie.** Ce rendez-vous hebdomadaire « bistro, ciné, café » nourrit leur amitié depuis des années. C'est aussi le mardi que se réunit, au Rite Spot de San Francisco, la tribu d'Ethan Watters, auteur d'*Urban Tribes : A Generation Redefines Friendship, Family, and Commitment.* Le mot d'ordre est simple : « N'appelez pas pour dire si vous venez ou pas. Présentez-vous simplement et amenez un ami si vous voulez!»

- **Deux filles le mercredi soir.** Ici, pas de souper chic dans un restaurant huppé, *Cosmopolitain* en main. La vraie vie, racontée par Diane Bérard et Martine Turenne, en 200 soupers, 220 bouteilles de vin et le grain de sel de leurs enfants Félix et Marie! Un incontournable rituel qui leur a permis de survivre à la trentaine, comme elles le racontent en intro-duction de *Deux filles le mercredi soir*[51].

- **Jeudi, on s'appelle et on déjeune.** Un jeudi sur deux, Mylène et Nathalie, qui travaillent à deux stations de métro l'une de l'autre, débutent leur matinée ensemble autour d'un café et d'un croissant.

- **Sophie a institué le souper du premier samedi du mois** : « On bloque le rendez-vous d'avance et chacun choisit le restaurant à tour de rôle. »

- **Entre copines, le dimanche soir.** Michèle Bazin, vice-présidente Affaires publiques de Juste pour rire[52], a un rendez-vous privilégié avec son groupe d'amies chaque dimanche, ou presque. Les copines se réunissent chez l'une d'entre elles, à tour de rôle.

---

51. Éditions Transcontinental, 2003, 214 p.
52. Table ronde « Amies de filles », émission *Indicatif Présent* (Radio-Canada), 6 novembre 2003.

Il y a aussi des rencontres mensuelles ou annuelles, qu'on ne manquerait pour rien au monde. Par exemple :

- **Chaque mois, Alessandro partage avec son meilleur ami des confidences… et une énorme poutine avec un pichet de bière,** toujours au même endroit, depuis plus de 10 ans. « C'est notre refuge pour se mettre à jour sur nos histoires et parler de tout et de rien sans se soucier du reste du monde. Nous entrons au resto et nous disons au serveur : "Comme d'habitude !" »

- **On se retrouve au théâtre.** Mon conjoint et moi avions pris un abonnement au théâtre avec deux couples d'amis. Après la pièce, direction restaurant pour échanger sur la pièce et se raconter nos projets. Voilà donc six rencontres déjà prévues à l'agenda ! On peut aussi opter pour les soirées « Grands explorateurs » ou réserver les services d'un guide pour visiter ensemble une exposition dans un musée.

- **Pyjama party annuel dans un petit chalet chauffé au poêle à bois pour Maryse et deux copines.** « Une super fondue, du vin, des cafés brésiliens, de la musique pour danser et rêver et des fromages fins. Le lendemain, promenade en forêt, à la découverte des champignons d'arbres et des pousses de sapins », évoque-t-elle avec bonheur.

- **Sonia retrouve ses copines du secondaire chaque Saint-Jean-Baptiste :** « Nous nous réunissons au restaurant et, une année sur deux, dans un hôtel ou une auberge pour 24 heures. Et on inscrit au programme un petit massage ! »

- **Le « souper des épouses » pour les membres de feu RBO.** À une date anniversaire convenue entre eux, les membres de Rock et Belles Oreilles se réunissaient avec leurs familles respectives.

- **Et tes vacances, alors ?** À la fin de l'été, Isabelle et Julie convient des amis communs pour une soirée où l'on regarde et commente les photos de nos vacances respectives. Pour que tout le monde puisse bien voir, chacun fait transférer ses photos sur un CD, qu'on regarde sur l'écran du téléviseur, à l'aide du DVD. Plusieurs personnes s'adonnent également à ce hobby très populaire en Amérique du Nord : le « scrapbooking ». En effet, 20 millions de personnes pratiquent « l'artisanat du souvenir », soit le montage d'albums souvenirs, qui racontent bien davantage que l'album photo traditionnel. Des trucs et des idées sur www.scrapbookingtop50.com (en anglais).

- **Les partys de la pleine lune.** Kim, Rita et leurs amies se réunissent tous les mois, lorsque l'astre est rond. Cette soirée, qui se tient en alternance chez chacune d'elles, réunit de 10 à 30 femmes de tous les secteurs professionnels. Les sujets de discussion ? « Tout ce qu'on a envie de partager spontanément autour d'un verre de vin ! Il n'y a pas de sujet planifié. Notre agenda est déjà tellement rempli ! D'ailleurs, une femme est venue un soir lire au coin du feu : elle n'avait pas envie de socialiser, mais simplement de se sentir entourée de cette énergie féminine ! » Voilà une variante intéressante des *moonlodges*, dont nous parlons au chapitre sur les rites de passage.

Oui aux soupers de filles !

La journaliste et performeuse Mylène Roy[53] raconte que, lors de la création de la pièce *Le Dortoir* (Carbone 14), on cherchait avec peine comment illustrer corporellement les rituels d'amitié féminine propres à l'adolescence, tandis qu'ils abondent du côté masculin. Ne serait-ce que la « bine » sur l'épaule… Est-ce donc que, dès l'adolescence, l'amitié entre femmes passe beaucoup — et même principalement — par le biais de la parole ? En tout cas, à l'âge adulte, on se donne rendez-vous autour d'un café, d'une bonne bouffe et d'un verre de vin. Et on jase… *Sex and the City* n'était-il pas un véritable miroir de nos amitiés, intenses, exigeantes, confidences à l'avenant ?

Il y a quelques années, Michèle a fait, à sa copine Nathalie, une « déclaration d'amitié », en lui demandant si elle était prête à s'investir dans la relation. La réponse fut : « *Oui, je le veux !* » Nous avons parfois de ces « coups de foudre » amicaux qui font surgir LA question : comment faire entrer une nouvelle personne dans un cercle déjà tissé serré ? Sinon, empruntons aux hommes leur vision de l'amitié et célébrons le plaisir de faire une activité ensemble, tout simplement, ou encore de devenir une amie… de l'esprit.

Dans le téléroman *Les Poupées Russes*, les femmes partagent des confidences autour d'un rituel mensuel : chacune d'elles apporte à tour de rôle le « cruchon aux confidences » et y pige une question « existentielle ». Avec l'obligation d'y répondre franchement. Et vous, quelle serait votre réponse à *Quel rêve as-tu laissé tomber ?*

---

53. Table ronde « Amies de filles », émission *Indicatif Présent* (Radio-Canada), 6 novembre 2003.

D'autres idées pour réunir les copains

• **Livre-moi tes impressions.** Souhaitant tenir une activité qui changerait du sempiternel 5 à 7, Vicki a organisé un brunch échangiste... littéraire : « Autour d'un jus d'orange et de viennoiseries, chacune des huit participantes a présenté et commenté une dizaine de livres à échanger. En plus d'être intéressant d'un point de vue culturel, cela m'a fait découvrir de nouvelles facettes de mes amies. »

• **Pour filles seulement...** Parfois, on n'a pas vraiment envie de faire dans le « songé ». On veut passer une belle soirée divertissante, tout simplement. Pourquoi pas un troc de vêtements, comme l'organise Ginette de temps à autre : « Chacune apporte des vêtements qu'elle ne porte plus et repart avec d'autres morceaux. » Certains maquilleurs peuvent aussi décrypter le contenu de nos pochettes à maquillage et nous faire les recommandations appropriées. Enfin, certaines choisissent la formule « Tupperware » adaptée... avec des chandelles, de la lingerie fine ou même... des accessoires érotiques !

• **Un dîner de cons inversé !** Dans ce film français hilarant, on invite des gens inconnus à souper pour se payer leur tête. Et si on organisait plutôt un souper de personnes fascinantes à découvrir ? Ou encore, le mot d'ordre pourrait être : *invitez une personne qui vous a beaucoup appris et racontez-nous pourquoi.*

• **« Dis-moi quel est ton objet. »** À l'émission *Indicatif Présent* (Radio-Canada), l'animatrice Marie-France Bazzo demande ponctuellement à ses invités de présenter des objets auxquels ils tiennent et qui révèlent leur personnalité beaucoup plus qu'ils ne le pensent. Et si on faisait de même avec des personnes qu'on souhaite mieux connaître ? Chaque invité apporte trois objets, qu'il devra présenter en expliquant la raison de son attachement. On peut ensuite se livrer à notre propre interprétation !

Les amis de l'esprit

Nommez n'importe quel sujet. Il y a des chances que vous trouviez sur Internet un groupe de discussion qui en traite. Vous attendez un poupon ou vous êtes sur le point de vous marier ? Une maladie vous fait la vie dure ou une phobie vous angoisse ? La philatélie ou les oiseaux vous passionnent ? Peu importe, vous trouverez en ligne, 24 heures sur 24, des gens avec qui clavarder. Cependant, le virtuel a parfois ses limites. Pas de problème, il existe des groupes de soutien partout dans la province, de même que des groupes d'intérêt, qui se réunissent pour partager des activités. Même son de cloche du côté de la causette. Dans plusieurs coins du Québec se tiennent des salons de discussion, des cafés philosophiques, des bars littérature, des clubs de lecture, des cercles gastronomiques. Si vous n'en trouvez pas un à votre goût, fondez-le !

 Les déjeuners-discussion de Marielle

J'ai participé pendant quelques années à des déjeuners-discussion mensuels, à l'invitation de Marielle, qui a d'abord été une mentor avant d'être une amie. Nos rendez-vous avaient lieu le premier vendredi du mois, au même restaurant. Étaient membres de ce groupe informel des gens d'horizons professionnels divers, de groupes d'âges différents, hommes et femmes confondus. Leur point commun : des gens très occupés par leur travail, continuellement entre deux rendez-vous, mais qui décidaient, une fois par mois, de faire un peu de gymnastique de l'esprit sur des thèmes qui n'ont rien à voir avec leur quotidien. Chacun dénichait, à tour de rôle, le thème sur lequel on ferait du pouce ensemble et le présentait le matin même, pour éviter les dissertations et l'étalage de connaissances. Le côté informel et pas compliqué de ces déjeuners était séduisant : aucun téléphone, aucune prise de présences, même jour, même heure. Notre groupe de base était donc assez nombreux pour pallier les absences inévitables, mais pas trop pour permettre à tous de s'exprimer durant la rencontre. Étant à l'époque « la p'tite jeune » du groupe, je bénéficiais grandement de cette expérience de vie livrée autour d'un bol de café au lait ! J'en ressortais gonflée à bloc, et ces réflexions et pensées me nourrissaient ensuite pendant des jours.

Je les appelle «les amis de l'esprit», ces personnes avec qui on partage une passion commune, sans nouer de véritables relations intimes. Il y a des gens avec qui on ne dépassera jamais le cap du repas au restaurant, que ce soit par manque de disponibilité ou d'affinités. Et c'est correct. Profitons à plein des beaux moments qu'elles nous offrent et, à notre tour, soyons le moteur de leurs réflexions et de leurs fous rires.

 Le club de lecture de Laurent
La formule est la suivante : à tour de rôle, l'un des membres propose le livre du mois et réserve le restaurant où on échangera, en vrac, impressions et commentaires sur l'ouvrage en vedette. Fort en thèmes, Laurent a rédigé une missive inquiétante pour inviter les membres du club à discuter d'un livre de Kathy Reichs (noir, comme toujours). Le restaurant choisi (fort sympathique) était toutefois localisé à deux pas… d'une prison! Les clubs de lecture sont à la mode, comme en font foi celui du quotidien *La Presse* et l'immense popularité de celui d'Oprah aux États-Unis.

Amitié… à distance

Parfois, malgré tous nos efforts, se donner rendez-vous demande un tour de force insurmontable. Notre réseau se multiplie et la gestion d'agendas se complexifie d'autant. Sans parler de ceux qui ont des amis dans d'autres pays! Voici trois témoignages de gens qui gardent contact… par le cœur :

• **Une tranche de vie par courriel.** Yves envoie une «tranche de vie» mensuelle par courrier électronique à son groupe d'amis : «Pour faciliter l'envoi, j'ai créé une liste de distribution dans Outlook. En quinze minutes, j'informe tout mon monde d'un seul clic. À coup sûr, la plupart donnent des nouvelles à leur tour, ce qui fait qu'on se tient au courant, à défaut de se voir!» C'est également ce que fait l'auteure de télévision Anne Boyer à un groupe d'amis tissé serré.

Même son de cloche du côté de Linda, qui a roulé sa bosse presque partout sur la planète : «Comme mon réseau d'amis s'étend sur plusieurs pays, le courriel est bien pratique. Le matin même de mon mariage, je leur ai d'ailleurs envoyé un mot pour leur dire que je pensais à eux et que je regrettais qu'ils ne puissent y être. »

On a de nouvelles photos des enfants? Partageons-les avec nos proches par courriel, comme le fait régulièrement Nathalie Lambert, triple médaillée olympique en patinage de vitesse. D'ailleurs, elle et son mari ont fait vivre à leurs amis, par le biais de leur ordinateur, leur voyage en Chine pour embrasser leur très attendue Yan Mei. Tous les deux ou trois jours, un petit courriel racontait leurs péripéties, la gamme d'émotions qu'ils ont traversée ou la réaction de la petite Yan Mei et celle d'Ann-Li, sa sœur, aussi originaire de Chine.

- **Réchauffer l'amitié.** Quant à Marie Michelle, entre deux «sommets», comme elle appelle les rencontres avec une amie précieuse, elle alimente le feu de l'amitié : « Mon amie et moi avons chacune le même chandelier. Nous allumons notre petite chandelle quand nous voulons sentir la présence de l'autre. »

- **Près des yeux, près du cœur.** Mon conjoint et moi avons acheté un grand cadre à photos comprenant une trentaine d'insertions. Nous y avons glissé des photos de la famille et des amis, ce qui nous a permis de réfléchir aux liens d'amitié qui nous unissent avec ces gens (car il fallait faire des choix parmi notre réseau social bien garni!). Après avoir décidé quels étaient les «incontournables», nous avons feuilleté nos albums papier et ceux qui logent dans notre ordinateur, à la recherche des photos idéales. Nous les avons découpées ou scannées pour les ajuster au bon format. Après bien des heures de jonglerie, nous avions sous les yeux une grande partie des gens qui nous accompagnent de près depuis des années. J'ai proposé qu'on porte un toast à l'amitié lors de la pose du cadre : verre de vin pour nous et jus d'orange pour Simon. Et clic, une petite photo!

Diane et Yvon, pour leur part, déjeunent avec famille et amis tous les matins : entre la table de bois et le dessus en verre, des dizaines de visages sur papier glacé leur sourient! Quant à Mélanie, c'est sur le mur qui longe l'escalier qu'est exposé tout son petit clan.

8.4 *Les petits riens qui nous font sentir bien*

Dès le saut du lit, nos petits rituels nous ressuscitent au monde après avoir quitté l'univers des songes : douche revigorante, exercices tonifiants, café stimulant. Mais ces petites habitudes ne relèvent-elles pas de la routine ? D'ailleurs, avez-vous remarqué qu'on s'assoit presque toujours à la même place, en classe, en famille ou en réunion ? Pourtant, on aurait tort de déprécier la routine, qu'on associe facilement à la monotonie, selon le psychologue Richard Cloutier, chercheur à l'Université Laval : « Il serait très déstabilisant de perdre nos automatismes, car ces habitudes acquises nous permettent de nous centrer sur ce qui arrive de neuf. Quant au rituel, il ne doit pas pécher par excès de prévisibilité. Il doit être volontaire ; sinon, on en gruge le sens. C'est un véhicule, une fenêtre pour nourrir notre besoin de se rencontrer et d'interagir avec nos proches. »

Pour différencier le rituel de la routine, nous aimerions rappeler ici la définition qu'en fait Diane Pacom, sociologue à l'Université d'Ottawa : « Le rituel est un moment sacré qui a un sens pour nous, qui nous fait du bien. C'est un geste conscient, intentionné, qui marque le temps et transcende le banal. Le rituel crée une coupure, c'est un petit moment d'extase volé au quotidien. » Puisque c'est la signification du geste qui compte, rien n'empêche, comme le suggère Barbara Biziou dans *The Joy of Ritual* (Golden Books Publishing, New York, 1999), de « ritualiser » nos gestes routiniers en y ajoutant des intentions. En faisant, par exemple, de notre café matinal un moment de réflexion sur notre journée à venir. Le rituel a une influence sur notre psyché, écrit-elle, parce qu'on appelle de bonnes pensées, des changements, des actes pour influencer notre esprit. De plus, il dégage un espace dans le tourbillon de la vie, parce qu'ils nous connectent avec le « ici et maintenant » des bouddhistes, ils ralentissent notre course. Ils nous gardent centrés.

Et comment distinguer rituels, routine et superstition ? La routine, c'est embarquer dans son auto, attacher sa ceinture, déverrouiller la barre antivol, allumer la radio, vérifier ses miroirs et démarrer le moteur, toujours dans le même ordre. Ce sont des gestes émotionnellement neutres. Mais si le fait de ne pas les accomplir nous plonge dans une angoisse et nous démange, on peut ici parler de superstition. Dans le cas de la voiture, ce serait de craindre un accident parce qu'on n'a pas sur soi sa médaille de saint Christophe. Pour certains, cela frôle le TOC (trouble obsessionnel compulsif) : se laver les mains compulsivement, vérifier si on a fermé les ronds de la cuisinière, etc. Un véritable enfer!

Le domaine sportif abonde en petits rituels, qu'on aurait tendance à associer à de la superstition. Vous est-il déjà arrivé, au hockey, d'utiliser un bâton chanceux, de toucher les poteaux du but avec ce bâton, de porter les mêmes vêtements ou de vous habiller dans le même ordre? Plusieurs joueurs de baseball sont aussi particulièrement superstitieux : ne pas mettre le pied sur la ligne de démarcation en entrant sur le terrain, reproduire exactement le scénario qui a précédé une victoire (même nourriture, mêmes vêtements, même nombre de lancers de réchauffement, etc.), toucher le coin du but avec son pied, écrire le nom ou une référence d'un être cher dans la terre près d'un but, brasser un nombre pair de cailloux pour protéger une avance et un nombre impair pour venir de l'arrière, etc.

La sociologue Diane Pacom y voit « un genre de mantra, une manière de se concentrer, une forme d'incantation pour mobiliser les énergies. » Pour Anne-Marie Desdouits, qui donne le cours Fêtes et rituels à l'Université Laval, le mot « superstition » a un sens péjoratif : « Bien sûr, ces gestes réfèrent à des croyances irrationnelles, mais pour ces gens, ce sont tout de même des rituels de chance. »

Amélie Poulain… ou la poésie du quotidien

Bien que les chercheurs tendent à associer plus facilement rituel et groupe, on pourrait qualifier de rituels ces petits gestes qui rendent la vie jolie, en autant qu'ils aient du sens à nos yeux et qu'ils dépassent la simple habitude. La vie est faite de petites choses admirables qui composent mille bouquets de bonheur. *Le fabuleux destin d'Amélie Poulain*, n'est-ce pas la poésie du quotidien? Ce merveilleux film regorge de ces petits rituels qui font du bien : faire des ricochets dans l'eau, craquer la croûte de la crème brûlée à la petite cuillère, glisser ses doigts dans une poche de grains, enlever les sot-l'y-laisse du poulet.

À la Amélie Poulain, on peut faire l'inventaire de nos petits bonheurs et des trucs qui nous horripilent. Voilà un exercice fascinant qui permet de mieux se connaître. On peut aussi le faire par le biais du fameux questionnaire de Proust (vous le trouverez facilement dans Internet).

Petits rituels inspirants

- **Un dossier Hourra!** Josée conserve une chemise dans laquelle elle glisse les lettres de félicitations de ses clients, qu'elle ressort pour y humer une dose de confiance en soi quand le moral est un peu raplapla.

- **Des messages touchants archivés sur notre boîte vocale.** Gilbert Rozon, grand manitou du Festival Juste pour rire, racontait en entrevue[54] que sa boîte vocale déborde de petits messages d'amour qu'il conserve précieusement. Une banque d'amour à activer au besoin!

- **Bonjour, vous êtes bien chez Chantal.** Je ne compte plus les fois où on m'a complimentée sur le message d'accueil de mon répondeur, que je prépare avec soin, en y associant une chanson ou une musique qui m'inspire. J'aime le changer selon une situation de vie ou la saison (pas assez souvent diraient mes amis, qui se sont farcis *Y a d'la joie* de Trenet et *The Girl From Ipanema* un peu trop longtemps!).

- **Pierre retrouve quiétude et énergie vitale...** en ralentissant devant une cour d'école primaire, pour écouter les enfants qui s'amusent.

- **Une vie en musique.** Inspirée par la série télévisée américaine *Ally McBeal*, j'ai adopté des chansons thématiques qui mettent en relief mes bonnes journées (*I Feel Good* – James Brown) comme les moins bonnes (*Let It Be* – The Beatles).

- **Donner rendez-vous à un artiste. Toujours la musique...** Lorsque j'achète un nouvel album, je le glisse dans mon baladeur et je m'étends pour en savourer chaque minute. J'écoute une fois dans l'ensemble, ensuite je décortique les instruments de musique, puis les arrangements musicaux qui chatouillent mon oreille droite puis mon oreille gauche. Je plonge ensuite dans les paroles, en consultant la pochette de l'album. Quel bonheur! Et il y a les émissions de radio dont on est accros.

- **Un journal d'analyse de livres et de chansons.** Certains livres et certaines chansons nous marquent plus que d'autres. Je tiens depuis des années un journal où je copie les extraits qui me touchent, agrémentés de réflexions personnelles. Il m'arrive même d'en citer des bouts à des amis lorsque les circonstances s'y prêtent. Et puis il y a le journal intime, qui remonte au fil des pages le fil de notre vie.

---

54. Le 8 juin 2004, *Les refrains*, animé par Monique Giroux, à la Première Chaîne de Radio-Canada.

- **Une petite retraite en solo.** À l'occasion, il m'arrive de m'isoler quelques jours dans un chalet, histoire de faire le ménage dans mes pensées, prendre du recul et me ressourcer. Un petit «Lac-à-l'épaule» perso, quoi! Dans mon sac, je glisse mes aliments préférés, un petit vin pas piqué des vers, un nouveau roman ou un disque dont j'ai envie, des vêtements confortables et de gros bas de laine. Je prends de grands bains à la lueur des bougies, je cours en forêt l'été ou j'arpente les sous-bois enneigés en ski de fond. Je me réveille sans le cri strident du réveil et je mange quand j'en ai envie. Ce week-end au chalet me fait confronter certaines peurs ou situations auxquelles je dois répondre par moi-même. Comme allumer un feu de bois. Ou encore apprivoiser le refuge en bois rond qui craque la nuit. Et c'est une amoureuse toute revigorée qui revient vers son homme, deux jours plus tard.

D'autres exemples partagés par plusieurs? Le bain moussant aux chandelles, le café au lait du matin, le jus d'orange fraîchement pressé, la marche quotidienne au grand air, lire les journaux du week-end, flâner dans une librairie, s'en mettre plein les sens au marché public, composer un bouquet de fleurs coupées, voir le soleil se lever ou se coucher. Juste à y penser, on sourit en coin.

Et que dire des rituels associés à la nourriture! Ils abondent : le rituel du thé; le champagne qu'on sabrait autrefois et qu'on sable aujourd'hui; le mix sel-citron-tequila; la dinde de l'Action de grâce ou de Noël; la soupe poulet et nouilles réconfortante en cas de grosse «grippe d'homme»; le party d'huîtres automnal et le beaujolais nouveau, etc.

D'autres ont des rituels personnels qui élèvent l'esprit et font du bien au corps. Qu'on pense simplement à la méditation, à la visualisation, au yoga, aux huiles essentielles, au massage, à la séance d'exercice qui nous secoue de nos torpeurs. Les retraites et les pèlerinages (ex. : sur le chemin vers Saint-Jacques-de-Compostelle) répondent à un besoin d'intériorité certain. N'est-ce pas ce que faisait la messe à tous les dimanches 90 – arrêter la course, ne serait-ce qu'une petite heure par semaine?

Références

- Pour des articles intéressants sur les « rituels familiaux », tapez cette expression dans le moteur de recherche du site PetitMonde : www.petitmonde.qc.ca.

- *La première gorgée de bière et autres plaisirs minuscules*, Philippe Delerm, Gallimard, 1997, 96 p.

- *Les bonheurs de Sophie*, Sophie Durocher, Éditions Stanké, 2003, 138 p.

- *Plaisirs partagés,* Francine Ruel, Libre Expression, 2002, 235 p .

- *D'autres plaisirs partagés*, Francine Ruel, Libre Expression, 2003, 328 p.

« *Quand décembre revient*
Quand la neige, neige. »
Marie-Noël, Robert Charlebois

9.1 *Nos rituels de la saison froide*

Durant l'hiver, c'est tout ou rien : soit qu'on veut profiter au maximum des plaisirs que cette saison tonique apporte, soit qu'on combat le spleen hivernal par toutes sortes d'astuces qui deviennent, année après année, nos petits rituels. En voici certains qui logent dans ces deux catégories :

- **Voir la première neige tomber.** À l'approche des premiers flocons, Ginette trépigne comme une petite fille. Son petit rituel : elle s'assoit et prend quelques minutes pour apprécier cette blanche féerie.

- **Ski, patin, glissade et... bonhomme de neige!** Avec les belles bordées de neige viennent les plaisirs des sports d'hiver. C'est à coup sûr une manière de vivre pleinement ces quelques mois où nous sommes plongés dans la froidure. Et une façon d'occuper la relâche scolaire du début mars!

- **Carnavalons, carnavalez!** Le Bonhomme Carnaval est l'emblème par excellence de l'hiver québécois. Partout au Québec se déploient de multiples fêtes d'hiver, qui nous donnent l'entrain voulu pour passer au travers du froid : la Grande Traversée à Charlevoix; sculpture sur neige à Saint-Jean-Port-Joli; Bal de neige en Outaouais; golf sur la banquise à Rimouski; le Carnaval-Souvenir de Chicoutimi; le Carnaval de la Pleine Lune de Terrebonne; le Festi-Glace de Joliette; la course de toboggans à Rouyn-Noranda; la mi-carême à l'Ile-aux-Grues; La fête des Neiges et le Festival Montréal en lumière à Montréal, etc.

- **L'eau chaude, l'eau «frette»...** De nombreuses personnes découvrent chaque année l'effet dynamisant des bains polaires.

- **Fondue, raclette, alouette.** Avec ces mets conviviaux, l'hiver devient un oasis de chaleur. Évelyne y ajoute un buffet de boissons chaudes : grog, vin chaud et épices, café brésilien, etc.

- **Oh, soleil, soleil...** En contrepartie, plusieurs choisissent de chasser la grisaille pour quelques jours en s'envolant pour le Sud et nos «early birds» mettent le cap sur la Floride. D'autres, comme Linda Priestley, directrice de la publication *Femme plus*, recréent le Sud... à la maison : «Le vendredi soir, il m'arrive de transformer mon condo en destination vacances. Musique des îles, décor et tenue de plage, margaritas pour les adultes, punch sans alcool pour les enfants, chaleur au max (tant pis pour ma facture d'Hydro!), ventilateurs à pleine puissance (pour que souffle le vent de la sérénité) et vaporisateur d'ambiance à la noix de coco!»

Si on habite Montréal, pourquoi pas une visite au Biodôme, dont l'humidité de la forêt tropicale recréée sur place rappelle nos dernières vacances. En janvier et février, le chanteur Martin Léon squatte l'endroit : «J'apporte une chaise pliante, un livre, une chemise à manches courtes et je passe mes journées avec des singes et des oiseaux. On me laisse faire. Je passe pour un excentrique... mais un excentrique heureux[55]!»

---

55. Propos recueillis par Isabelle Massé dans LP2 (*La Presse*).

- **Le Superbowl**, diffusé fin janvier-début février, est un rendez-vous incontournable pour plusieurs (c'est le cas, chez nous !). Dans les restaurants sportifs avec écran géant, comme à la maison, bière, chips et ailes de poulet sont de la partie. On parie sur le vainqueur, on jase pendant la mi-temps, on zieute les pubs américaines diffusées dans certaines émissions ou dans Internet, à défaut de les voir en direct. Dans deux articles publiés dans *La Presse*[56], la journaliste Marie-Julie Gagnon cite de fervents adeptes du Superbowl dont le rituel est bien huilé. Tony et son groupe d'amis, par exemple, ont adopté des traditions depuis belle lurette : « Sur la table, tout est mis ensemble, les saucisses italiennes, le prosciutto... Le chili se mange juste à la mi-temps. Et après, c'est le Nutella. » Le « Marky's Fatty Food and Football Extravaganza », lui, change son menu chaque année (et Montignac n'est pas de la partie !), mais les ailes de poulet et le bol de cinq livres de M & M sont un impératif ! Et le rituel va au-delà de la boustifaille : les amis de Sylvain apportent des photos de voyage pour se divertir pendant les temps morts, alors que David et sa gang jouent une partie de foot dans la neige avant le match.

- **La soirée des Oscars,** diffusée entre la fin février et la fin mars. Une autre occasion d'inviter les amis autour d'une soirée thématique, comme l'a fait Éric à quelques reprises : « Il y a un thème, inspiré d'un film fétiche ; on s'habille chic, on vote en secret et on sable le champagne ! » L'événement se déroule parfois chez l'un, parfois chez l'autre ou au restaurant, selon les circonstances.

56. 25 janvier 2003.

9.2 Noël

Dans un épisode de *Sex and the City*, Charlotte, sur le point de se convertir au judaïsme par amour, décore un arbre de Noël en plein mois de juillet, avec Bing Crosby en arrière-plan. Déjà, la nostalgie de Noël nous envahit : la messe de minuit, la crèche, les cantiques de Noël, le sapin étincelant et les maisons illuminées, les biscuits au pain d'épice, la tourtière de grand-maman, le père Noël qu'on attend (et dont on devine l'identité!).

Noël schizophrène?

Noël est une fête à deux têtes : celle qu'on aime et celle qu'on déteste. En fait, on voudrait tant aimer Noël, car cette célébration distille encore les effluves de nos souvenirs d'enfance. C'est la fête familiale par excellence, avec ses bons côtés... comme ses moins bons. On a tous en mémoire des chicanes célèbres du temps des fêtes ou des « mononcles » éméchés aux mains baladeuses et aux farces plates. Pour plusieurs, la pression du parfait réveillon est forte et le compte en banque trépigne devant l'avalanche de cadeaux. Et pour les familles recomposées, bonjour la jonglerie des horaires! Mais pour le regard émerveillé d'un enfant, on tient à Noël et à ses rituels. Aujourd'hui, avec le sens religieux qui s'étiole, quelle signification donnons-nous à Noël?

Perpétuer Noël... ou le réinventer?

Certaines personnes veulent perpétuer les traditions religieuses de Noël, y voyant un héritage culturel à léguer aux enfants. Elles nous inscrivent dans une lignée et impriment une façon de faire, en fournissant des repères. Ailleurs, on reproduit les traditions familiales qui font chaud au cœur, sans référence religieuse. Dans d'autres familles, on chasse la mélancolie du temps d'avant et on décide de réinventer Noël. Le moment est souvent bien choisi lorsqu'il y a un changement de génération à la barre de l'organisation. Et vous, à quelle enseigne logez-vous?

- **Un Noël thématique.** Jocelyne a déjà organisé un Noël des Pierrafeu, avec, au menu, une salade Wabadabadou et vinaigrette Bam-bam et des côtelettes de brontosorus, etc. Au chapitre 14, nous présentons les thèmes originaux de quelques mémorables partys organisés par cette créative qui déborde d'imagination. Diane et Yvon, quant à eux, préparent un menu écrit et épatent leurs invités en leur remettant leur horoscope pour l'année à venir, la définition de leur prénom, etc. Dans la famille d'Éric, on donne un thème différent à chaque Noël : tout le monde en pyjama, soirée western, personnages célèbres. Pour en faire une soirée spéciale, on se déguise et on décore en fonction du thème choisi. Pour ma part, j'ai déjà organisé un Noël des pêcheurs (pour la note religieuse)... avec des produits de la pêche. Mon ami Michel, un «foodie» comme il s'en fait peu, nous a cuisiné un régal de thon et de saumon.

- **Soirée de gala avec remise de prix.** Julie, la copine d'Éric, raconte : «L'année dernière, nous avons fait un gala avec différentes catégories (la personne la plus drôle, la plus bricoleuse, le plus beau couple, etc.). Chaque membre de la famille a reçu au moins deux prix, symbolisés par des petits cadeaux trouvés au magasin à 1 $ (ex. : aimant pour le frigo en forme de scie pour le plus bricoleur). Ce fut une soirée inoubliable!»

- **Ouvrir grand sa porte... et son cœur.** Suzanne a accueilli à sa table une famille vietnamienne qu'elle a en quelque sorte marrainée depuis leur arrivée au Canada. On pensera à inviter les amis qui sont seuls. On peut aussi recevoir un étudiant étranger qui ne peut retourner dans sa famille pendant la période des fêtes : il n'y a qu'à contacter les universités. France et sa famille avaient coutume d'assister à la messe de Noël à la prison de Bordeaux pour passer quelques heures, au moment le plus cruel de leur emprisonnement, avec ces hommes qu'elle visitait chaque semaine. D'autres profitent de la période des fêtes pour faire du bénévolat : guignolée, Opération Nez-Rouge, visite aux enfants dans les hôpitaux ou aux personnes âgées dans les résidences.

- **Un repas collectif.** Dinde, tourtière et atocas? Pas nécessairement! Mais avouons-le : les traditions sont rassurantes. Sinon, à part l'Action de grâce, quand mange-t-on de la dinde? Le mot d'ordre devrait être : de quoi a-t-on envie? Une façon d'allier tradition et participation : chacun apporte un plat... traditionnel, adapté ou réinventé! Au lieu de s'exténuer au-dessus du fourneau pendant des semaines, c'est l'option qu'a choisie ma sœur Marie-Claude, l'an dernier. On aurait pu aussi enfiler le tablier pour préparer ensemble notre repas, en faisant preuve d'audace : fondue, sushis, pizza, rouleaux du printemps. Noël est plus engageant quand tout le monde participe! Et pourquoi pas arriver plus tôt pour préparer des biscuits ensemble? Si on fête entre amis, demandons à chacun d'apporter le plat classique de leur famille et... la recette!

- **Magasiner sa messe de minuit.** L'expression vient de Lucie, qui scrute dès l'automne ce que mijotent les différentes églises de sa ville. Dans certaines paroisses, on se rue pour assister à la messe de minuit, car les curés qui y président ont compris qu'on vient y chercher un petit bout d'espérance. Dans une chronique publiée dans *La Presse*[57], Stéphane Laporte compare sa messe de minuit au «check-up annuel de son âme». Le conteur Fred Pellerin[58] raconte que dans son village, à Saint-Élie-de-Caxton, on se réconforte avec un chocolat chaud servi après la messe autour d'un feu extérieur et qu'on entonne volontiers des airs de Noël avec la chorale. Ailleurs, c'est le gospel et les chœurs d'enfants qui réchauffent les âmes. Enfin, certains curés ont le sens du spectacle : messe en plein air, déguisement à la Harry Potter, etc.

- **Hélène fait un punch de Noël chaque réveillon :** «Si je ne le faisais pas, il manquerait quelque chose d'important», dit-elle.

- **Un nouveau pyjama.** Pour Lucie, Noël rime avec nouvelle tenue de nuit : «Bien que ma fille soit maintenant adulte, il y a un nouveau pyjama sous le sapin chaque année.» Dans certaines familles, on l'enfile… et on passe la nuit ensemble. Chacun apporte son sac de couchage et, pourquoi pas, on monte une tente pour les enfants!

- **Célébrer ailleurs que chez soi.** Dans plusieurs régions du Québec, on organise des fêtes magiques, et plusieurs auberges et centres de plein air proposent des forfaits inspirants. Pour célébrer en grande pompe son anniversaire, qui coïncide avec le temps des fêtes, Micaela a eu droit à la féerie de New York à Noël. Chanceuse, va!

- **Marcher sous l'éclat de la lune.** Je me rappelle ce Noël passé dans les Laurentides où tous avaient enfilé leur manteau pour une grande marche dans la neige, cristalline et étincelante. Avec le ciel étoilé, c'était de toute beauté!

- **Jam-party.** Il y a des musiciens dans la famille? Chacun apporte son instrument et les autres chanteront ou feront aller les cuillères de bois!

- **L'heure du conte.** Pourquoi pas lire un conte du temps des fêtes aux enfants réunis? Ensuite, dodo et réveil à minuit pour le réveillon, comme on le faisait lorsque j'étais enfant.

---

57. 22 décembre 1996.
58. *Bilan des fêtes* (5 janvier 2004), «Chronique de village», *Indicatif Présent* (Radio-Canada).

- **Prières d'espoir.** Chez Monique, chacun apporte un lampion et l'allume avant le souper, en disant une prière, une citation ou un extrait d'un livre qui parle d'espoir et de jours meilleurs.

- **Soirée jeux de société.** Lorsque nous avons la chance de louer un chalet pendant le temps des Fêtes, les jeux de société se font aller ! Pour la franche rigolade, Cranium est l'un de nos préférés. Dans plusieurs familles québécoises, la chaise musicale est encore un temps fort du réveillon.

- **Fabriquer ses propres cadeaux.** C'est ce que font Annie et les membres de sa famille : « La fabrication de ce cadeau est plus excitante pour les enfants que ceux qu'ils mettent sur leurs listes. Dès que mon fils Simon trouve son idée, il se retient avec difficulté pour ne pas nous la révéler ! »

- **Mon beau sapin, roi des forêts.** « Depuis que je suis toute jeune, raconte Agathe, on se rend en famille dans notre forêt pour choisir notre sapin de Noël. Avant de le couper, mon père le secoue pour que la neige qui enveloppe les branches nous tombe sur la tête et nous chantons en chœur "Mon beau sapin, roi des forêts…". C'est une tradition que nous voulons garder, même si on n'habite plus chez nos parents. »

- **Préparer ses cartes de Noël.** Depuis plus de 20 ans, Ginette et son amie Christine se donnent rendez-vous pour peindre et dessiner leurs cartes de Noël. Envoyer une carte de vœux – une vraie, en papier – c'est l'occasion de renouer avec des personnes qu'on a peu vues au cours de l'année. Certains ajoutent une lettre photocopiée avec le bilan de leur année, une formule américaine intéressante.

- **À chaque Noël sa décoration.** Monique offre à sa petite-fille une nouvelle décoration d'arbre identifiée à l'année en cours : « Lorsqu'elle aura 20 ans, elle préparera son propre sapin en pensant à nous deux. Et nous comptons sur notre fille pour poursuivre la tradition lorsque nous n'y serons plus. »

Des rituels inspirants chez France Paradis

L'auteure de *Fêtes et rituels. Célébrer les passages de la vie*[59] prêche par l'exemple : « Dans ma famille, on réveille les enfants à minuit en entonnant un chant de Noël, puis les adultes jouent l'histoire de la Nativité devant des enfants amusés de voir leurs parents déguisés pour l'occasion. Ensuite, on se met à table pour un repas collectif auquel tout le monde a contribué. Et notre dessert est une fondue au chocolat, dans laquelle se trouve l'excédent des chocolats de Pâques que nous avions conservé au congélateur. Quant aux cadeaux, ce sont les plus jeunes qui les offrent en premier et ceux qui reçoivent un cadeau doivent chanter un air de Noël en guise de remerciement. »

Variations sur le thème de l'échange

Plusieurs familles ont adopté l'échange de cadeaux pour les adultes, pour soulager leur portefeuille et mettre l'accent ailleurs que sur le déballage intensif. Parfois, on pige un nom ou on opte pour le « cadeau voleur », avec un budget fixe. Dans notre famille, qui a adopté cette pratique, nous avons déjà choisi comme thème *les livres ou les disques qui nous rappellent de bons moments*. Pour choisir quel cadeau déballer (et voler ensuite !), on se laissait toucher par l'étiquette, sur laquelle chacun devait raconter les bons moments en question. Chez Judith, on fait une course aux trésors pour débusquer les cadeaux cachés et chez Jean-Pierre, les enfants reçoivent un cadeau chaque jour du temps des Fêtes, au lieu d'une montagne bien vite déballée. Ils doivent ensuite appeler le donneur pour le remercier si ce n'est pas un membre de la famille immédiate.

Devine ton cadeau !

Dans la famille d'Édith, on en fait même un jeu de devinettes, pour faire durer le plaisir : « Notre fille de huit ans liste les noms des personnes à qui sont destinés les cadeaux sous l'arbre sur des bouts de papier, que l'on dépose dans un vase ou un sac décoré. Elle ouvre le bal en pigeant le nom d'une personne, qui doit questionner celui ou celle qui lui a offert ce cadeau avant de pouvoir le déballer. Comme on ne peut répondre que oui ou non aux questions (qui sont de plus en plus

---

59. Éditions Enfants Québec, collection « Parent guide », 2004, 64 p.

drôles au fil de la soirée, le bon vin aidant!), cela prend près de deux heures. Si la personne n'a pu deviner son cadeau, elle conserve son cadeau sur elle et on y reviendra périodiquement. Elle pige un autre nom et le jeu se poursuit avec un autre cadeau. Par exemple, ma mère, malgré toutes ses questions, n'arrivait pas à deviner son cadeau – un cellulaire. En retrait, j'ai composé le numéro de l'appareil, que j'avais mis en mode vibration. Elle s'est écriée : "Hey, ça bouge là-dedans!" On se souvient davantage de ce qu'on a reçu, cela évite de se répéter et puis c'est très drôle!»

Noël en solo

Parfois, c'est en solo qu'on passera Noël, que ce soit à la suite d'une séparation récente, parce que notre famille est au loin, qu'on est enfant unique ou que nos parents ne sont plus de ce monde ou, tout simplement, parce qu'on a envie de s'isoler. Si ce n'est pas le cas, faisons savoir aux amis que l'on est seul(e) : on recevra certainement une invitation pour se joindre au réveillon. Certains amis célibataires sont peut-être dans la même situation? Réunissons-nous pour un réveillon collectif. De nombreux organismes organisent des activités pour les familles monoparentales : il s'agit de chercher un peu.

Plutôt que de subir la solitude, décidons d'en faire un moment privilégié : bain moussant chaud, chandelles, musique de crooners en fond sonore, chocolat fin et porto, etc. Certains, plus aisés, filent vers le Sud ou dans une auberge, alors que d'autres se concoctent un petit programme pour occuper leurs soirées : bénévolat, cinéma (le plus souvent possible!), visionnement des classiques qu'on ne prend jamais le temps de voir ou revoir, lecture des livres qui patientent sur la table de chevet depuis belle lurette (ou biographies de «survivants» ou de personnalités exemplaires). On peut s'acheter un petit cadeau ou un objet de décoration qui symbolise un nouvel envol dans notre vie, se composer un plateau de douceurs juste pour soi, allumer des chandelles. L'important est d'essayer de s'entourer, si on en ressent le besoin, ou de profiter pleinement de notre solitude, si telle est notre envie.

Pendant la période des fêtes

- **Faire découvrir aux enfants le plaisir de l'attente**, en se procurant (ou en fabriquant) un calendrier de l'avent. On peut aussi allumer une chandelle chaque dimanche précédant Noël, comme on le fait dans les églises.

- **Sport en fête.** On met à l'agenda une sortie familiale en plein air (ski, patin, glissade, raquette). Dans plusieurs parcs, lumières et musique créent un bel environnement pour patiner, de jour comme de soir.

- **Sorties du temps des fêtes** : expositions de crèches, des différents pères Noël selon les pays et les époques (Saint-Nicolas, la Befana, la Babouchka), des intérieurs des belles maisons d'autrefois, visites patrimoniales ou historiques, circuit des vitrines décorées. Au Village québécois d'antan, par exemple, on fait un tour en carriole dans le village illuminé et on déguste un repas traditionnel du temps des fêtes.

- **S'adonner aux petits plaisirs** : se taper le festival Ciné-Cadeau (vive Astérix et Lucky Luke) ou les films fétiches du temps des fêtes ; faire des casse-tête avec les enfants ; manger des « cochonneries » (sinon, à quoi servent les résolutions du jour de l'An ?) ; passer une journée à flâner en pyjama ; écouter de la musique de « crooners » ; boire du lait de poule ou des cafés brésiliens ; regarder le patinage artistique à la télévision ; fondre de bonheur devant ces petites bouilles de nouveau-nés du cahier « Bébés de l'année » de *La Presse*.

Ah, on n'a plus les Noëls qu'on avait...

Noël tel qu'on le vit aujourd'hui, en fête de famille, est né au cœur du XIXe siècle, peut-on lire dans *Ethnologie de Noël, une fête paradoxale* (Martyne Perrot, Grasset, 2000). En 1822, Clement C. Moore écrit un poème mettant en vedette le père Noël, *A Visit from St. Nicholas*, ensuite connu sous le titre *The Night before Christmas*. Et c'est Coca-Cola qui, par une publicité datant des années 30, contribua à populariser l'image de ce bon vieux père Noël. Une image passablement malmenée par le phénomène *Santarchy* (Santa Anarchy), né à San Francisco en 1994, qui réunit, dans les grandes villes, des bandes de pères Noël ivres qui font la fête !

Avant que la consommation ne s'empare de Noël, cette fête était d'abord religieuse : on célébrait la naissance du Christ et sa circoncision le 1er janvier. Mais il est bon de rappeler que Noël est avant tout une fête de la lumière.

Dans l'Antiquité, de nombreuses fêtes païennes se déroulaient lors du solstice d'hiver, le 21 décembre (ex. : Yule), pour chasser la grisaille de la saison. Au Moyen Âge, après le 25 décembre, on célébrait la fête des Fous, instituée par le christianisme pour contrer ce qui restait des Saturnales romaines. Chez les Perses comme chez les Romains, c'était la fête du soleil. Peut-on dire que l'Église a récupéré cette fête païenne, présentant le Christ comme la « lumière du monde » qui remet de l'espoir en nos cœurs ?

 ## *Des célébrations à découvrir*

De l'automne jusqu'au début de l'hiver, plusieurs communautés religieuses et culturelles font une pause, le temps d'allumer des chandelles, de prier, d'échanger des cadeaux et de partager des repas de fête avec familles et amis. En voici quelques-unes :

Kwanza : Kwanza, qui célèbre les valeurs de la culture afro-américaine, s'étend du 26 décembre au 1er janvier. On se rassemble pour célébrer et discuter, chaque soirée étant consacrée à un thème : l'unité, l'autodétermination, la responsabilité collective, l'économie coopérative, le dessein, la créativité et la foi. Inspirant! Bien qu'elle s'inspire des festivals africains des récoltes, Kwanza est une toute jeune fête (1966). Comme quoi on peut inventer des fêtes qui nous ressemblent et qui nous rassemblent !

Diwali : Célébrée en novembre, Diwali, qui signifie «rangée de lumières», porte bien son nom. On fait briller la maison pour accueillir la déesse de la félicité, Lakhsmi, et on allume bougies et lanternes pour prier. Cette fête hindoue est aussi célébrée par les Sikhs et les Jaïns. En plus des rituels privés, Diwali est aussi une célébration à plus grande échelle.

Id al-Fitr, à la fin du ramadan : Lors de la fête de Id al-Fitr, qui marque la fin du mois de ramadan, les gens se rendent grâce d'avoir été assez forts pour accomplir le jeûne. Rues et bâtiments sont illuminés, des friandises sont vendues dans les marchés et dans les bazars, on échange des cartes de vœux et offre des cadeaux aux enfants et aux pauvres.

Hanoukkah (ou Hanukkah) : En décembre, cette fête juive célèbre la consécration du nouveau Temple de Jérusalem, en 164 avant notre ère, après la victoire de Judas Maccabée sur les Syriens. Pendant huit jours, une seule fiole d'huile a suffi pour alimenter la menora (chandelier à sept branches). C'est pourquoi la fête de Hanoukkah (qu'on appelle aussi fête de la Dédidace ou fête des Lumières) dure huit jours et les plats traditionnels sont souvent frits dans l'huile. L'un des plus importants rituels est d'ailleurs, outre les prières, l'allumage des bougies, selon un ordre bien précis.

Source : *Religions du monde, personnages, symboles et rites*, Philip Wilkinson, Sélection du Reader's Digest, 2001.

9.3 *Jour de l'An*

Autrefois, le jour de l'An servait de toile de fond à de grands rassemblements familiaux. Après une tablée qui sustentait les fêtards, ça dansait et ça chantait au son des reels, des cotillons, des gigues et des chansons à répondre du violoneux. Aujourd'hui, le réveillon du jour de l'An (aussi appelé Saint-Sylvestre) réunit surtout les amis, alors que Noël demeure une fête familiale. Quelques idées pour célébrer bellement le jour de l'An :

- **Papier, feu et pop !** Nous célébrons la veille du jour de l'An avec mes sœurs et quelques amis, parfois dans un chalet loué pour la semaine. Nous avons inventé un petit rituel qui fait des petits à chaque année : vers 23 h 30, chacun s'isole pour écrire sur un bout de papier ce dont il veut se débarrasser pour l'année qui vient (ex. : une peur qui coupe les ailes) et ce qu'il voudrait pour la nouvelle année. Pas une liste de résolutions qui fondent aussi vite que neige au soleil. Non, quelque chose d'engageant, qui nous occupera l'esprit l'année durant. À minuit, on jette nos souhaits et confidences au feu et on les observe rougeoyer, se consumer. On termine par le « pop » d'un vin mousseux et l'échange des vœux de la bonne année. Même les gars, un peu réticents au début, embarquent maintenant tout de go.

- **Notre année sur papier.** Le premier de l'an, j'ai coutume de parcourir mon agenda qui se termine pour y repérer les dates-clés et transférer les dates d'anniversaire. Arriérée technologique, me direz-vous. Mon ordi peut noter ça pour moi, je sais. Mais c'est ma façon de penser à ces gens que j'appellerai et à qui j'enverrai un petit mot au fil des mois. J'écris un bilan de mon année et je trace les grandes lignes de quelques projets que j'aimerais réaliser, en écho à mon petit rituel de la veille. Avec les enfants, on peut aussi réaliser un « scrapbook » de l'année, avec photos et mots-clés à l'appui.

- **Un *Bye Bye* familial.** On recrée cette tradition qu'a longtemps été l'écoute du *Bye Bye* à la télévision, en optant pour un scénario perso. Chacun présente à tour de rôle les moments-clés de son année ou une petite revue des événements marquants.

- **La bénédiction paternelle.** Voilà, il me semble, une belle tradition d'autrefois : à cette occasion, le patriarche de la famille bénissait ses enfants et petits-enfants agenouillés devant lui, en demandant à Dieu de leur apporter la nourriture nécessaire, la santé et le bonheur, tout au long de cette nouvelle année. Cette coutume existe-t-elle encore dans votre famille ? Pourquoi ne pas la perpétuer avec vos enfants, en y ajoutant la maman bien sûr ! On peut simplement mettre notre main sur leur tête, en leur souhaitant une belle année pleine de découvertes et leur rappeler qu'on est toujours là pour eux.

- **Un toast original.** À tour de rôle, chacun porte un toast en formulant des vœux pour l'un des invités, dont il pige le nom dans un sac ou une boîte.

- **Faites un Nostradamus de vous-même !** En 2003, c'était notre concept : chacun devait raconter une anecdote cocasse de l'année, sa résolution et faire une prédiction amusante. L'une des meilleures : *Cette année, Michael Jackson va fondre.* On a bien ri ! Au menu : un assortiment de bouchées, pâtés et fromages, et des cocktails colorés. J'avais aussi disposé sur la table un petit personnage de devin, l'horoscope annuel de chaque invité et *Les dés de la destinée*, un livre-jeu de prédictions. Et nous avons écouté ensemble les revues télévisées de fin d'année. Avoir eu plus de temps, j'aurais glissé des prédictions amusantes dans des biscuits chinois !

- **Pour les amis, un brunch fruité.** Voilà une chouette idée proposée par Alyne Samson, journaliste au magazine *Coup de pouce* : « Chacun apporte une confiture qu'il n'a jamais goûtée et le fruit qui le décrit le mieux. »

Mère Solitaire était seule et très contente de l'être

Dans *L'autruche céleste*[60], un récit tonique, Iléana Doclin raconte une veille du jour de l'An passée en solo : « Hier soir, j'ai regardé *La liste de Schindler* et je me suis trouvée comblée par la vie. J'étais confortablement installée sur le canapé du salon, entourée de coussins et d'une douillette bien chaude. Les dindes[61] dormaient à mes côtés. Un verre de vin et un soupçon de chanvre (les enfants étaient chez le Clown Célèbre) adoucissaient l'ambiance. Quelle paix enveloppante pendant que la planète fêtait la nouvelle année ! Mère Solitaire était seule et très contente de l'être. Divinement sereine pour la première fois un 31 décembre. »

---

60. Flammarion Québec, 2000, 221 p.
61. Le nom rigolo donné à ses chiens, parmi les sobriquets qui inondent le livre.

Traditions d'ailleurs

Une tradition écossaise appelle à faire maison nette : tout le lavage fait, les comptes payés, la maison propre, une coupe de cheveux nette.

Pas surprenant que les traditions italiennes passent par la nourriture : on mange des lentilles pour apporter la chance et des oranges... pour l'amour !

En Angleterre, une coutume préconise d'ouvrir portes et fenêtres pour laisser partir l'année écoulée. Une personne du groupe a alors le devoir d'apporter du sel (symbole d'abondance), une pièce (pour la prospérité) et un morceau de charbon (pour réchauffer la maison). La boule de gui sous laquelle on s'embrasse origine aussi d'Angleterre.

En Espagne, chaque fois que retentit l'un des douze coups de minuit, on gobe un grain de raisin, une coutume censée porter chance.

Une tradition allemande bien vivante : le marché de Noël, avec ses saucisses, biscuits, vin chaud et autres victuailles, guirlandes et décorations.

Source : *Le livre de bord de toutes les fêtes*, Claire Pinson, Marabout, 1999.

Références

- *Un réveillon bien animé !* (des jeux brise-glace et pour s'amuser), sur le site www.petitmonde.com, tapez « réveillon ».

- Magazine *Coup de pouce* (et sa version Internet, www.coupdepouce.com) : ce mensuel propose chaque année de multiples trucs et conseils, des suggestions de jeux, de même que des idées de partys à thème (menu, musique, animation, décoration, invitations, choix de vins, tout y est !). D'autres magazines féminins ont des suggestions festives intéressantes.

- *Le livre de Noël : 50 activités pour animer les fêtes*, Jane Bull, Hurtubise HMH, 2001, 48 p.

- *Ethnologie de Noël, une fête paradoxale*, Martyne Perrot, Grasset, 2000, 288 p.

- *Le livre de Noël*, Nadine Cretin, Flammarion, 2001, 144 p.

9.4 Épiphanie

La période des fêtes prend fin avec l'Épiphanie (ou fête des Rois mages), célébrée le 6 janvier. Traditionnellement, au Québec, on soulignait la visite des Rois mages qui apportèrent l'or, l'encens et la myrrhe à Jésus nouveau-né. Je me souviens, étant petite, avoir mangé un peu trop de gâteau pour trouver la fameuse fève qui m'aurait couronnée reine du jour ! Si cette tradition religieuse n'est plus vraiment célébrée, il reste que c'est un beau prétexte pour réunir les amis disséminés dans leurs familles pendant le temps des fêtes. Les bonnes pâtisseries et boulangeries proposent leur version de la galette des Rois, à savourer avec un bon café. Il y a même des entreprises qui vendent, dans Internet, des fèves de porcelaine à l'effigie de Félix le Chat, Garfield ou des personnages du *Seigneur des anneaux* !

La fête des Rois chez Sophie et Luc
Depuis quatre ans, Sophie et Luc reçoivent la famille immédiate le 6 janvier : « Nous préparons nous-mêmes la galette (en réutilisant une fève en plastique bon marché, à défaut d'en trouver une autre...). Nous en profitons pour prendre une photo de groupe, qui nous permet de suivre l'évolution de la famille, de zéro à trois enfants. L'an prochain, il y aura quatre petits mousses sur la photo. »

Le Roi est bon, vive le Roi !
Chez France Paradis, auteure de *Fêtes et rituels. Célébrer les passages de la vie*, on glisse trois fèves dans la galette des Rois faite maison. Pendant qu'on fabrique les couronnes, on raconte l'histoire des Rois mages aux enfants. Et plutôt que d'être traités en seigneurs toute la journée, les rois du jour ont le devoir d'agir avec bienveillance et générosité parce qu'ils détiennent le pouvoir de la couronne.

9.5 Saint-Valentin

La Saint-Valentin… romantique ou quétaine?

«La Saint-Valentin n'est qu'un prétexte pour vendre des fleurs et du chocolat. Je n'ai pas besoin d'une date pour me rappeler de dire "Je t'aime!"», entend-on souvent. Pourtant, 52 % des Canadiens la fêteront[62], surtout au restaurant (38 %), par une soirée romantique à la maison (14 %) ou par l'achat d'un cadeau (13 %).

Diane Pacom, sociologue à l'Université d'Ottawa, a remarqué que certaines fêtes semblent davantage boudées par la communauté francophone : «J'entends plus souvent au Québec qu'au Canada anglais que la Saint-Valentin est quétaine. Plusieurs personnes jugent ces fêtes trop commerciales. Pourtant, ce sont quand même des moments significatifs pour faire revivre nos liens. Sinon, par quoi les remplacer?»

Voilà donc un rituel à faire sien, au-delà de la consommation. Bien sûr, on peut multiplier les petits gestes et les mots d'amour à tous les jours. Mais, avalés par le tourbillon du quotidien, le fait-on autant qu'on le voudrait? La Saint-Valentin représente un moment significatif pour réfléchir à notre relation et raviver nos liens. Dans un mois de grande froidure, on ne va pas s'en priver!

Et si l'on tient vraiment à s'acheter un cadeau, sortons des sentiers battus. Le chocolat, j'en mange à l'année et la lingerie, je préfère l'acheter moi-même pour être sûre que ça moule là où il faut. Les cadeaux qui m'ont le plus touchée? Ceux qui réfèrent à une passion personnelle, car ils démontrent que mon conjoint sait ce qui fait vibrer mon cœur. Comme cette année où il m'a offert un livre sur l'écriture. N'est-ce pas là un vrai cadeau d'amour?

Dix idées pour réinventer la Saint-Valentin

Lors d'une Saint-Valentin où mon conjoint et moi avions choisi de nous attabler devant une simple mais rassurante soupe tonkinoise, Hugo m'a dit : «Merci de comprendre que l'amour que j'ai pour toi ne se mesure pas à la grosseur de la facture du restaurant. Je souhaite bâtir une famille avec toi, et cela passe par le quotidien, pas juste par les paillettes!» Tannés de

---

62. Selon un sondage Léger Marketing, janvier 2003.

faire la ronde des restos bondés ? Inventons plutôt un moment spécial qui aura du sens pour nous. Voici dix idées :

1. **Dis-moi ce que tu écoutes, je te dirai qui tu es.** On fait écouter à l'autre des chansons qui ont été significatives dans notre vie et on lui raconte pourquoi : une peine d'amour, les vacances d'été, notre enfance, des anecdotes du temps de nos études. En plus de lui faire découvrir notre univers musical, on se livre un brin à travers nos souvenirs.

2. **Festival de films-cultes.** Le culte de quoi ? De notre couple, bien sûr ! On revoit en vidéo les films qu'on a vus collés collés au cinéma, ceux de nos débuts ou qui nous ont beaucoup touchés.

3. **C'est vraiment toi, ce bout de chou ?** On s'amuse à regarder nos photos d'enfance et, pourquoi pas, à imaginer la binette de notre future progéniture…

4. **Notre amour… immortalisé.** Si ça nous dit, certains photographes se spécialisent dans l'art sensuel. Autrement, une belle pose classique fixe notre bonheur sur pellicule.

5. **Encadrer nos meilleurs moments.** On achète un cadre à insertions multiples et on y glisse nos plus touchantes photos. Revoir tous ces bons moments, ça met le sourire aux lèvres !

6. **Faire la vaisselle.** Non, non, pas les mains dans l'eau… Plutôt un bel après-midi dans un « café-céramique » où on peint des tasses pour nos matins complices ou une assiette pour notre prochain « vins et fromages ».

7. **Lecture coquine à voix haute.** Avec un petit verre de porto et un morceau de chocolat noir, des nouvelles érotiques séduiront nos oreilles. Ou laissons Chloé Sainte-Marie nous charmer avec le poème chanté *Je marche à toi*, de Gaston Miron.

8. **Effeuillons la Saint-Valentin !** Sur notre table de chevet, quelques livres destinés à ne pas nous laisser fermer l'œil de la nuit ! Entre autres, *36 jeux drôles pour pimenter votre vie amoureuse*[63]. Ou encore, on pousse l'audace plus loin en s'aventurant dans un sex-shop… virtuel ou ayant pignon sur rue.

---

63. Albertine et Christophe Maurice, Les Éditions de l'Homme, 2002, 96 p.

9. **Vive les lettres d'amour!** Plutôt qu'un courriel, si on s'écrivait une vraie lettre, sur du beau papier? À l'ère Internet, notre boîte aux lettres se remplit surtout de circulaires et de factures! On peut même se l'envoyer au bureau, pour un effet de surprise! Ou encore l'écrire l'un près de l'autre, l'échanger et en discuter, comme le propose la méthode EED (Écrire, Échanger, Discuter), pratiquée dans les sessions de préparation au mariage offertes par Rencontre Catholique de Fiancés. Syndrome de la page blanche? Faites une liste de « j'apprécie », une sorte d'inventaire de tous les petits gestes sympathiques que pose votre conjoint. Car avouons-le, au fil des années, on finit parfois par exprimer davantage ce qui cloche!

10. **Adopter un nouveau rituel de couple.** On choisit une charmante habitude à intégrer dans notre vie. Par exemple, prendre un cours ensemble (salsa, tango, cuisine, massage, dégustation de vins); organiser une sortie surprise à tour de rôle; prendre un bol d'air à tous les soirs; faire le point sur la semaine autour d'un thé, le dimanche soir; s'évader pour un week-end d'amoureux, chaque saison. Voir la section 8.2 pour d'autres idées et témoignages.

Un amour qui ferait fondre des glaciers pour Josée
Josée et son conjoint ont créé leur petit rituel de la Saint-Valentin : « Mon homme prépare un feu de foyer dehors. Dehors, oui, oui, même lorsqu'il fait un froid de canard! Avec une sculpture-divan dans la neige, du vin chaud, des couvertures... et de la tendresse!»

Au Mexique, c'est aussi la fête de l'amitié!
Voilà une occasion de célébrer les liens qui nous unissent à nos amis, autour d'un repas mexicain, tiens! Après tout, nous n'avons pas de fête officielle des amis, et pourtant ça m'apparaît essentiel! On peut faire une « déclaration d'amitié » à quelqu'un avec qui on souhaite s'investir davantage ou inviter une personne qu'on aimerait mieux connaître. Autre option : on s'offre pour garder les enfants d'un couple d'amis qu'on aime, afin qu'ils passent une belle soirée en amoureux.

On peut aussi s'organiser une soirée en solo, remplie de petits plaisirs qui font du bien. Par exemple, se payer un massage en après-midi, se faire livrer des sushis, se vautrer dans un bain moussant éclairé aux chandelles, se lover sous une couverture pour revoir nos films préférés, écrire une liste de nos passions et petites manies en s'inspirant du style Amélie Poulain (« j'aime /j'aime pas »). Le célibat, c'est aussi une formidable occasion de mieux se connaître et d'apprendre à composer avec la solitude. Histoire de résister à la tyrannie du couple à tout prix et de faire un vrai choix, la prochaine fois! À découvrir : le site du mouvement Quirky Alone : http://quirkyalone.net/qa.

La Saint-Valentin, en famille

Il y a quelques années, alors que j'évoluais en solo, j'ai proposé à mon fils qu'on invite chacun un ami à souper pour la Saint-Valentin. Nous étions quatre à table : deux grandes filles et deux p'tits gars! On s'est fait un gâteau au chocolat en forme de cœur et on a allumé des chandelles, au nom de l'amitié!

Sylvie, quant à elle, a inauguré, l'an dernier, un nouveau rituel : « J'ai découpé quatre cœurs de papier rouge et j'ai demandé à mon mari de m'écrire un petit mot ou un geste qu'il va faire pour moi et vice-versa. Mon fils devait écrire un mot à sa sœur, qui lui en a préparé un. Au dessert, nous avons distribué nos petits cœurs. Il y avait de l'émotion dans l'air, car c'était un cadeau qui vient du cœur et non un truc commercial. Ça remet les valeurs à la bonne place! Mes enfants ont beaucoup apprécié ce geste, qu'on refera l'an prochain. »

D'autres idées pour nos p'tits amours? Réaliser des sandwiches en forme de cœur à l'aide d'un emporte-pièce, glisser des petits cœurs en chocolat ou en cannelle dans leur boîte à lunch ou une serviette de papier avec des mots d'amour.

La Saint-Valentin… mise à nu !

• Comme toute fête, la Saint-Valentin aurait diverses origines. D'abord, le fameux Valentin était un prêtre qui mariait en secret les amoureux, malgré l'interdiction de l'empereur de l'Empire romain Claude II. La raison de cette interdiction ? Les hommes mariés feraient de piètres soldats, trop enclins à demeurer auprès de leur famille. Valentin fut emprisonné jusqu'à sa mort, le 14 février 270. Si on se bécote à la Saint-Valentin, ce serait à cause des oiseaux, dont la saison des amours débute vers le 14 février dans plusieurs pays du monde. Enfin, l'autre origine possible serait les Lupercales, une fête célébrée dans la Rome antique, le 15 février, en l'honneur du dieu Lupercus, le dieu protecteur des troupeaux et des bergers et dieu de la fécondité.

• Connaissez-vous la coutume du valentinage ? Dans les milieux bourgeois et nobles, on couplait un homme et une femme pour toute l'année, et pas seulement le temps des festivités, ce qui aboutissait souvent à un mariage.

• Vous signez vos lettres d'amour de trois X ? Il s'agit là d'une coutume remontant au début du catholicisme : le X symbolisait la croix et avait valeur de signature à une époque où peu de gens savaient écrire. Lorsqu'on apposait son X, on devait embrasser la croix en guise de serment.

• Quant à Cupidon, c'est le dieu romain de l'amour, bien sûr !

9.6 Autres temps forts de l'hiver

Le Nouvel An chinois

Célébré entre le 21 janvier et le 20 février, c'est l'une des principales fêtes chinoises, représentée par un animal doté de certaines caractéristiques. Ainsi, en 2004, c'est l'année du Singe de bois. Les parents offrent aux enfants des enveloppes rouges, couleur de protection, contenant des billets ou de la monnaie. Dans le quartier chinois de Montréal, c'est la fête ! Une belle occasion pour le visiter et goûter les délices de la gastronomie chinoise.

2 février : Chandeleur et... « jour de la marmotte » (Groundhog Day)

Un dicton dit : *À la Chandeleur, l'hiver s'apaise ou prend vigueur.* La Chandeleur (*Festa candelarum* ou «fête des chandelles») est désignée, selon *Le Petit Larousse*, comme la fête de la présentation de Jésus au Temple et de la purification de la Vierge Marie. Selon les rites hébraïques, la mère doit se présenter au temple avec son nouveau-né, 40 jours après sa naissance. Il s'agit d'un rite de purification qui n'est pas sans rappeler ceux des fêtes païennes des Lupercales (15 février) où des prêtres-loups (appelés luperques) pratiquaient certains rites pour stimuler la fécondité des femmes. Pour enrayer ces rites païens tout en conservant le sens de la purification, le pape Gélase 1er institua donc la Chandeleur en l'an 472. En ce jour, on organisait des processions aux chandelles, une tradition religieuse qui n'est pas restée, contrairement à celle des crêpes, plus populaire. On dit que les crêpes, par leur forme ronde et dorée, rappellent le disque solaire, évoquant le retour du printemps après l'hiver sombre et froid (2 février, retour du printemps? Hum... pas au Québec!). On consomme les crêpes, symbole d'économie alimentaire, pour signifier que l'on a réussi à passer à travers les durs mois de froidure avec les provisions de farine accumulée l'automne précédent. Une autre croyance préconise de faire sauter les crêpes de la main droite en tenant une pièce dans la main gauche afin de connaître la prospérité durant toute l'année.

Quant au «jour de la marmotte», la coutume veut qu'à cette date la marmotte sorte de son terrier, après de longs mois d'hibernation. Si un beau soleil projette son ombre sur le sol, elle y retournera illico pour six semaines supplémentaires... et l'hiver durera d'autant! Si le temps est couvert, la marmotte restera éveillée, son instinct l'avertissant que le printemps sera doux et précoce. Parmi les marmottes célèbres qui ont droit à leur petite cérémonie, il y a Wiarton Willie (Ontario) et Punxsutawney Phil (Pennsylvanie, É.-U.), en vedette dans le film *Le jour de la marmotte*. Pas très scientifique, tout ça, mais divertissant!

De nos jours
Les crêpes seront au menu en ce 2 février, qu'on mangera à la lueur des... chandelles! On trouvera tout plein de recettes sur www.chandeleur.net. Et après, pourquoi ne pas (re)louer le film *Le jour de la marmotte (Groundhog Day)*, avec Bill Murray et Andie MacDowell?

Le carême (40 jours avant Pâques)

Le carême, une période de jeûne et de renoncement, commémore les 40 jours que Jésus passa dans le désert. De nos jours, il est peu pratiqué. Plusieurs se rappelleront, enfants, s'être privés de chocolat et avoir mangé les fameuses brioches du carême. Aujourd'hui, le carême est moins populaire : certains en profitent pour entreprendre un régime désintox. Le carême débute par le mercredi des Cendres où, à l'église, le prêtre fait une marque sur le front des fidèles avec de la cendre, symbolisant ainsi leur repentir. La veille, Mardi gras, on faisait bombance avant le carême. De cette pratique, on a gardé les carnavals (du latin *carnem levare*, c'est-à-dire alléger ou diminuer la viande), les plus célèbres étant ceux de la Nouvelle-Orléans, de Rio de Janeiro, de Nice et de Québec, bien sûr! Cette période de privation connaissait une trêve, la Mi-Carême, qui donne encore lieu à des réjouissances à l'Île-aux-Grues.

7 mars : la fête des grands-mères

Depuis quelques années, en France, on célèbre les mamies, bien que la fête ne soit pas encore inscrite aux calendriers. Si ça nous dit, on entreprend une nouvelle tradition : envoyer une petite carte à notre grand-mère, si elle est encore en vie, ou proposer à notre enfant d'envoyer un petit mot à la sienne ; l'inviter à venir nous raconter des anecdotes familiales qui fascineront notre progéniture ; visiter une grand-mère qui s'ennuie. Si la mamie, c'est nous, on pourrait enregistrer un conte ou des histoires sur cassette et l'envoyer à notre petit-enfant, par exemple.

8 mars : Journée internationale des femmes

Instituée en 1977 par les Nations Unies, cette journée spéciale est l'occasion idéale de dresser le bilan des progrès accomplis en vue de promouvoir l'égalité des femmes. C'est aussi une fenêtre pour se sensibiliser à la situation des femmes dans le monde. Le thème choisi pour 2004, *C'est elle qui m'inspire!*, donne le ton à ma vision de cette fête : remercier une femme de notre entourage pour ce qu'elle nous insuffle et nous apprend. En Allemagne, les hommes ont aussi leur journée, *Männertag*, célébrée le jour de l'Ascension.

Roses blanches pour femmes inspirantes
C'est le cadeau qu'a fait Bertrand à son palmarès personnel de femmes inspirantes : sa mère, bien sûr, sa conjointe, évidemment, mais aussi une amie d'enfance et une collègue engagée.

17 mars : Saint-Patrick

Plus de 100 parades ont lieu à travers le monde le 17 mars pour honorer Saint-Patrick, un missionnaire qui a converti l'Irlande au christianisme. C'est à Boston, en 1737, que les Irlandais immigrés aux États-Unis ont commencé à célébrer cette fête, dont l'emblème est le trèfle, un symbole de la sainte Trinité (le Père, le Fils et le Saint-Esprit). Ce jour-là, on porte du vert, une couleur qui évoque le printemps, à quelques jours de l'équinoxe du 20 mars.

Plusieurs Québécois ont du sang irlandais qui coule dans leurs veines, raison de plus pour participer au défilé ou aux activités qui ont lieu dans plusieurs pubs irlandais. À la maison, on peut concocter un repas irlandais (ex. : ragoût d'agneau arrosé de Guinness, suivi d'un café irlandais), avec de la musique d'artistes irlandais contemporains ou traditionnels (ex.: musique celtique). Et pourquoi ne pas compléter la soirée avec un film qui se déroule en Irlande ou dont les personnages sont Irlandais (ex. : *In America, My Left Foot, Angela's Ashes, Agnes Browne, The Crying Game, The Butcher Boy*).

Ressources

- *Le Carnaval de Québec : La grande fête de l'hiver*, Jean Provencher, MultiMondes, 2003, 127 p.
- *Fêtes des fous et carnavals*, Jacques Heers, Hachette, 1997, 315 p.

« Heureux d'un printemps, qui me chauffe la couenne… »
Heureux d'un printemps, Paul Piché

Le printemps, comme a déjà dit un enfant, c'est quand la neige fond et qu'elle repousse en gazon ! Au printemps, la nature revit… et nous aussi ! C'est la saison du renouveau, c'est le temps des semences.

Avec les journées qui allongent et le soleil qui se pointe enfin le bout du nez, on sort de notre torpeur. On sent l'espoir renaître et notre humeur devient plus pimpante. Nos rituels printaniers sont donc imprégnés de ce besoin de se secouer les puces et de repartir à neuf. En voici quelques-uns, parmi les plus courants.

Quels sont les vôtres ?

10.1 *Nos rituels de la verte saison*

- **Marcher dehors.** On redécouvre le plaisir des grandes promenades, le nez au vent et le visage offert aux caresses du soleil. Et avec l'heure qu'on avance, nos soirées s'allongent!

- **Vive l'air frais!** On ouvre toutes grandes portes et fenêtres pour sentir l'air frais entrer dans la maison et on inaugure la corde à linge.

- **Voyage printanier.** À Pâques ou pendant la semaine de relâche scolaire, plusieurs mettent à leur agenda une petite escapade, que ce soit pour un week-end dans un beau coin de la province, au soleil ou à New York, comme le font chaque année des hordes d'étudiants.

- **Fleurs, plantes et jardins…** Un simple bouquet de tulipes dans la maison et voilà que surgit le printemps! Ce peut être le moment d'acheter de nouvelles plantes intérieures ou de procéder au rempotage. Plusieurs planifient leur jardin et préparent leurs semences. S'occuper d'une plante, ça rend philosophe. Ça fait réaliser qu'il faut parfois laisser le temps au temps pour que les choses éclosent. Avec mon fils, j'aime surveiller au jour le jour l'évolution des bourgeons. Certains s'amusent même à capter les minuscules changements quotidiens à l'aide d'une caméra numérique ou d'un Polaroïd.

- **En caravane, allons à la cabane.** La cabane à sucre a ses fidèles irréductibles et, de l'autre côté, de farouches détracteurs. Il faut dire que les cabanes à sucre commerciales sont loin d'avoir le cachet des cabanes d'antan, calories en prime! On en sort ballonnés, collés et boueux, en se promettant bien de ne plus y retourner. Pourtant, plusieurs d'entre nous reprennent la route des sucres, année après année. Parce que c'est un rituel printanier propre à notre pays (et il nous en reste peu!). Le sirop d'érable, qui ravit bien des touristes, ne serait ni plus ni moins que notre «dose nationale de viagra[64]», comme l'a dit l'anthropologue Bernard Arcand à l'émission radiophonique *Indicatif Présent*.

- **Ménage du printemps.** À l'intérieur, comme à l'extérieur, on efface les vestiges de l'hiver. On marque la transition en rangeant foulards, manteaux et bottes. On sort les jolis pulls pastel et les petites robes. On

---

64. Propos de l'anthropologue Bernard Arcand lors d'un débat Action/réaction sur la cabane à sucre, *Indicatif Présent* (Radio-Canada), 18 mars 2004.

nettoie les plates-bandes, le barbecue et les chaises de patio. On lave murs et fenêtres. Certains en profitent pour classer la paperasse, les photos, les cartes de vœux… ou attendent leur prochain déménagement! En Grèce[65], la semaine pascale est le grand moment de tri de vêtements, de vaisselle, d'objets, voire de meubles qu'on jette s'ils sont hors d'usage. Puisqu'il y a eu résurrection, donc espoir de vie nouvelle, les maisons et les corps participent, extériorisent le renouveau. On peut aussi étendre le ménage du printemps à notre couple, nos finances, notre carrière, nos relations amicales!

- **Ventes de garage.** Après avoir fait maison nette, on en fait profiter d'autres. Courir les ventes de garage est un loisir pour plusieurs. Certaines municipalités font les choses en grand, comme Saint-Jean-sur-Richelieu, avec pas moins de 1000 ménages participants[66]. Le calendrier des ventes de garage est disponible sur le site www.ventedegarage.ca.

- **Mise en forme et en beauté.** Les belles résolutions du jour de l'An ressuscitent, en prévision de l'angoisse du maillot de bain qui s'annonce! Plusieurs revoient leur alimentation, entreprennent un régime désintox (vive les jus frais!), font un détour chez l'esthéticienne pour soigner leurs petits petons en prévision des petites sandales d'été, etc.

- **Le retour des oiseaux.** On les entend à nouveau piailler, signe que le printemps est de retour. Certains achètent ou fabriquent des mangeoires pour les accueillir dans leur cour. Le spectacle des centaines de milliers d'oies des neiges et des bernaches qui font escale sur les berges du Saint-Laurent attire plusieurs touristes, de même que les papillons en liberté au Jardin botanique de Montréal. L'ornithologie séduit de plus en plus de gens.

- **Descente des rapides.** À plusieurs endroits, des plongeurs se donnent rendez-vous pour descendre les rapides, comme à l'AquaFête de Chambly, qui se tient la dernière fin de semaine d'avril.

- **Les éliminatoires de hockey.** Il n'y a jamais autant d'amis chez nous que pendant les séries, mon conjoint étant un fan absolu de hockey. Voilà un rituel printanier qui a la cote chez ces messieurs (et chez beaucoup de femmes), comme le Superbowl! C'est l'occasion de réunir les potes autour d'une bière, d'une pizza ou d'un bon spaghetti maison, chez soi ou dans un bar sportif.

65. *Le livre de Pâques*, Françoise Lebrun, Éditions Robert Laffont, 1986.
66. «Bon débarras!», Marie-Ève Cousineau, *Affaires Plus*, mai 2004.

- **Le retour des terrasses.** Dans *Carnets de naufrage* (Boréal), Guillaume Vigneault rappelle le rituel de l'ouverture des terrasses de la rue Saint-Denis, où on se précipite dès que le soleil se pointe.

Le lilas est en fleurs!
À chaque printemps, ma sœur Marie-Claude prend une photo de ses enfants, Coralie et Nicolas, devant le lilas en fleurs. Quant à Marc, il parfume ses draps avec les premières fleurs de ce bel arbuste, un rituel olfactif apprécié de sa conjointe.

Fêter l'équinoxe du printemps (20 mars)

Bien sûr, Pâques est la fête qui colle le mieux au printemps. Comme on la célèbre surtout en famille, l'équinoxe s'avère un beau prétexte pour réunir les amis, comme le fait Étienne chaque changement de saison. Envie de l'imiter? On s'inspire du printemps pour concocter notre menu : verdures de printemps et rouleaux… de printemps! Pour pousser le concept un cran plus loin, décorons avec des fleurs comestibles. D'autres idées : un bol de cerises bien croquantes, pour évoquer la fête des cerisiers, au Japon, ou fêter en même temps la Saint-Patrick (17 mars)!

Au Japon, c'est la fête des cerisiers.
Cerisiers en fleurs et pétales sur le sol forment le plus beau des paysages pour pique-niquer et boire du saké. Voilà un peu le programme de cette fête chômée et fériée qui célèbre le printemps au Japon. Cette coutume s'est répandue en Corée au XXe siècle.

10.2 Pâques, au-delà des cocos

« Ben voyons, maman, Pâques, c'est la fête du chocolat ! » Interrogé sur la signification de Pâques, c'est la réponse lapidaire que m'a faite mon fils Simon il y a quelques années. Devant sa réaction, perplexe, je me suis questionnée sur l'héritage religieux et spirituel que je lui léguais. Je me rappelle, avec une pointe de nostalgie, que Pâques allait au-delà des cocos dans mon « jeune temps » ! Nous allions visiter la famille maternelle au Saguenay et, dans l'auto, le Vendredi saint, nous faisions une minute de silence à trois heures, heure de la mort du Christ. Nous mangions du poisson ce jour-là, en écoutant *Jésus de Nazareth* chez l'oncle Gaétan, à Jonquière. J'ai « fait carême » (de chocolat !) à quelques reprises et mangé les fameuses brioches avec le signe de croix. J'aime encore l'idée de désirer quelque chose, de cultiver la patience et de retarder la satisfaction, comme le dit Scott Peck dans son désormais célèbre *Chemin le moins fréquenté*[67]. Nos enfants ont-ils appris à « garder les rouges pour la fin » ?

Pâques est la fête la plus importante du monde chrétien, car on commémore la résurrection du Christ, mort sur la croix le Vendredi saint. Pourtant, on perd peu à peu le sens profond de cette fête, délaissant les cérémonies religieuses qui y sont associées. Comme Pâques symbolise également le renouveau de la nature et le retour du printemps, il y a moyen de se retrouver en famille et de s'inventer de nouveaux rituels ou de mettre à jour certaines traditions.

Treize traditions pascales… à la sauce Amélie Poulain

Après tout, que fait la charmante à l'esprit lutin, sinon « ressusciter » l'espoir chez les gens qui croisent sa route ? Le but : réfléchir au plaisir d'être ensemble, d'être en vie et d'aider quelqu'un à se sentir « vivant » ! Treize suggestions, comme les 12 apôtres de la dernière Cène… et Jésus !

1. **Un brunch en famille ou entre amies** où tous partagent une tradition culinaire familiale. Les œufs prennent la vedette : on sort nos meilleures recettes d'omelette et on décore les œufs avec les enfants. Et si on est allergique à la cabane à sucre, allons-y pour un repas gastronomique à base de produits de l'érable.

---

67. Robert Laffont, 1987, 384 p.

2. **Une grande marche…** pour sentir le printemps qui s'éveille. Ou une ballade en amoureux en auto pour découvrir des coins inconnus et, qui sait, se redécouvrir!

3. **Aller cueillir l'eau de Pâques en famille.** On réveille la marmaille avant l'aube le jour de Pâques et après avoir récolté un peu d'eau courante (dans une source, un ruisseau, une rivière ou un fleuve), on s'installe pour assister au lever du soleil, café ou chocolat chaud en main. Nous avons décidé d'adopter cette tradition chrétienne cette année et de conserver l'eau pour le baptême de Vincent. Maggie[68], quant à elle, attend l'aube dans un parc, pour sentir l'appel à la clarté que représente Pâques et fait suivre d'un déjeuner… au champagne!

4. **Partager des confidences sur…** des moments où on a « ressuscité », que ce soit après un divorce douloureux ou un échec professionnel. Se rappeler nos forces vives.

5. **Prolonger l'après-midi par un festival de films qui « font du bien ».** On en profite pour aller voir (ou revoir) Amélie Poulain! On peut aussi organiser un brunch littéraire où on s'échange des livres qui nous ont vitaminé le moral ou nous ont donné une leçon de vie, ou des biographies de gens inspirants.

6. **Envoyer des lys de Pâques à une amie qui a su « rebondir »** au cours des derniers mois. Cette fleur est aussi le symbole du printemps, du renouveau, de la pureté. Ou on fleurit notre propre demeure.

7. **Aller se baigner à la piscine avec les enfants.** L'eau revivifie et c'est un moment de complicité en famille.

8. **Se rappeler combien les disparus sont encore vivants pour nous.** Se remémorer ce qu'ils nous ont apporté de bon en allant faire un tour au cimetière ou au mausolée. La cérémonie funéraire de ma belle et bonne Mimi, ma grand-mère, a eu lieu un jour de Pâques… Si grand-maman est encore vivante, c'est l'occasion d'aller la visiter.

9. **Un autre genre de *Fureur*, à écouter en famille.** Année après année, *Jésus de Nazareth* est fidèle au poste. Si on ne peut l'écouter en rafale, on confie à notre magnétoscope le soin d'enregistrer ce grand classique.

10. **Essayons le chocolat « équitable ».** Optons pour la qualité plutôt que la quantité.

---

68. « Vous faites quoi au printemps ? », Marie-Claude Gagnon et Corinne Detandt, *Elle Québec*.

11. **Faire silence et réfléchir,** au son de la programmation spéciale de l'Espace musique à la radio de Radio-Canada ou en écoutant le Stabat Mater. On renouvelle ainsi la tradition de «faire ses Pâques», soit la communion pendant la période pascale, impliquant du point de vue religieux une sorte d'inventaire moral.

12. **L'arbre de Pâques.** Maryse raconte un souvenir qu'elle chérit : «Lorsque j'étais enfant, mes grands-parents paternels préparaient un arbre de Pâques au début du carême. Au fil des semaines, ils le décoraient avec des chocolats, des guirlandes de maïs soufflé, des figurines de poussin et de canard, sans compter les bourgeons qui éclosaient sous nos yeux. Mes cousins et moi, on se faisait une joie d'admirer cet arbre, objet de nos tentations. Après le repas de Pâques, ma grand-mère nous donnait l'accord pour nous régaler dans l'arbre. Après notre passage, l'arbre n'était plus, mais quel plaisir nous avions! Je me suis toujours promis de poursuivre cette tradition lorsque j'aurais des enfants. Maintenant maman de deux garçons, dont l'aîné a deux ans et demi, je compte bien mettre mon projet à exécution cette année!»

13. **Chasse aux œufs de Pâques.** Depuis près de cinq ans, Serge organise la traditionnelle chasse aux œufs de Pâques pour ses trois enfants : «Je leur remets une feuille sur laquelle est inscrit le premier indice, qui les mène au premier coco en chocolat. Ils y trouvent leur second indice pour le deuxième coco, et ainsi de suite jusqu'à la découverte du plus gros chocolat. Comme mes enfants me le demandent chaque année, je dois rivaliser d'imagination pour trouver de nouveaux indices… et de nouvelles cachettes!» La Société des timbres de Pâques, un organisme qui vient en aide aux enfants handicapés, organise chaque année une gigantesque chasse aux cocos.

Comment la date de Pâques est-elle fixée?

Depuis le concile de Nicée, en l'an 325, on célèbre Pâques le premier dimanche qui suit la pleine lune, après l'équinoxe du printemps (entre le 22 mars et le 25 avril du calendrier grégorien). Autrefois, les fêtes de Pâques duraient une semaine complète, débutant par le dimanche des Rameaux et comprenant le Jeudi saint (qui évoque le dernier repas du Christ avec ses apôtres) et le Vendredi saint (qui rappelle le supplice du Christ et sa crucifixion). En ce jour, de nombreux catholiques, partout dans le monde, se livrent à des processions appelées chemins de croix. Le lundi de Pâques, jour férié et chômé dans de nombreux pays, est prétexte à de nombreux rites et traditions populaires.

Quelques symboles de Pâques... démystifiés!

Le livre de Pâques (Françoise Lebrun, Éditions Robert Laffont, 1986), riche en histoire, explore à fond les différentes traditions bibliques selon qu'on célèbre les Pâques chrétiennes ou la Pâque des Hébreux. Voici ce que cet intéressant livre raconte sur ces symboles de Pâques à travers le monde :

- **Les œufs de Pâques : symbole de la vie, de la fécondité, du renouveau et de la perfection.** L'Église interdisant la consommation d'œufs pendant le carême, on en accumulait alors de grandes réserves, qu'on donnait aux enfants. On en fit même des cadeaux amusants en les teignant ou en les entourant de figurines ou de devises. La décoration des œufs atteint un sommet dans les pays de l'Est, notamment en Ukraine. Les œufs coloriés étaient déjà connus chez les Chinois et chez les Égyptiens de l'époque pharaonique. En Perse, la fête du Nouvel An, au printemps, s'appelle la fête de l'œuf rouge. En Grèce, le Jeudi saint est surnommé Jeudi rouge, puisque ce jour-là les œufs de Pâques sont teints de cette couleur riche symbolisant le sang, l'amour et la victoire.

- **Le lapin apportant des œufs proviendrait d'une légende allemande.** Une femme, trop pauvre pour acheter des friandises à ses enfants, peignit des œufs de toutes les couleurs, les plaça dans des nids d'herbes et de brindilles et invita ses enfants à aller chercher leurs surprises dans le jardin. Au moment où ils parcouraient le jardin à la recherche des cadeaux, un lapin sauta d'un nid, et l'un des enfants s'écria : « Le lapin a laissé des œufs peints pour notre surprise de Pâques! »

- **Le chocolat.** Depuis la nuit des temps, une mystérieuse chasse aux trésors s'organise au petit matin de Pâques : en revenant de Rome, les cloches répandent, dans tous les jardins, œufs, cloches, cocottes et autres gourmandises en chocolat. Aujourd'hui, les œufs de Pâques, beaucoup plus gros et délicieux, sont en chocolat. Cette tradition, présente dans de nombreux pays, est relativement récente. Les moulages en chocolat ont fait leur apparition durant la première moitié du XIXe siècle.

- **Des gâteaux... en forme d'agneau!** En Alsace, on avait coutume de manger des gâteaux cuits dans des moules en forme d'agneau. L'agneau pascal, symbolisant l'innocence, la douceur et la victime innocente, est au menu de bien des populations, tout comme le porc (plus communément le jambon).

- **L'eau, symbole de régénération et de purification.** La tradition de la cueillette de l'eau de Pâques dans un cours d'eau, avant l'aube, est encore vivante dans bien des familles.

- **Les colombes de Pâques.** Bien des légendes entourent la Colomba (colombe). L'une d'elles raconte que tout de suite après Pâques, lors de la bataille de Legnano, les Milanais qui se battaient contre Barberousse virent le combat tourner à leur avantage lorsque trois colombes s'envolèrent d'une église. La légende poursuit en racontant que, depuis ce temps, les Milanais se remémorent cet événement en mangeant des gâteaux en forme de colombe, qu'on se procure dans les boulangeries italiennes. Partout dans le monde, la Colomba est synonyme de bonnes nouvelles et termine le repas de Pâques dans la joie.

- **Des vêtements neufs pour Pâques.** Dans un charmant film de Charles Walters, *Easter Parade*, Judy Garland et Fred Astaire participent au défilé annuel spontané des élégants de la 5e Avenue, à New York, paradant en beaux vêtements et chapeaux fleuris.

Lavez, lavez...

Le lundi de Pâques était appelé «lundi-jette-à-l'eau» chez les Hongrois d'antan. On lavait tout! L'équivalent de notre grand ménage du printemps? L'aspersion du lundi était censée chasser les démons et les mauvais esprits, conjurer la maladie, assurer la fécondité des femmes et des bêtes, et la fertilité des terres. Les jeunes gens allaient chercher les jeunes filles, les amenaient au puits et leur jetaient des seaux d'eau. Dans d'autres régions, ils se rendaient dans les maisons où habitaient des jeunes filles et arrosaient toutes les femmes de la maison. L'eau du puits a été remplacée par de l'eau parfumée. En Pologne, les jours de l'eau étaient le lundi pour les hommes et le mardi pour les femmes. On allait même jusqu'à jeter les gens dans un étang ou une rivière. Selon la coutume, les femmes se groupaient à plusieurs pour jeter les hommes à l'eau.

Source : *Le livre de Pâques*, Françoise Lebrun, Éditions Robert Laffont, 1986, 170 p.

10.3 *Fête des Mères*

Bien sûr, les fleurs, le brunch familial ou le petit-déjeuner au lit (pas trop tôt !) sont des classiques. On souhaite renouveler le genre ? Voici quelques idées pour remercier maman ou se laisser gâter si la fête nous concerne également. Papas, faites aller votre imagination. Les nouvelles mères seront particulièrement heureuses qu'on les célèbre en ce jour… et pas seulement belle-maman !

Dix-sept suggestions pour fêter maman

1. **Accompagner maman à son activité préférée** ou lui faire découvrir de nouveaux horizons. Elle aime le bingo ou le bowling ? On y va avec elle. On peut aller voir une exposition au musée, aller au cinéma, au café-céramique, faire un tour guidé en autobus.

2. **Vive les annuelles !** On se rend au centre de jardinage pour acheter nos annuelles et on fait un rallye de plantation : tantôt chez elle, tantôt chez nous.

3. **Le rituel du thé.** Rendez-vous dans un salon de thé, qui fait honneur à ce breuvage réconfortant, qu'il soit servi à l'anglaise, à l'orientale, à l'indienne ou façon *bubble tea*.

4. **Un pique-nique au parc, s'il fait beau.** On prépare des petits plats savoureux (ou on passe acheter son plat préféré), on apporte une belle nappe et on ouvre le premier rosé de l'année.

5. **Une tournée des antiquaires.** On va chiner avec maman et on parcourt les petites boutiques d'artisanat. Elle a un coup de cœur ? Ce sera son cadeau.

6. **Une journée au spa.** Voilà un cadeau qu'apprécieront la plupart des mères : massage, soins de la peau, manucure, pédicure (à temps pour les sandales d'été !). Si on peut s'offrir ce petit luxe, proposons à d'autres mamans de passer la journée avec nous.

7. **Un repas composé de nos classiques d'enfance.** Ex. : soupe poulet et nouilles, poulet rôti, tarte aux pommes.

8. **Le brunch… exotique.** Si on maintient l'idée du brunch, varions le genre. Découvrons le dim sum, dans le quartier chinois, ou essayons un restaurant libanais, indien, pakistanais, japonais, tibétain. Certains petits traiteurs ethniques feront voyager nos papilles à la maison. Parfait pour une maman qui aime découvrir de nouvelles saveurs.

9. **Souvenirs, souvenirs.** On ouvre les albums photos et on se paie une petite virée dans le passé. Si on a des vidéos de famille ou des diapositives, c'est le temps de les sortir. On demande à notre mère de raconter notre naissance, quel genre d'enfant on était, nos bons et nos mauvais coups (ça intéressera nos enfants!). On fait de même pour nos enfants.

10. **On prend la plume.** On écrit une lettre pour chacun de nos enfants, qu'on leur remettra au moment où ils deviendront à leur tour des parents. On peut aussi commencer un journal d'anecdotes, que l'on remplira chaque mois ou chaque trimestre.

11. **Réunies autour d'une nouvelle maman.** On crée un «cercle de maternité» pour soutenir une nouvelle mère en lui transmettant, à tour de rôle, notre meilleur conseil. Chaque maman invitée peut présenter un vidéo ou des photos de son enfant et dire son bonheur d'être mère.

12. **Ça pousse, nos jeunes pousses!** À chaque année, on trace le contour des mains de nos enfants dans un «scrapbook», avec la date. Un repère visuel éloquent!

13. **Une séance de photos.** C'est le temps de prendre une photo avec grand-maman, maman et les petits-enfants.

14 **Parfois, fêter, c'est libérer la maison!** Plusieurs mamans apprécieront qu'on leur laisse la maison pour flâner à leur guise. Avant de partir, on lui fait couler un bon bain moussant odorant, on lui prépare un café aromatisé et son dîner, qu'elle n'aura plus qu'à réchauffer. Pendant qu'elle se repose dans la mousse, on prépare un lit douillet, avec ses magazines favoris étalés ou un nouveau livre qu'elle souhaitait lire, des petits trucs à grignoter, un nouveau disque glissé dans son baladeur.

15. **Maman n'est plus parmi nous?** On se recueille sur sa tombe ou au columbarium et on couche sur papier ce qu'elle nous a appris, ce qu'on souhaiterait à notre tour transmettre à nos enfants. On peut faire un don à une organisation que maman appuyait ou à un organisme qui aide les mères et les enfants.

16. **Pour maman qui est au loin**, pourquoi pas un petit témoignage sur cassette audio ou vidéo ? Rappelez-vous l'émotion de Rémi dans *Les invasions barbares* lorsque sa fille lui envoie un fichier vidéo par courriel !

17. **Des cadeaux chouettes** : un chèque-cadeau pour un cours ou une activité de son choix ; une annonce dans le journal pour sa première fête des Mères ; un bijou avec la pierre de naissance des enfants ; un chèque-cadeau pour un massage ou une tournée dans une librairie (sans les enfants !) ; un ménage du printemps ou le lavage des vitres ; des livres-cassettes ou CD si sa vue faiblit ; un abonnement à un magazine ou à un service mensuel de livraison de fleurs ; un livre qui parle du rôle des mères, par exemple *Ma mère et moi*, cosigné par Louise, Hélène, Isabelle et Marc Poissant (ce dernier étant connu sous le nom de Marc Fisher) ou *Lettre à une mère*, de René Frydman, gynécologue et « homme-cigogne », comme il se définit lui-même. Bien sûr, toutes les mamans apprécient que leurs chérubins leur fabriquent une carte de souhaits, un bricolage ou des bons pour des petits services. Un dernier conseil : le parfum et les produits de bain, c'est comme la cravate pour papa ! Variez un peu… et laissez faire les électroménagers !

Qui est la mère de la fête des Mères ?

Les premières célébrations de la fête des Mères que l'on puisse retracer dans l'histoire remontent aux célébrations printanières, dans la Grèce antique, honorant Rhéa, la mère des Dieux. Au cours du XVIIᵉ siècle, l'Angleterre introduisit une journée nommée « le dimanche des Mères » […] Avec la progression du christianisme en Europe, la célébration se modifia pour honorer « notre Mère l'Église ».

En Amérique du Nord, Julia Ward Howe, qui écrivit l'hymne de bataille de la République, suggéra que la première fête des Mères soit une journée consacrée à la paix. En 1907, Ana Jarvis et ses partisans de Philadelphie commencèrent une campagne pour l'établissement d'une journée nationale de la fête des Mères. En 1911, l'occasion était célébrée à la grandeur des États-Unis. En 1914, le président Woodrow Wilson proclama la fête des Mères une fête nationale célébrée le deuxième dimanche de mai. Cependant, les habitants de plusieurs pays du monde fêtent leurs mamans à d'autres moments de l'année.

Source : www.carltoncards.ca

10.4 Autres temps forts du printemps

1er avril : Poisson d'avril !

On fête quoi ?

L'origine de cette fête serait associée au changement de date du Nouvel An. Ainsi, jusqu'en 1564, le 1er avril marquait le premier jour de l'année civile. Après que Charles IX a déplacé la date du Nouvel An au 1er janvier, plusieurs continuèrent à offrir des étrennes le 1er avril, ce qui aurait occasionné les farces, faux cadeaux et cadeaux pour rire. D'accord pour les blagues et les tours joués le 1er avril, mais quel rapport avec le poisson ? Trois hypothèses : 1) le 1er avril, pendant la période du frai dans certains pays d'Europe, la pêche est interdite ; 2) le 1er avril, on sort du signe du zodiaque des Poissons (signe qui marque la fin de l'hiver et se situe juste avant l'équinoxe du printemps) ; 3) le poisson du carême, période de pénitence et de jeûne d'une durée de 40 jours pendant laquelle, privés de viande, on en voyait dans sa soupe ! Dans le calendrier chrétien, il n'est pas rare que le 1er avril se situe pendant le carême, et quoi de mieux que du poisson pour manger maigre !

Quoi faire ?

Pour célébrer la « fête des farces », certains y vont de leurs meilleures blagues, de coups pendables ou encore collent des petits poissons de papier dans le dos des copains. Si vous manquez d'idées, Internet vous livrera son lot de moqueries. C'est la journée pour se payer la tête des gens trop coincés et des situations qui nous font tourner en bourrique. Bref, l'occasion de lâcher son fou. Parlez-en à François Yo Gourd (qui se décrit comme un foulosophe et un niaisologue patenté), qui organise ce jour-là son Symfolium, un pied de nez au sérieux et un faire-valoir de la dérision.

Et si on prolongeait la journée de la rigolade avec notre meilleure recette de… poisson ? À l'apéro, chacun porte un toast en racontant la fois où il a eu l'air le plus fou. On se paye la traite ensuite avec un festival de films comiques. Si l'on n'a pas l'âme d'un farceur, on se fie aux monstres de l'humour pour dérider nos invités. Une idée, tiens : l'anthologie de Rock et Belles Oreilles ou les CD d'Yvon Deschamps. Du bonbon pour les nostalgiques et un style caustique à faire découvrir aux plus jeunes. Comme centre de table ? Un petit aquarium dans lequel nagent quelques poissons rouges ou des friandises à la gelée en forme de poisson (*jellyfish*).

1er mai : *La fête internationale des travailleurs et la fête du mai (le muguet)*

Dans le film français *Les enfants du marais*, Garris et Riton chantent le mai dans le voisinage et vendent du muguet au marché. Le mai désigne un arbre ou un bouquet arrangé en signe d'amour ou d'honneur. Cette coutume française est à peu près disparue de nos jours. Quant à la coutume d'offrir une branche de muguet comme porte-bonheur, elle remonte au début du XXe siècle dans la région parisienne. Selon la coutume, on offre un brin de muguet à ceux qu'on aime en espérant qu'il portera bonheur jusqu'au 1er mai suivant.

Pour les catholiques, mai est le mois de Marie, durant lequel on fait des dévotions à la Vierge, tous les soirs, une pratique autrefois courante au Québec. On se rendait à l'église, à la croix du chemin ou dans les écoles de rang pour prier, chanter et réciter son chapelet au pied de la statue de la Vierge ornée d'une couronne de fleurs.

Le 1er mai, c'est aussi la Journée internationale des travailleurs et des travailleuses, soulignée par diverses manifestations et défilés à travers le monde. On commémore, entre autres, la journée de travail de huit heures, et la fête rappelle de nombreuses luttes ouvrières pour améliorer les conditions d'emploi.

15 mai : *Journée internationale de la famille*

La famille est la cellule de base de la société, affirme l'Assemblée générale des Nations Unies dans la résolution qui créait, en 1993, la Journée internationale de la famille. Au Québec, on célèbre le 10e anniversaire de la Semaine québécoise des familles du 9 au 15 mai 2005. On se renseigne sur les activités à l'adresse suivante : www.sqf.qc.ca et on adopte un nouveau rituel familial en consultant la section 8.1.

Journée nationale des Patriotes (le lundi précédant le 25 mai)

On fête quoi ?

C'est un jour férié qui remplace, depuis 2002, la fête de Dollard ou, ailleurs au Canada, la fête de la Reine. La Journée nationale des Patriotes souligne la lutte des Patriotes de 1837 pour l'obtention d'un gouvernement démocratique.

Quoi faire ?

- **Louer un film historique avec les enfants** (ex. : *15 février 1839*, de Pierre Falardeau ; *Louis-Joseph Papineau, le demi-dieu*, de Louis-Georges Carrier ; *Quand je serai parti, vous vivrez encore*, de Michel Brault) et discuter de cette période avec eux.

- **Si on habite dans la région de Montréal**, on fait un tour au Musée David-M. Stewart au fort de l'île Sainte-Hélène, à la Maison nationale des Patriotes à Saint-Denis-sur-Richelieu, au Musée de Saint-Eustache et de ses Patriotes, etc.

- **Fureter sur le site Les Patriotes :** http://cgi2.cvm.qc.ca/glaporte/index.shtml, qui regorge d'activités organisées en ce jour et présente un diaporama instructif.

« ... *Et les terrasses se sont remplies.*
Et les gens sont épanouis.
Comme des oiseaux sortis du nid... »
Printemps-été, Jean Leloup

Il fait beau, il fait chaud! Les enfants qui piaillent dans les ruelles et les parcs, les voisins qui causent sur leur terrasse, le fumet alléchant d'un barbecue, le « splouch » des piscines, autant de signes que l'été s'installe.

On relaxe le tempo, on prend le temps de vivre un peu plus et on expose l'extraverti qui est en nous! L'optimisme est au zénith, tout comme le soleil.

11.1 *Nos rituels de la belle saison*

- **Que serait l'été sans le barbecue?** Faire tourner un hamburger sur le gril, accompagné d'une salade croquante et d'un petit verre de rosé, quel bonheur! Et les poissons frais, les grillades, les saucisses, le homard (une folie!), les fraises, le melon d'eau... Je salive déjà! Pour organiser un barbecue ou une fête extérieure, voyez nos conseils au chapitre 14.

- **Plaisirs glacés.** La file qui se forme à la crèmerie près de chez moi célèbre le retour du beau temps. Et que dire des « popsicle », qu'adorent petits... et grands!

- **Pique-nique.** Partout dans les parcs, on voit des familles partager un repas sans façon autour d'une nappe à carreaux. Dans certains parcs fréquentés par des gens de toutes cultures, on a droit à un appétissant tour du monde en « odoramat », avec musique ethnique à l'appui.

- **L'école est finie!** Vous rappelez-vous de la petite ritournelle *Vive les vacances, au diable les pénitences...*? En nettoyant notre pupitre, le dernier jour d'école, on tirait un trait sur cette année scolaire, et les vacances pouvaient enfin commencer. Camp d'été, camp de jour ou à la maison, c'était le début de nouvelles aventures.

- **Bal des finissants.** Pour d'autres, c'est la grande école qui se termine, avec l'obtention d'un diplôme secondaire, collégial ou universitaire. On en parle au chapitre 13.

- **Veiller sur le perron.** Notre Dodo nationale n'a-t-elle pas connu ses premiers succès avec cette chanson de Camille Andréa (*Sur le perron*)? De nos jours, c'est davantage dans la cour arrière qu'on étire la soirée. Et on a parlé des terrasses qu'on envahit dès le printemps, n'est-ce pas?

 Les vendredis « open » sur la terrasse
Geneviève a passé le mot aux amis : chaque vendredi soir d'été, ils peuvent débarquer n'importe quand. Ils n'ont qu'à apporter leurs consommations et de quoi réjouir le barbecue alors que Geneviève et son conjoint préparent du riz et une salade. Voilà l'occasion idéale pour inviter à prendre un verre des gens qu'on aimerait mieux connaître, si on n'a pas le temps de préparer tout un souper.

- **La saison des déménagements.** Au Québec, le 1ᵉʳ juillet, on se livre à notre sport national après le hockey : le déménagement! C'est toutefois une tradition récente : avant 1974, la date d'expiration d'un bail était le 1ᵉʳ mai. Et qui dit déménagement dit pendaison de crémaillère. On retrouve au chapitre 14 des conseils pour faire découvrir notre nouvelle demeure aux amis.

- **Festivalons, festivalez.** Partout au Québec, c'est la saison des festivals et des grands événements : Festival international de jazz de Montréal ; Juste pour rire ; Tour de l'île ; FrancoFolies ; Grand Prix du Canada ; Festival d'été de Québec ; FestiBlues ; Festival international de la galette de sarrasin ; Festival des montgolfières ; Mondial des Cultures ; Régates internationales de Valleyfield ; Festival des films du monde ; fêtes gourmandes et feux d'artifice un peu partout, etc. La nomenclature s'allonge comme les belles soirées d'été. Pas une ville n'échappe au besoin de fêter : profitons-en! Un calendrier est disponible en cliquant sur www.attractionsquebec.qc.ca.

- **Barboter dans l'eau.** C'est toujours curieux de voir tous ces ronds bleus, du hublot d'un avion, dans une province où il fait chaud si peu longtemps. Les piscines municipales sont prises d'assaut, comme le raconte le défunt groupe Zébulon dans *Y fait chaud* : « À' piscine Laurier, Y a une file d'attente d'une heure ». Et les bambins qui barbotent dans leur petite piscine de plastique ou qui nous harcèlent pour aller aux glissades d'eau. Enfin, que dire de l'eau fraîche d'un lac? Tonifiante à souhait!

- **C'est le temps des vacances!** La plupart d'entre nous choisissent la belle saison pour prendre du repos, avec une pointe pendant les deux dernières semaines de juillet, associées aux vacances de la construction. On (re)découvre le Québec ou les vieux pays, on coule des jours tranquilles au chalet, on fait griller des guimauves autour d'un feu de camp en camping, etc. Proposons aux enfants de tenir un journal des vacances, en leur fournissant un « scrapbook » et un appareil photo.

- **Bonjour voisin!** Encabanés tout l'hiver, c'est à peine si on a vu nos voisins. Parfois, c'est tant mieux. Mais, d'autres fois, on passe à côté de gens formidables avec qui créer une véritable communauté. C'est souvent l'été qu'on laisse de côté notre petite gêne pour se présenter enfin. Au chapitre 8, des idées pour célébrer avec ceux qui partagent le même pâté de maison.

- **Sports d'été.** Vélo, patins à roues alignées, golf, canot, kayak, natation, voilier, planche à voile, marche, trekking, camping, escalade, pêche, les choix sont vastes pour profiter du beau temps !

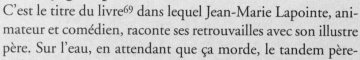

Mon voyage de pêche

C'est le titre du livre[69] dans lequel Jean-Marie Lapointe, animateur et comédien, raconte ses retrouvailles avec son illustre père. Sur l'eau, en attendant que ça morde, le tandem père-fils a pu se dire « les vraies affaires » et faire la paix. Quant à Alfred, son frère et ses amis, le plaisir est au programme pour ce rituel sportif de la Saint-Jean-Baptiste.

- **Lectures d'été.** Arpenter les librairies à la recherche du compagnon de voyage idéal est un plaisir inouï. Polar, roman, biographie ou… l'ensemble de ces réponses ?

- **Viva la playa !** Lorsque j'étais enfant, nous allions chaque année à la même plage et, au retour, nous arrêtions manger une « patate frite ».

- **Hamac, quand tu nous tiens !** À l'inverse des activités trépidantes, le hamac est l'endroit par excellence où se laisser dériver. On a l'impression de mettre la pédale douce côté projets, mais pourtant, en sourdine, les réflexions émergent, trouvent leur place.

- **Ça pousse, ça pousse.** L'exubérance des marchés publics (ah, les tomates gorgées de soleil !) ; l'odeur des fines herbes, promesse de mille délices ; nos plantes qui grimpent à vue d'œil : l'été, la nature rejaillit ! De mon balcon qui surplombait un jardin communautaire, il faisait bon observer, une bière froide à la main, les jardiniers chouchouter leurs plants et remplir leurs paniers d'osier.

- **Et quoi encore ?** Le cinéparc, les « blockbusters » de l'été, les ventes trottoir, les klaxons des autos après un match de l'Euro, s'habiller d'un rien (enfin, presque, on n'a plus 20 ans…), la cueillette de petits fruits ou les kiosques de fraises le long de la route.

- **Épluchons ensemble !** Pour clore l'été en beauté, quoi de mieux qu'une épluchette de blé d'Inde !

69. *Mon voyage de pêche*, Jean-Marie Lapointe, Éditions Stanké, 1999.

D'où vient l'épluchette de blé d'Inde?

Jusqu'à tout récemment, l'épluchette de blé d'Inde couronnait la fin des récoltes. Avec les parents, voisins et amis, on épluchait les épis afin de se constituer des réserves de maïs pour l'hiver. La corvée était prétexte à des réjouissances, d'autant plus que pour les jeunes gens c'était surtout une occasion de rencontres. Celui ou celle qui découvrait un épi rouge avait droit à un baiser de l'élu(e) de son cœur! Quant à l'appellation «blé d'Inde», elle tire son origine de l'erreur de Christophe Colomb qui, cherchant la route des Indes, accosta en Amérique. À la vue de cette plante, il crut découvrir une nouvelle espèce de céréale.

La JamPluchette

Depuis 1995, Dominic et Nathalie organisent la JamPluchette, un événement annuel qui combine jam-party et épluchette de blé d'Inde. Vers la troisième semaine du mois d'août, plus de 200 personnes se réunissent dans leur coin de pays, en Estrie. http://membres.lycos.fr/jampluchette

Fêter le solstice d'été

- **Préparer un repas spécial** pour souligner la fin de l'année scolaire et le début des vacances.

- **Organiser un 5 à 7** pour jaser de nos projets estivaux.

- **Organiser un week-end *Survivor* au camping** (on se réunit quelques familles et on crée des épreuves tribales).

- **Participer à la Journée de la lenteur,** qui propose des «inactivités» au parc Lafontaine, à Montréal. Organisée par le mouvement des Lents d'Amérique, ce non-événement nous incite à ralentir la cadence. Pas besoin de se rendre sur place : rêvasser, ça se fait partout! Et si on est au boulot ce jour-là, sortons au moins prendre l'air sur l'heure du dîner!

- **Faire... de la musique.** Lancée en France il y a 20 ans, la Fête de la musique a déjà conquis 110 pays à partir d'un concept simple : une manifestation spontanée où musiciens, amateurs et professionnels s'emparent de la rue pour y porter leur passion[70]. Au Canada, six villes participaient aux festivités en 2004.

- **Découvrir la riche spiritualité des Premières Nations** et leurs nombreux rituels à l'occasion du Jour national des Autochtones (21 juin). Le Festival Présence Autochtone, à Montréal, lance l'été et, toute l'année, on peut visiter le site traditionnel huron, dans la région de Québec, qui reconstitue un village indien.

Rendez-vous au solstice!

Étienne voit dans le solstice d'été une excellente excuse pour fêter entre amis : «Nous avons disposé deux barbecues dans la cour et on a projeté des images de la nature sur un mur extérieur.» Une expérience qu'il répète désormais au solstice d'hiver et aux équinoxes d'automne et du printemps.

11.2 *Saint-Jean-Baptiste*

Pour symboliser la lumière qui est à son apogée le 21 juin, on a longtemps célébré le solstice d'été par des feux de joie. De nos jours, on les associe plus spontanément à la Saint-Jean-Baptiste. Cette fête, célébrée le 24 juin, est riche en rituels de toutes sortes : défilé, feux de joie, drapeaux. Partout dans les parcs, on s'amuse et on chante! Plusieurs bars présentent aussi des chansonniers et certains s'en font une spécialité à l'année. On préfère fêter à la maison? Quelques idées :

- **La Saint-Jean… en simultané.** On invite les amis à la maison pour écouter le spectacle musical de la Saint-Jean diffusé à la télévision et retransmis à la radio.

- **Le terroir québécois, à découvrir.** On prépare un buffet de produits du terroir québécois (on peut demander aux invités de contribuer). Une visite dans une épicerie fine, au Marché des saveurs (marché Jean-

---

70. Extrait du site www.fetedelamusique.ca.

Talon, à Montréal) ou dans l'un des Relais du Terroir répartis à travers la province devrait nous aider à remplir notre panier (fromages, pain, pâtés, cidre de glace, chocolats fins, bières artisanales, etc.). On peut s'attabler à l'une des nombreuses tables champêtres, qui mettent en valeur les produits frais du terroir. (Voir le site de la Fédération des Agricotours du Québec : www.agricotours.qc.ca.

- **Bébé jajou la toune, comme dirait Dubois.** Un jam? Pourquoi pas? Si on a quelques musiciens dans la famille, c'est le temps de sortir guitare, harmonica et cuillère en bois.

- **Le meilleur discours patriotique.** On se prend pour De Gaulle (*Vive le Québec libre!*) et on improvise un discours qui rend hommage au Québec. Après quelques bières fabriquées au Québec, ça peut devenir franchement drôle!

- **Découvrir de nouveaux talents.** Chacun apporte un CD de sa dernière découverte, son dernier coup de cœur musical québécois, sans oublier les bons vieux classiques de la Saint-Jean (Charlebois et compagnie)! Les compilations de chansons québécoises trouvent ce jour-là toute leur utilité.

Le site officiel de la fête nationale : www.fetenationale.qc.ca.

 Du solstice à la Saint-Jean-Baptiste
La Saint-Jean-Baptiste a d'abord été une fête païenne, puis une fête religieuse et, de nos jours, une fête patriotique.

Si la fleur de lys est aujourd'hui l'emblème de cette fête nationale, ce n'était pas le cas autrefois car, dans la France catholique de Clovis, on célébrait plutôt la naissance de Jean-Baptiste, le cousin de Jésus qui l'a baptisé. Comme ce fut le cas avec Noël, l'Église catholique est donc à l'origine du glissement de la fête païenne du 21 juin (solstice d'été) vers la Saint-Jean-Baptiste, fête chrétienne célébrée le 24 juin. La coutume d'allumer des feux à la Saint-Jean est sans doute un rappel des rites de purification du sol associés au soleil, élément régulateur des saisons. Cette fête importée par nos ancêtres a connu une seconde évolution alors que, le 24 juin 1834, l'éditeur Ludger Duvernay organisa un banquet pour discuter de l'avenir du peuple québécois, alors appelé canadien-français. En 1925, le 24 juin est déclaré congé férié et, en 1977, cette date devient officiellement celle de notre fête nationale. Quant au fleurdelisé, il est le drapeau du Québec depuis le 21 janvier 1948.

11.3 Fête des Pères

La cravate est le symbole par excellence de la fête des Pères, et le barbecue est un classique dans bien des familles. Y a-t-il moyen de célébrer papa avec plus d'originalité? Voici quelques idées pour faire plaisir à notre père ou notre conjoint. On peut aussi zieuter du côté de la fête des Mères pour d'autres idées.

Dix suggestions pour fêter papa

1. **Partie de pêche, de golf ou de curling.** On accompagne papa à son activité préférée ou on lui fait découvrir de nouveaux horizons. Papa énergique? Pourquoi pas le go-kart, le paint-ball, l'escalade (intérieure ou extérieure) ou les courses de chevaux? Papa culturel? On visite un musée, on se fait un ciné, on prend part à un tour guidé.

2. **Tu te rappelles qu'on allait là, papa?** On amène papa à un endroit où on allait avec lui, étant enfant : aller voir les avions décoller, voir un film IMAX, faire une promenade en forêt. Pour ma part, j'achèterai deux billets pour *Les grands explorateurs*, en rappel de ces soirées privilégiées que nous passions mon père et moi alors que j'étais adolescente.

3. **Le tour du monde… des papilles gustatives.** On vérifie auprès de notre mère ou de sa conjointe s'il y a un restaurant qu'il aimerait découvrir. S'il est un brin aventureux, on sort des sentiers battus : dim sum (mon père a adoré!), indien, pakistanais, japonais, tibétain. Certains petits traiteurs ethniques nous feront voyager les papilles à la maison.

4. **Un pique-nique au parc, s'il fait beau.** On prépare son plat préféré (ou on achète des aliments tout apprêtés), on apporte une belle nappe et on ouvre une bonne bouteille en l'honneur de papa.

5. **Réunir papa… et grand-papa.** S'il est encore parmi nous, c'est l'occasion d'inviter grand-papa. On lui demande de nous raconter quelques coups pendables de notre paternel, pour rire un peu. On en profite pour faire une belle photo de famille. Si ça nous dit, on peut montrer le temps qui passe en tenant une petite affiche indiquant *Fête des pères 2004*, qu'on change à chaque année. Si on dispose d'une caméra vidéo ou qu'on peut en emprunter une, c'est le moment de fixer sur pellicule

cette rencontre, surtout si grand-papa est très âgé (ne plus se souvenir de la voix d'un proche décédé, c'est d'une tristesse!).

6. **Montage photo.** Dans un album, on réunit des photos de notre père avec nous à différents âges (et avec nos petits-enfants s'il y a lieu) ou encore de notre conjoint et nos enfants. On choisit des clichés qui présentent des moments significatifs, qu'on peut commenter par une petite légende en dessous ou avec une bulle de papier posée par-dessus. S'il est féru de technologie, on fait transférer les photos sur un CD, qu'il pourra regarder sur son lecteur DVD. On est habile avec l'informatique? On conçoit une étiquette et un boîtier personnalisé pour le CD. Un nouveau papa appréciera certainement qu'on fasse encadrer une photo de lui avec fillette ou fiston, qu'il pourra apporter au boulot s'il travaille dans un bureau. La tasse à café ou le tapis de souris sont d'autres options qu'offrent la plupart des centres de photos.

7. **« Donnez-moi des roses », chantait Fernand Gignac.** Puisqu'il semblerait que la rose soit le symbole officiel de la fête des Pères, fleurissons papa! On choisit la rouge si papa est vivant, et la blanche s'il est décédé. Ce peut aussi être un rosier s'il dispose d'un terrain. Bien sûr, si le jardinage et lui font mauvais ménage, on oublie ça!

8. **Papa n'est plus parmi nous?** On se recueille sur sa tombe ou au columbarium, on apporte notre rose blanche et on couche sur papier ce qu'il nous a appris, ce qu'on souhaiterait à notre tour transmettre à nos enfants. On peut faire un don à un organisme que papa soutenait. Et pour un papa au loin, on pique au film *Les invasions barbares* l'idée du petit vidéo envoyé par courriel ou par la poste.

9. **Un papa peu présent?** On peut aussi fêter un oncle, un beau-père, un mentor, bref, un homme qui a joué un rôle-clé dans notre vie.

10. **Des cadeaux chouettes :** un chèque-cadeau pour une activité à tenter; un livre ou un CD inspirant (si sa vue baisse, on opte pour un livre-cassette); un livre qui parle du rôle des pères ou qu'un jeune papa peut lire à ses enfants (ex. : *Au cinéma avec papa*, Dominique Jolin, Éditions Banjo); un film qui évoque la relation parent-enfant [ex. : *Père et fils; Aime ton père; Kolya* (un papa prêté mais c'est très touchant)]; un abonnement à un magazine de son choix.

Depuis quand fête-t-on papa?

La fête des Pères aurait été célébrée pour la première fois en 1910 à Spokanee, dans l'État de Washington, aux États-Unis. En écoutant le sermon prononcé pendant la fête des Mères, Sonora Smart Dodd pensa qu'il serait bien de reconnaître le travail difficile accompli par son père. Devenu veuf alors que sa femme accouchait de son sixième enfant, Henry (William) Jackson Smart éleva seul la marmaille, chose rare à l'époque. Sonora voulait commémorer sa mémoire le premier dimanche de juin, jour de l'anniversaire de son père, mais le conseil de la ville de Spokanee accepta la motion avec un peu de retard, à l'occasion du troisième dimanche de juin. En 1924, le président Calvin Coolidge inaugura un jour spécial en l'honneur de tous les pères et, en 1966, le président Lyndon B. Johnson décida de célébrer cette fête tous les ans le troisième dimanche de juin. En France, il semblerait que c'est en 1952 que l'on aurait fêté la première fête des Pères officielle.

Selon une autre version, le père de la fête des Pères serait Harry C. Meek, président du Lions Club de Chicago. Il militait pour l'idée d'une journée consacrée aux pères en donnant plusieurs conférences un peu partout aux États-Unis. En 1920, le Lions Club of America lui offrit une montre en or portant l'inscription « Père de la fête des Pères ».

Source : www.carltoncards.ca.

11.4 Autres temps forts de l'été

- **1er juillet.** C'est la fête du Canada. Pour connaître l'historique de la fête et les activités organisées en ce jour à travers la province, on clique sur le site de Celafete (Célébrations Canada) : www.celafete.ca/FR/index.php. En fait, du 21 juin (Journée nationale des Autochtones) au 1er juillet (fête du Canada), en passant par la Journée canadienne du multiculturalisme (27 juin), nous sommes conviés à onze jours de célébrations.

   Pour en savoir plus :
   www.patrimoinecanadien.gc.ca/special/canada/index_f.cfm

- **4 juillet.** C'est au tour des États-Unis de fêter la signature de la Déclaration de l'Indépendance, en 1776. L'occasion de revoir *Né un 4 juillet* ?

- **14 juillet.** Ce sont nos cousins français qui entrent dans la valse des fêtes nationales (depuis 1880).

- **15 août :** l'Assomption. Une autre fête religieuse (aussi appelée Dormition) qui n'est plus célébrée au Québec, alors que c'est encore un jour férié en France. Les processions qui se déroulent encore dans plusieurs pays catholiques soulignent l'élévation miraculeuse et la présence corporelle de la Vierge au ciel après sa mort. Au Québec, nous avons la ville de L'Assomption, la station de métro Assomption, et une rivière du même nom. C'est aussi la fête nationale des Acadiens !

Burning Man : 30 000 personnes dans le désert du Nevada

Chaque année, à la fin du mois d'août, une communauté éphémère se crée autour du rituel *Burning Man*, bien vite consumée. Tout comme le *Man*, cet homme géant fait de bois qu'on fait brûler, dans une atmosphère à mi-chemin entre la contestation politique et les rituels festifs qui procurent identité et communauté[71]. Résurgence moderne de rites païens ?

---

71. Propos de François Gauthier, chercheur et étudiant au doctorat au Département des sciences religieuses à l'UQAM, en entrevue à l'émission *Le cœur à l'été* (Radio-Canada), 11 août 2004.

« C'est en septembre
Que l'on peut vivre pour de vrai »
C'est en septembre, Gilbert Bécaud

Revoilà l'automne, qui nous ramène dans nos quartiers. Après l'éclat de l'été, on s'emmitoufle. On se recroqueville pour couver nos projets. À l'instar des arbres qui rougeoient, l'automne est un temps de maturation et de sagesse, qui favorise l'introspection. On fait le point, on revient à soi. Et on redémarre la machine.

12.1 *Nos rituels de la saison des couleurs*

- **La virée aux pommes**, symbole par excellence de la rentrée. Avant le départ, corvée de feuilles mortes et chocolat chaud !

- **Le « party » de marinades ou de tarte aux pommes avec les amis.** On popote et on papote autour d'une bonne bouteille de rouge. On met en conserve nos récoltes d'été, on fait sécher nos fines herbes et nos tomates, on fait bombance dans les marchés publics.

- **La route des vins.** Voilà une belle sortie d'automne où le rouge est à l'honneur : sur les feuilles... et dans nos verres ! C'est le temps des vendanges dans nos vignobles, l'occasion idéale pour goûter les vins et cidres d'ici. www.vignerons-du-quebec.com

- **Les mijotés.** Basta la salade, la nourriture plus costaude est à l'honneur, réconfortante. Gibier et cassoulet : de quoi se sustenter après une grande marche. L'automne redonne envie de cuisiner.

- **Acheter les fournitures scolaires.** Tous ceux qui ont déjà travaillé avec moi savent que je suis une fan absolue de cahiers et de crayons. Inutile de dire que je hume avec nostalgie les sacs d'école qui fleurent bon le cuir, je guette les nouveautés et je profite des achats de fournitures scolaires pour Simon pour renouveler mes accessoires de bureau. La boîte de Prismacolor évoque, bien sûr, celle qu'on avait... ou qu'on enviait aux autres !

- **La saison culturelle bat son plein.** Les théâtres présentent leur programmation annuelle ; les livres d'automne envahissent les librairies et c'est la saison des salons du livre ; on choisit les nouveautés télé qui divertiront nos soirées. Un peu partout au Québec, il y a des festivals qui mettent la vie culturelle à l'avant-plan : poésie à Trois-Rivières ; contes, légendes et musique en Gaspésie et aux Îles de la Madeleine ; cinéma à Montréal et en Abitibi-Témiscamingue, etc.

- **Cols roulés et pyjama de flanelle.** On range les tissus fluides d'été et on sort les p'tites laines. L'automne, pour moi, c'est enfiler à nouveau mon pantalon de cuir avec un gros chandail crocheté.

- **Allumer un feu de foyer.** Si on a la chance d'avoir un foyer, on a hâte de l'alimenter. On imagine les belles soirées qu'on y passera, pelotonnés avec un petit verre de porto et du parmesan en copeaux.

- **Promenade dans les bois.** Ça sent le frais et la marche est plus agréable que dans la touffeur estivale, bibittes en moins ! Idem pour le camping et le vélo. Les plaisirs de l'été, sans les désagréments ! Les mycologues en herbe y pourchassent le champignon et les chasseurs, le caribou, le cerf et l'original.

- **La symphonie des couleurs.** Le spectacle des arbres rougis est à couper le souffle. On en profite pour participer à l'un des événements axés sur les vendanges et le terroir, comme le festival Saveurs et Couleurs dans les Cantons-de-l'Est ou la fête des moissons de Saint-Joseph-de-Beauce.

- **Les oies des neiges prennent leur envol.** Les voici en halte sur les battures du fleuve Saint-Laurent, avant de filer vers leurs quartiers d'hiver des côtes américaines.

- **La chaleur des bulles.** On renoue avec les bains moussants qu'on avait délaissés au profit des douches rafraîchissantes.

- **Le polar de divan.** À l'automne, je ressors ma doudou de divan, où on s'enveloppera en famille, collés, pour écouter des films. Bonheur!

- **L'été des Indiens.** Entre la fin de septembre et la mi-octobre, après les premiers gels, l'été vient nous faire un dernier coucou, comme le chante Joe Dassin dans sa désormais célèbre chanson. Les terrasses se remplissent à nouveau et les pantalons raccourcissent pendant quelques jours... L'appellation « été des Indiens » viendrait, selon certaines hypothèses, du fait que, durant cette période de chaleur, les Amérindiens en profitaient pour préparer leur campement d'hiver, aller à la chasse et ramasser des provisions[72].

---

72. Réseau de diffusion des archives du Québec (RDAQ), www.rdaq.qc.ca.

12.2 *Célébrons la rentrée scolaire!*

Pour faciliter le passage entre l'été et l'école, organisons une petite fête aux couleurs de la moisson. Une brassée d'idées pour marquer le coup!

- **D'abord, le palmarès des vacances.** Chacun raconte son Top 10 des plus beaux moments et ce qu'il aimerait faire l'été prochain. On partage nos anecdotes avec la parenté : on les invite à la fête ou on met en ligne notre album des meilleures photos de vacances.

- **Préparer un quiz, avec prix de participation.** On s'inspire des habitudes automnales à intégrer (heure du dodo ; routine matinale ; temps prévu pour les devoirs et leçons, les loisirs et les activités parascolaires ; lunchs ; tâches ménagères). Ce peut aussi être un rallye pour trouver les effets scolaires cachés.

- **Faire précéder la petite fête d'un conseil de famille** pour décider des nouvelles règles, s'y engager et installer un « centre de communication familial » (babillard, tableau aimanté). On discute avec les enfants de leurs attentes et de leurs craintes. Pourquoi pas une « cérémonie d'engagement » à la Harry Potter ou se voter un nom de « club » ? La section Chouettes habitudes familiales (chapitre 8) nous dit comment.

- **Déterminer un objectif pour l'année et une récompense.** Inscrire des dates charnières sur un calendrier ou punaiser un tableau de motivation.

- **Invitons grand-maman.** Elle pourra nous jaser du temps où « on marchait une heure pour aller à l'école » ! On peut également partager nos souvenirs avec nos enfants, parler des professeurs qu'on a beaucoup aimés. L'exposition *Sur les bancs d'école en Amérique française*, qui sillonne le pays, sera de retour à Montréal en 2006.

- **Visionner des films qui évoquent** l'école : *La mystérieuse Mademoiselle C, Les Filles de Caleb, La société des poètes disparus, Le club des empereurs, L'école du rock* (léger, léger), *Harry Potter à l'école des sorciers.*

Souris!
Chaque début d'année scolaire, mon père prenait une photo de nous devant la maison, vêtues de notre nouvelle robe. Il nous demandait d'indiquer notre niveau scolaire avec nos doigts : première année, un doigt levé, troisième année, trois doigts levés, etc. Et j'ai perpétué cette tradition avec mon fils Simon, tout comme ma sœur avec sa fille Coralie.

Au menu de la fête

- **Épluchette de « blé d'Inde ».**

- **Un dernier pique-nique.**

- **Repas concocté avec nos marmitons.** Préparons avec eux confitures, marinades ou tartes aux pommes.

- **Sandwichs originaux.** On note les recettes pour les lunchs, histoire de changer de l'éternel jambon-fromage.

- **« Vins et fromages »** (jus de raisin pour les enfants!).

- **Souper ethnique.** Et si on découvrait chaque mois une nouvelle culture ?

Promenades automnales
Mario se remémore les balades de son enfance : « Lorsque j'étais enfant, par un beau dimanche automnal, tout le monde s'engouffrait dans l'automobile. On allait faire, comme on disait alors, un « tour de machine » dans le parc de la Gatineau. Sous un chêne, mes parents mettaient la table pendant que nous jouions à la cachette, à la « tag » ou ramassions des glands. »

12.3 *Action de grâce*

Célébrée le deuxième lundi d'octobre, l'Action de grâce est à l'origine une fête religieuse pour remercier Dieu pour l'abondance des récoltes et la générosité de la nature. Ce lien de dépendance avec la terre nourricière, nous le ressentons avec moins d'acuité que nos ancêtres. Pourtant, il est bon, une fois par année, de s'arrêter pour apprécier cette nourriture qui nous fait vivre et, par extension, les bontés qu'on reçoit, au-delà des ennuis quotidiens et des rebuffades de la vie. Et ça tombe bien, au Québec, c'est un jour férié ! Nous en profiterons pour fêter l'équinoxe de l'automne, qui, entre le 21 et le 24 septembre, souligne officiellement le début de la saison des feuilles.

Depuis quand fête-t-on l'Action de grâce ?

Pour les Celtes et les Slaves, la coutume était liée à la croyance en une mère des semences tandis qu'en France et dans d'autres pays d'Europe, la plus connue des célébrations des moissons se faisait le 11 novembre, jour de la fête de saint Martin. Depuis l'époque de la Nouvelle-France, il y eut au Canada des rites d'Action de grâce célébrés localement pour l'abondance des récoltes, mais aucune journée précise n'y est consacrée avant le XVIIIᵉ siècle. La fête fait son apparition vers les années 1750 en Nouvelle-Écosse où elle est introduite par les Loyalistes. L'Action de grâce sera fêtée de façon aléatoire jusqu'en 1957, où elle est fixée au deuxième lundi d'octobre.

Au Québec, les manifestations autour des moissons sont mieux connues sous le nom de la «grosse gerbe». La dernière gerbe est liée, souvent décorée de fleurs et de rubans, installée au milieu d'une charrette et ramenée à la maison dans une sorte de cortège formé des moissonneurs. Elle est parfois offerte à l'église paroissiale pour décorer lors de la messe de la moisson qui ouvre les festivités.

Et qu'en est-il du *Thanksgiving* des Américains ? Cette fête aurait pour origine la première récolte, en 1621, des pères Pèlerins, ces colons anglais émigrés en Amérique en 1620 à bord du Mayflower. Au contact des Amérindiens, ils apprirent à chasser le gibier (dont le dindon sauvage) et à cultiver le maïs. Et voilà pourquoi on mange de la dinde ce jour-là !

Source : Chroniques «Coutumes et culture», rédigées par une équipe d'ethnologues sous la direction de Martine Roberge, Réseau de diffusion des archives du Québec, www.rdaq.qc.ca.

Quoi faire à l'Action de grâce?

- **La classique dinde de l'Action de grâce.** Dans plusieurs familles, on se réunit pour un souper, dont la vedette est sans contredit la dinde. Bien sûr, on peut aussi apprêter le dindon de manière gastronomique, grâce aux petites coupes désormais offertes sur le marché. Mais présenter une dinde entière, rôtie au four pendant des heures dans son jus, est toujours du plus bel effet. Et avouons-le, la dinde porte en elle toutes les promesses de réconfort.

- **Une fête des moissons.** On se rend au marché public pour profiter de l'exubérance de la nature. Avec les fruits et les légumes de notre panier, on se fricote un petit festin qu'on appréciera avec des gens qui nous sont chers. C'est aussi une journée idéale pour mettre nos récoltes en pots, visiter un vignoble ou une ferme, ou s'abonner à un service de livraison de légumes biologiques.

- **Planter nos bulbes.** Si c'était déjà prévu à notre agenda automnal, pourquoi ne pas le faire en ce jour d'Action de grâce? Ce peut aussi être une journée pour soigner nos plantes et en acheter de nouvelles.

- **Une petite retraite en soi.** Les mains dans la terre, on ne pense à rien ou bien on réfléchit à ce dicton, approprié dans les circonstances : *On récolte ce que l'on sème...* On songe aussi au concept de l'interdépendance, tel qu'exposé dans *L'art du bonheur* du dalaï-lama. D'une façon ou d'une autre, on dépend tous les uns des autres, que ce soit par ce qu'on mange ou ce qu'on porte.

- **Inaugurer un journal de gratitude.** On y inscrit les petits réconforts de la journée, les petits plus qui ont mis du soleil dans notre quotidien. Très utile pour se remonter le moral en période de «lune noire» (comme j'appelle mes mauvais jours). L'animatrice Sophie Durocher raconte, dans *Les bonheurs de Sophie*, que ses cahiers lui ont sauvé la vie dans une période où c'était novembre tous les jours : «Alors, je me suis promis que chaque jour je trouverais cinq raisons de sourire, cinq éclaircies dans les nuages, cinq occasions d'avoir du plaisir. (...) Je suis partie à la chasse au bonheur, comme d'autres vont à la chasse aux papillons. »

- **Remercier quelqu'un qui est important dans notre vie.** À des amis proches, j'ai déjà envoyé une petite carte symbolisant l'arche de Noé et ses animaux essentiels à la poursuite de l'espèce en indiquant qu'ils étaient, eux, nécessaires à la poursuite de mes rêves. Pourquoi ne pas inviter une copine à luncher pour la remercier de ce qu'elle nous a apporté et, surtout, le lui dire?

- **Faire profiter à d'autres de notre talent et de notre chance.** Si on en a les moyens, on pourrait envoyer un don à un organisme pour des gens qui n'ont pas la chance d'avoir ce qu'on a. Une autre option : inaugurer ou s'inscrire à un club de troc. Après tout, de nos jours, le fruit de notre travail n'est pas nécessairement... des fruits et des légumes! Ainsi, on pourrait partager notre talent avec celui des autres.

Mon rituel : faire craquer les feuilles d'automne

Cela a commencé vers mes 13 ans, une lubie de mon père fraîchement divorcé pour nous sensibiliser, à l'occasion de son tour de garde, à l'importance de dire «merci» à l'Action de grâce. Le mont Royal et ses feuilles rougies ont accueilli nos réflexions de gratitude. Un rituel auquel j'essaie de rester fidèle. Cela m'aide à composer avec les renoncements nécessaires, à accepter les cycles de la vie et la maturité que commandent certains projets. Et ce rituel, je le partage parfois avec une vraie amie, avec qui il est possible de marcher en forêt, en silence, plongées dans notre soliloque intérieur. Et d'être bien.

Et la lune d'automne brillera pour moi ce soir...

Les paroles de *Lune d'automne*, de Michel Rivard, nous amènent à penser à la fête chinoise de la lune d'automne (ou fête de la Mi-Automne), qui a lieu le 15e jour du 8e mois du calendrier lunaire. Admirer la pleine lune, allumer des lanternes, manger des fruits et des «gâteaux de lune» font partie des traditions populaires. Si on habite près de Montréal, une visite dans le quartier chinois est de mise, ce jour-là, ou encore au Jardin botanique, pour la magie des lanternes chinoises.

Plusieurs communautés culturelles organisent des fêtes des moissons en cette période.

12.4 *Halloween*

L'Halloween est en voie de dépasser Noël au chapitre des dépenses : costumes, bonbons, décors, de quoi faire frémir notre carte de crédit!

Quoi faire à l'Halloween?

- **Décorer une citrouille.** On fait griller les graines comme collation pendant qu'on accompagne nos petits monstres de maison en maison.

- **Concevoir un décor d'épouvante.** D'année en année, les décors rivalisent d'imagination, certains réalisant de véritables mises en scène lugubres, avec effets visuels et sonores percutants. De 1995 à 2003, la ville de Sainte-Anne-des-Plaines s'est faite le porte-étendard de l'Halloween, en accueillant de 150 000 à 200 000 personnes à son coloré festival.

- **Déguisement et maquillage.** Les enfants sont hantés pendant des mois par «le» costume qui donnera à tous des sueurs froides.

- **Délire de lire.** C'est le temps de sortir nos récits noirs, sinistres et glauques. Et si on organisait un brunch échangiste... de polars? À la section 8.3, Vicki nous dit comment. Avec nos plus jeunes, on peut aussi lire des histoires d'Halloween ou visionner un vidéo (ex. : *L'Halloween de Dora, Benjamin, Bob l'éponge, Razmoket*).

- **Sorties d'Halloween.** Dans plusieurs régions du Québec, des activités sont proposées : on peut apprendre les légendes propres à l'Halloween dans certains musées, fabriquer des masques et des costumes, voir une exposition de citrouilles évidées des plus originales.

- **La tournée des bonbons...** avec d'autres amis. Organisons-nous pour passer l'Halloween avec des amis qui ont aussi des enfants et choisissons le quartier le plus prometteur côté récolte de douceurs. Comme ça, on pourra rattraper quelques conversations pendant que nos enfants remplissent leur sac! Et rappelons à nos enfants de prendre la petite banque orange pour l'UNICEF. Leucan a aussi sa petite boîte pour récolter des dons.

- **La tournée des grands ducs.** De nombreux bars, restaurants (et certains musées) organisent des soirées d'Halloween pour les grands enfants.

- **Soirée d'horreur.** Bien sûr, les films d'horreur sont au menu. Avant de grincer des dents, voici de quoi se mettre... sous la dent : risotto à la courge, crème de citrouille ou tarte à la citrouille (on garde la chair de notre citrouille évidée), petites citrouilles farcies au porc et au persil, sauce à l'orange. Un bon moteur de recherche de recettes nous donnera des idées savoureuses et inspirées. Amusons-nous à baptiser nos plats, par exemple *Escalope de saumon grillée aux cendres de l'enfer et légumes racines* ou *Diabolique longe d'agneau en sarcophage de feuilleté* ou *Infusion sanguine* (tisane).

- *Rocky Horror Picture Show.* Certains cinémas présentent ce film classique « interactif », fournissant grains de riz et autres fournitures. On peut donner rendez-vous aux copains au cinéma ou encore louer le film à la maison… et ramasser ensemble les dégâts!

- **Soirée divinatoire.** La nuit du 31 octobre, qui marquait la fin de l'année celtique, est propice aux prédictions, comme le faisaient autrefois les druides ce soir-là. On connaît presque tous une tante qui tire aux cartes ou au tarot. Invitons-la pour la soirée ou encore recourons aux services d'une voyante. On peut aussi disposer sur la table le jeu de prédictions *Les dés de la destinée* ou un livre qui traite de numérologie. Que l'on croie ou pas à tout ça, le divertissement est garanti!

- **Organiser une soirée** *Meurtre et mystère.* Comme il y a un thème, une intrigue et une ambiance à créer, une soirée *Meurtre et mystère* convient tout à fait à l'Halloween. Voilà une occasion de se costumer et de profiter de notre décor morbide. On se procure habituellement un jeu en magasin, qui contient tout ce qu'il faut pour organiser une soirée divertissante. Chacun de nos convives incarne un suspect, qu'il devra personnifier pendant la soirée. Le but du jeu : découvrir l'assassin! Intéressés par la formule? Voyez au chapitre 14 nos conseils d'organisation.

Références

Pour d'autres idées originales, on consulte Internet et des guides spécialisés sur le sujet, dont :

- *Secrets et mystères d'Halloween*, Philippe Cahen et Laure Carpentier, Grancher, 2001, 250 p.

- *Fêtez Halloween*, Agnès Behar, Bornemann, 1998, 79 p.

Monstres et sorcières, d'où venez-vous ?

Les origines de l'Halloween proviennent de sources païennes dont certains éléments remontent à la mythologie celtique et d'autres, à la mythologie romaine. Au temps des druides, en Europe occidentale, le 31 octobre marquait la fin de l'année. Le Nouvel An celtique coïncidait alors avec le début de l'hiver, le 1er novembre, et on y fêtait Samain, dieu des Morts. Les manifestations autour du 31 octobre sont désignées par le terme Halloween depuis le Moyen Âge chrétien, entre autres par les Irlandais convertis au christianisme à partir des années 300-400. L'expression anglaise est la contraction de *All Hallow's Eve* ou encore, *All Hallow Even*, qui signifie « veille de la Toussaint » ou « vigile de la fête consacrée à tous les saints ». Au Québec, l'origine de la fête remonterait aux années 1920-1930. Elle aurait débuté à Montréal chez les anglophones, de souche probablement irlandaise.

Source : Chroniques « Coutumes et culture », rédigées par une équipe d'ethnologues sous la direction de Martine Roberge, Réseau de diffusion des archives du Québec, www.rdaq.qc.ca.

12.5 Autres temps forts de l'automne

1er septembre : la fête du Travail

Pour nous, c'est congé le 1er lundi de septembre, ainsi qu'aux États-Unis (*Labour Day*), alors qu'en Europe et ailleurs au monde, c'est le 1er mai. Fête légale depuis 1897, la fête du Travail était jusqu'aux années 1920 célébrée par des fanfares et des chars allégoriques représentant divers métiers et unions syndicales qui défilaient dans les rues. Quoi faire à la fête du Travail ? Se reposer, voyons !

1er et 2 novembre : Toussaint et jour des Morts

La Toussaint commémore la fête de tous les saints, spécifiquement des martyrs qui ont gagné la vie éternelle par leur sacrifice, tandis que le jour des Morts est commun à tous les défunts. Ce jour-là, on se livrait à la « criée des âmes[73]», une vente aux enchères faite sur le parvis de l'église, destinée à faire chanter des messes pour les morts. C'était aussi l'occasion d'aller se recueillir sur leur tombe et ainsi de perpétuer leur mémoire. Aux États-Unis, c'est *Memorial Day*, alors qu'au Mexique ainsi que dans plusieurs pays d'Amérique latine le jour des Morts prend des allures festives.

Dans *Dimanches et jours de fêtes*, René Jacob raconte que son père cultivait le culte des défunts en lisant aux enfants, le jour des Morts, les cartes mortuaires de la famille et des proches réunies dans une boîte à chaussures. De nos jours, dit-il, c'est jour de classification des bonbons amassés à l'Halloween. Pourtant, n'avons-nous pas des proches dont nous pourrions honorer la mémoire? Le chapitre sur les funérailles traite notamment de différentes options de commémoration.

11 novembre : jour du Souvenir[74]

Le jour du Souvenir commémore l'armistice de la Première Guerre mondiale, et son symbole est le coquelicot qu'on porte à la boutonnière. C'est une sorte de prolongation du jour des Morts et plus spécifiquement ceux qui ont laissé leur vie au champ d'honneur. En Europe, le 11 novembre est aussi le jour où on célèbre la Saint-Martin, davantage associée à la bonne chère avant que ne débute l'avent.

3e jeudi de novembre : le beaujolais nouveau

L'arrivée du vin nouveau à la SAQ (et un peu partout dans le monde) est prétexte à de belles réjouissances. On se prend au jeu de deviner lequel est le meilleur (ou le moins pire, diraient certains). Plusieurs restaurants les ajoutent au menu, et des dégustations sont organisées par des individus, des organismes et des entreprises.

---

73. *Ibid.*
74. *Ibid.*

Beaujolais nouveau... et produits du terroir québécois
Pendant 15 ans, le Groupe DBSF, conseillers en planification et développement, a convié clients et partenaires pour livrer leur verdict sur les crus de l'année, croquer quelques amuse-gueules et discuter agréablement. En 2002, toutefois, l'entreprise a fait évoluer la tradition du vin nouveau (dont la qualité est souvent discutable), pour une dégustation de produits du terroir québécois. Une activité de relations publiques chouette, considérant que l'entreprise évolue notamment dans le domaine du tourisme. Côté déco, l'entreprise a déjà prêté ses murs à un artiste peintre qui a ainsi pu faire connaître ses œuvres.

25 novembre : la Sainte-Catherine[75]

On fête qui ?

Les catherinettes, d'après sainte Catherine, patronne des jeunes filles à marier. Autrefois, les célibataires qui franchissaient le cap des 25 ans étaient considérées comme des « vieilles filles », que l'on coiffait d'un bonnet, bon gré mal gré. Voilà pourquoi les plus jeunes partaient en ce jour à la chasse au mari, les rencontres étant facilitées par les veillées de musique, de danse et de chansons organisées dans les campagnes québécoises jusque dans la première partie du XXe siècle. La coutume du bonnet est inspirée du fait qu'en France la tâche de vêtir et de coiffer les statues représentant Catherine d'Alexandrie était confiée à la plus expérimentée des jeunes filles, souvent la plus âgée. Celles qui ne trouvaient pas mari « coiffaient » donc sainte Catherine d'année en année.

De nos jours, particulièrement dans le milieu de la mode, les catherinettes françaises portent un chapeau vert et jaune, le 25 novembre, pour symboliser l'espérance et la fertilité. Cette fête évoque aussi le nom de Marguerite Bourgeoys, première enseignante en Nouvelle-France, qui aurait inventé la tire pour attirer les enfants à son école, « tire » étant le mot le plus connu pour désigner la confiserie que l'on « étire ».

---

75. *Ibid.*

Quoi faire?

- **Un souper entre filles célibataires s'impose!**

- **S'acheter un beau chapeau**, d'une couleur qui sied à notre teint.

- **Se réconforter auprès de célibataires célèbres** : *Bridget Jones, Ally McBeal,* les filles de *Sex and the City.*

- **S'inscrire dans une agence de rencontres** ou participer à une activité sociale si le célibat nous pèse trop. Sinon, réfléchir aux avantages de notre mode de vie.

- **Faire de la tire ou en acheter**; sinon, n'importe quelle confiserie qui flatte notre palais fera l'affaire!

- **Des célibataires au boulot?** On leur fabrique un chapeau improvisé! Ça met de l'ambiance et, qui sait, peut-être que Stéphane finira par remarquer la belle Catherine...

- **Une amie célibataire?** Invitez-la à souper, SANS tenter de la « matcher » avec un ami de votre jules... Après tout, être considérée comme une personne entière, que l'on évolue ou pas en duo, devrait aller de soi.

Les fêtes de l'avent

Un mois avant Noël, on patiente avec Sainte-Barbe (4 décembre), Saint-Nicolas (6 décembre), Sainte-Marie (8 décembre), Sainte-Lucie (13 décembre). Ce ne sont pas des fêtes que l'on souligne ici, mais plusieurs personnes perpétuent la tradition du calendrier de l'avent, qu'il soit acheté ou fabriqué en famille.

Les rites de passage — C'est l'histoire de la vie ! | 13

De nombreux peuples ont organisé, de tout temps, des rites de passage pour aider à faire face aux inévitables changements et à composer avec les revers du destin.

L'ethnologue Arnold van Gennep en a démonté la mécanique, pour en retenir trois grandes étapes : une période de séparation où on se détache de notre rôle et de notre milieu habituel, un temps de transition où on coupe avec ce qui ne convient plus et où on fait le vide, et le retour dans notre communauté, revêtu de notre nouveau statut. Voilà le ressort des rites de passage. Or, comme notre société n'en a plus beaucoup, nous devons réinventer des rituels pour nous accompagner à travers les chemins de la vie.

13.1 *L'enfance*

Les premières fois

La première année de bébé est fertile en découvertes de toutes sortes. Beaucoup de «premières fois» sont au menu : premier sourire, première purée, première dent, première coupe de cheveux, premier mot, premier pas, premier Noël, premier anniversaire, etc. Pour garder le souvenir de ces primeurs bien vivant, voici les rituels les plus populaires :

- **Remplir le journal de bébé.** De nombreux livres existent sur le marché afin de consigner au jour le jour les progrès de notre trésor. Lorsqu'il grandira, ce sera l'occasion de s'offrir un voyage dans le monde des souvenirs. Cela permet également de comparer la trajectoire du nouveau bébé avec celle de son frère ou de sa sœur. Et quand notre enfant deviendra parent à son tour, ce journal qu'on lui léguera sera un héritage précieux, rempli d'indices pour estimer la progression de son propre rejeton à partir de la sienne.

- **Une boîte à souvenirs.** On y loge la première couette de cheveux, le bracelet d'hôpital, puis la première dent. Certains incluent le bout de cordon ombilical séché, preuve que leur enfant débute son chemin vers l'indépendance (pour certains, le cordon «symbolique» ne se coupe qu'à l'âge adulte, et encore !).

- **Une photo ou un bout de ciné pour chaque première fois.** On aime fixer sur pellicule ces moments inoubliables. Ces photos enjoliveront le journal de bébé, son album ou sa page web, ou seront exposées au mur lors de sa première fête d'anniversaire. Si on a une caméra vidéo, on pourra aussi présenter un montage des «meilleurs moments» de bébé, filmés au cours des mois.

- **Partager le bonheur des découvertes.** Plusieurs parents envoient régulièrement par courriel de nouvelles photos de leur petit amour. Yves, par exemple, prévient régulièrement ses proches de l'ajout de photos à l'album électronique qu'il a conçu pour sa fille Laurence, qu'il agrémente de légendes amusantes. Si on souhaite créer une page web pour notre mousse, mais qu'on n'a pas la touche, certains logiciels (L'album de bébé) ou sites (www.magrossesse.com ou les blogues de www.aufeminin.com) le font pour nous. Pratique pour garder la famille éloignée au courant de l'évolution de bébé !

La période préscolaire

- **Le premier jour à la garderie.** Voilà une transition importante que vivront plusieurs bébés (et mamans qui retournent travailler !), et ce, souvent durant leur première année de vie. Pour ma part, j'ai décidé de remplir le journal de Vincent durant la semaine avant de retourner au boulot, en utilisant le matériel accumulé depuis sa naissance : photos regroupées, dates importantes et faits cocasses inscrits d'une couleur contrastante dans mon agenda. Ce fut l'occasion de me rappeler ces précieux mois passés à ses côtés et d'ainsi faciliter MA transition. Quant à celle de Vincent, nous avons appliqué la méthode du pas à pas : quelques heures à jouer ensemble sur place pour se familiariser avec les lieux, un dîner là-bas tout seul comme un grand, un avant-midi, puis une journée et le voilà prêt pour un nouveau départ entouré de petits copains ! On pourrait aussi passer une journée complète en tête-à-tête avec notre marmot : faire une grande promenade, aller au zoo, à la barboteuse ou à la crémerie, peu importe, l'idée est de prendre conscience qu'une étape se termine et qu'une autre commence.

- **Se rappeler des exploits et des mots comiques.** Pour garder trace de la vie préscolaire de notre enfant, achetons un cahier dans lequel on écrira les faits marquants du mois ou du trimestre (les journaux de bébé se concentrent surtout sur sa première année). Pour mesurer tout l'impact émotif de ce geste, il fallait voir mon conjoint, sur le point d'être papa, plonger avec fascination dans les cahiers à reliure que sa mère a patiemment remplis, mois après mois, durant toute son enfance. Pour mon fils Simon, j'ai acheté un cahier dans lequel j'inscris des anecdotes cocasses et les déclarations comiques qu'il ne manque pas de nous lancer. De temps à autre, nous le lisons ensemble et nous rions beaucoup.

- **L'entrée à la maternelle.** Je ne connais aucun parent qui n'ait eu le cœur serré en voyant son tout-petit débuter la maternelle. Pour marquer la transition, organisons-lui un souper spécial, composé de ses mets favoris, au son de sa musique préférée. On peut lui raconter des souvenirs d'enfance ou demander à son frère ou sa sœur aînée de le rassurer. On peut aussi lire avec lui un livre qui évoque la vie scolaire, comme *L'imagerie pour la grande école* (Éditions Fleurus), et nous, un livre pratique comme *L'entrée à la maternelle*[76] (Albin Michel). Le chapitre 12.2 propose l'organisation d'une fête avant le début de la rentrée scolaire.

---

76. *L'entrée à la maternelle*, Myriam Szejer et Marie Auffret-Pericone, Albin Michel, 2004.

La vie scolaire

- **L'âge de raison.** Dans ma famille, on disait que 7 ans était «l'âge de la raison», qui coïncidait en général avec la première communion, un rite de passage qui se pratique de moins en moins[77]. Ainsi, les parents qui veulent que leur enfant fasse sa première communion doivent contacter leur paroisse, alors que cette préparation se faisait à l'école «dans mon temps».

- **Ça chamboule...** La vie amène toutes sortes de changements, plus ou moins bouleversants: débuter l'école, changer d'école, devenir un grand frère ou une grande sœur, déménager, subir le divorce de ses parents, un vol, un incendie ou tout autre traumatisme, avoir ou perdre un animal domestique, séjourner à l'hôpital, faire un grand voyage, perdre ses grands-parents. Si on gagne à planifier certains changements consciencieusement (voir suggestions d'articles plus loin), d'autres sont des épreuves avec lesquelles notre enfant doit apprendre à composer, qui forgeront sa personnalité. Pour permettre à nos enfants d'exprimer leur peine et les aider à faire passer la pilule, on peut inventer des rituels tout simples (comme une cérémonie d'adieu à pitou), dictés par le genre d'événement et l'impact de la secousse.

- **Au quotidien.** Le rituel du dodo est un classique dans bien des familles et ce n'est pas pour rien: cela rassure. Bain, histoire, danse dans le salon, lait avec biscuits, quelques minutes de télé sur les genoux de papa, peu importe: l'enfant est sécurisé par l'enchaînement de gestes connus. Barbara Biziou, dans *The Joy of Family Rituals*[78], propose le «bain calmant magique» une à deux fois par semaine (tablettes hypoallergéniques pour colorer l'eau, une goutte d'huile essentielle, un loofa – pour «nettoyer» les peurs, un savon spécial) ou un rituel inspiré des Amérindiens (fabriquer un capteur de rêves ou un oreiller de rêves avec des herbes – lavande, romarin, camomille). Elle suggère aussi un petit massage (pied, visage ou dos) «pour ouvrir le chemin vers le pays des rêves», le spray d'eau à la lavande pour calmer (et j'ajouterais «chasser les monstres» – ne pas oublier sous le lit!), ou la cassette de musique ou de méditation, etc. Au jour le jour, on peut créer une variété de rituels qui consolideront le sentiment d'appartenance de notre tribu, tels que décrits au chapitre 8.

---

77. Selon les chiffres bruts provenant des différents diocèses du Québec et compilés par l'Assemblée des évêques du Québec, il y aurait eu 56 179 premières communions en 2000 pour 44 230 en 2002.
78. *The Joy of Family Rituals. Recipes for Everyday Living*, St. Martin's Press, 2000, 176 p.

À lire sur MokaSofa.ca (www.mokasofa.ca)

- Déménagement : ménagez les enfants!
- Préparer son enfant aîné à la venue de bébé
- Comment annoncer le divorce aux enfants

13.2 La puberté

Comme le temps passe vite! Nous voilà déjà avec un préado dans la maison. Les signes annonciateurs sont là : changements corporels, premiers poils, voix qui mue, émotions à fleur de peau, place grandissante des amis, premières menstruations. On dirait qu'on nous a volé notre enfant! De tout temps, des rituels ont souligné la puberté, qui était en fait le passage vers l'âge adulte. De nos jours, l'adolescent assume des responsabilités d'adulte beaucoup plus tard. Cela rend-il ces rituels moins nécessaires? Je ne le crois pas. La puberté est tout un choc... et pas seulement hormonal! Rappelez-vous la transition entre la 6e année du primaire et le secondaire I : on domine tout le monde d'une bonne tête et, soudain, on est David face à Goliath, le géant du secondaire!

Or, nous n'avons plus de rituel collectif pour souligner ce passage, un rôle que jouait la confirmation, célébrée entre 11 et 14 ans. Tout comme la première communion, ce rituel religieux est en baisse[79]. Comme la préparation à la confirmation ne se fait plus à l'école mais dans les paroisses, cela devient une démarche personnelle que l'on choisit et non un rituel collectivement vécu. Est-ce pour remplacer la confirmation qu'on organise désormais des bals de finissants dans plusieurs écoles primaires? Tant mieux pour le rituel, mais n'y aurait-il pas moyen d'y ajouter un petit supplément d'âme, en plus des aspects festifs? Il y aurait peut-être lieu d'en parler aux comités de parents des écoles primaires que fréquentent nos jeunes. Voici quelques idées et des exemples de ce qui se fait ailleurs.

---

79. Il y a eu 53 700 confirmations en 2000 et 48 191 en 2002 (source : Assemblée des évêques).

Comment fête-t-on la puberté ailleurs ?

Dans plusieurs communautés, on souligne la puberté par des fêtes et des cérémonies. En voici quelques-unes :

Bar-mitsvah et Bat-mitsvah. Dans la communauté juive, le jeune garçon de 13 ans est fait « bar-mitsvah[80] » (littéralement « fils du commandement ») pour signifier qu'il est désormais assez grand pour comprendre et respecter les commandements de la Torah. Le shabbat qui suit son 13e anniversaire, le jeune adulte est appelé, durant l'office synagogal, à faire une lecture dans la Torah devant l'assemblée des fidèles et sa famille. Après avoir reçu la bénédiction, il prononce un discours sur le thème de la prise de conscience liée aux responsabilités qui lui incombent désormais. Ensuite, on lui offre cartes et cadeaux et on partage un repas. Chez les filles, la bat-mitsvah est fixée à 12 ans.

Les Fêtes de la Jeunesse Laïque (FJL). En Belgique, au printemps, les adolescents qui ont reçu une formation de morale laïque sont conviés à une FJL lorsqu'ils terminent l'école primaire, vers 12 ans. Cette fête, qui réunit les adolescents, leur famille, leurs amis et les associations laïques organisatrices, est le lieu d'animations récréatives qui marquent le passage de l'enfance à l'adolescence. Elle met l'accent sur l'esprit de tolérance, de justice et de fraternité que le jeune a acquis et fait appel à son sens critique. Cette fête, issue du mouvement des libres-penseurs, varie d'un endroit à l'autre[81], mais comprend toujours une partie solennelle qui exalte de façon symbolique et esthétique (avec discours, poésie, musique) les valeurs chères aux laïques, et une partie récréative (spectacle, jeux, activités sportives) afin que ce soit réellement une fête pour les enfants qui sont à l'honneur.

Upanayana. Lors des rites hindous de puberté, un garçon de haute caste reçoit un cordon sacré qu'il devra porter le restant de ses jours. Par ailleurs, il étudiera les écritures et le Gayatri, tiré du *Rig Veda*. Le passage vers la puberté commence tôt : dès les 7 ans du garçon, sa mère fait un sacrifie au temple (ex. : donner une pièce de valeur), qu'elle répétera pendant des années jusqu'à la puberté. Une préparation progressive dont on peut s'inspirer !

Cérémonie d'amrit. Entre 12 et 16 ans, garçons et filles sikhs sont admis dans la Khalsa, la communauté des adultes, au cours d'un rituel où ils boivent de l'amrit, une boisson qui représente le nectar d'immortalité. Puis, on asperge d'amrit leurs cheveux et leurs yeux. Vers 10 ans, le garçon apprend à nouer le turban lors d'une cérémonie.

---

80. *Grandir : De l'enfant à l'adulte*, Anita Ganeri, Gamma – École active,1999.
81. Source : *Les fêtes de l'enfance*, C. Lefèvre et A.M. Marré-Muls, Livret concernant l'exposition réalisée au musée de la Haute Haine à Carnières, 11 octobre 1998 à août 1999.

Des idées pour fêter la puberté

Apportons d'abord une petite nuance : souligner la puberté demande beaucoup de doigté et de délicatesse. Ainsi, il se peut fort bien que notre fille soit mal à l'aise qu'on mette l'accent sur ses premières menstruations. Cela dépend de sa personnalité et de notre contexte familial. Il faudra être attentif à ses états d'âme ou à son embarras éventuel et adapter notre façon de marquer cette étape importante. Peut-être vaudrait-il mieux axer sur son âge ?

- **Le restaurant de nos 12 ans.** Dans la famille élargie, on désigne un restaurant spécial où on amènera nos enfants lors de leur puberté. Et si on en a les moyens, pourquoi pas une petite escapade pour un week-end ? Pour les petits-enfants de Bernard Landry, c'est une virée à... Paris qui les attend (les chanceux !).

- **Un grand ménage dans les jouets.** Avec notre jeune, on fait le tri des jouets désuets, qu'on donne à un organisme de charité, ou à un plus jeune voisin, ou un cousin, ou encore qu'on vend à l'occasion d'une vente de garage. Disposer de ses vieux jouets fait prendre conscience à notre jeune qu'il a grandi. Et pourquoi pas l'inviter à conserver un jouet particulier qu'il aimerait plus tard offrir à son propre enfant ? Avec l'argent amassé, on permet à notre nouvel ado de s'acheter un objet qui convient davantage à ses nouvelles envies (disc-man, lecteur de MP3, système de son, DVD, abonnement à un magazine, téléphone, jeux électroniques, vêtements branchés).

- **Des correspondants à travers le monde.** S'il n'est pas déjà un adepte du « chat » planétaire, on peut l'initier à la correspondance, une manière d'ouvrir ses horizons au monde.

Si j'avais 12 ans, j'aimerais être la petite-fille de Bernard Landry

Chanceux sont les petits-enfants de Bernard Landry, qui voient la Ville Lumière à 12 ans ! Visiter Paris avec papi, voilà la tradition familiale qu'a instaurée notre ancien premier ministre pour ses petits-enfants lorsqu'ils atteignent l'âge de 12 ans. Même lors de son voyage de noces, en juillet 2004, Bernard Landry était fidèle à la tradition. Gabrielle a accompagné Bernard et Chantal, son épouse, pour la première partie de leur lune de miel. De quoi vouloir chanter, comme le fait Trenet dans *Retour à Paris* : « Je suis un enfant/Rien qu'un enfant tu sais. »

- **Organiser une petite fête.** Si on adhère peu à la confirmation à l'église, pourquoi ne pas garder l'idée d'une petite fête pour souligner le passage à l'école secondaire et, du même souffle, la puberté de notre enfant? On peut organiser le premier «souper de filles» de notre grande en conviant à la fête les femmes de la famille qui sont proches d'elle. Au menu: petite soirée beauté, fondue au chocolat, film et musique célébrant la féminité. Pour nourrir le côté spiritualité, chaque femme adulte invitée pourrait raconter une anecdote de sa jeunesse et/ou le meilleur conseil qu'elle a tiré de la vie. On peut aussi proposer à notre fille (ou notre garçon) d'inviter ses amis pour un party pyjama! (Pour s'inspirer: *Soirée pyjama – Guide pour une nuit réussie entre amies*[82]).

- **Proposer à notre jeune une activité spéciale**, qu'il choisit lui-même, à laquelle on l'accompagnera. Pour alimenter leur testostérone en puissance, les jeunes garçons s'amuseront dans une course de go-kart ou une aventure en paint-ball avec leur père ou leur oncle. Les jeunes filles apprécieront qu'on souligne leur nouvelle féminité par une journée dans un institut de beauté avec maman. En fait, c'est la personnalité de notre jeune qui dictera l'activité appropriée. Il y a des filles plus sportives et des garçons plus littéraires. On poursuit avec un souper au restaurant, où on en profite pour lui octroyer de nouveaux privilèges (heures de sortie, allocation hebdomadaire, prendre le métro seul), tout en lui confiant de nouvelles responsabilités.

- **Soirée vidéo et musique.** On loue un film qui traite de l'adolescence, qu'on regarde ensemble (ex.: *L'été de mes 11 ans, Stand by Me, Dazed and Confused, The Breakfast Club, American Graffiti, 13 going on 30* (demandez des suggestions au préposé du club vidéo). Ou encore on se remémore des souvenirs en écoutant une cassette-souvenir de ses émissions d'enfance préférées ou des nôtres, à lui faire découvrir. Comme fond musical, de la musique «groovy» de notre temps à lui faire découvrir ou des chansons qui font écho à ce passage, qu'on écoute ensemble ou dont on copie les paroles dans une carte de vœux (ex.: *J'ai douze ans*, Diane Dufresne, *Il faut ranger ta poupée*, Hugues Aufray).

---

82. Nancy Kurlik, collection Ô ffffilles, Éditions Scholastic, 2001, 64 p.

- **Des cadeaux appropriés :**

  • Un livre qui parle de la puberté. Simon a beaucoup apprécié *Le guide du zizi sexuel*[83], avec le personnage Titeuf. Dans la veine bandes dessinées, *Germain et nous*[84]. Aussi au programme, des livres de psychologie tels que *Conversations avec Dieu pour adolescents*[85], *Les 7 habitudes des ados bien dans leur peau*[86], *Chocolats pour l'âme d'une adolescente*[87], les livres de la sexologue Jocelyne Robert, de la poésie pour ados (La courte échelle) ou des ouvrages généraux (quoique basés sur une réalité française) comme *Le Dico des filles 2004*[88], *Votre histoire à vous, les filles*[89] ou *Le grand livre des filles et des garçons*[90].

  • Un journal intime, pour y confier ses envies, ses troubles, son désarroi et ses espoirs.

  • Pour la petite fille qui devient femme : un bouquet de fleurs, du thé pour les crampes menstruelles, un mignon petit contenant pour les produits sanitaires, un abonnement à un magazine jeunesse, de la lingerie.

On a coupé le cordon ? Remplaçons-le par un bijou !
Zoé-Rose, 15 ans, voulait se faire percer le nombril. Non seulement sa mère, Hélène, a-t-elle dit oui, mais elle a aussi adopté le bijou à l'ombilic ! Une activité mère-fille qui les a rapprochées.

  • Une belle boîte à souvenirs, comme celle que découvre Amélie Poulain dans le film qui porte son nom.

  • Des billets de cinéma pour deux personnes. Dans une carte, on indique que comme il est maintenant grand, on lui offre d'aller au cinéma seul avec un ou une ami(e).

83. Zef et Hélène Bruller, Glénat, 2001, 100 p.
84. Frédéric Jannin et Thierry Culliford.
85. Neale Donald Walsch, Ariane, 2002, 224 p.
86. Sean Covey, First Éditions, 1999.
87. Kay Allenbaucgh, Les Éditions ADA, 2001, 304 p.
88. Dominique Alice Rouyer, Fleurus, 2003, 542 p.
89. Florence Vielcanet, De la Martinière Jeunesse, 2002, 103 p.
90. Brigitte Bègue et al., Rue du monde, 2000, 96 p.

The Red Tent accueille les toutes nouvelles femmes

La « tente rouge », ainsi qu'on pourrait traduire *The Red Tent*, est un lieu où se réunissaient les femmes juives au moment de leurs règles pour y prendre du repos et partager. C'est du moins ce que raconte le livre *The Red Tent* d'Anita Diamant, dont l'action se passe en temps biblique et qui fait une incursion dans les rituels célébrant la féminité. Chez les Amérindiennes, cet espace sacré s'appelle « moonlodge » où on va pour s'initier aux mystères féminins, partager, méditer, prier et écouter sa voix intérieure.

13.3 *La fin de l'adolescence*

Les adolescents ritualisent souvent leur vie de tous les jours, affirme Diane Pacom, sociologue à l'Université d'Ottawa : « Comme ils ont peu de contrôle sur leur vie quotidienne, ils se créent des niches sacrées où la musique tient une grande place. Ils font brûler de l'encens, fument du pot, passent des heures à se maquiller, à orner leur corps de tatous, de piercings, etc. » C'est aussi ce qu'écrit Denis Jeffrey, professeur à l'Université Laval, dans son livre *Éloge des rituels*[91] : « En proie à des tensions corporelles lourdes à porter, l'adolescent va ritualiser ce monde intérieur qui bouillonne, qui n'arrive pas à se calmer. Certains ritualisent en pratiquant des activités intimes, des activités de retrouvailles avec soi, d'autres ritualisent par le sport ou l'art, d'autres encore avec les drogues et l'alcool. Pour nombre d'adolescents, le rituel devient mis au jeu social de leur personnalité. (...) Dans la société traditionnelle, poursuit-il plus loin, nombre de rituels de passage au statut d'homme adulte sont organisés par les aînés. Ils consistent en un enchaînement d'épreuves rituelles qui visent à transformer définitivement l'enfant en adulte. »

Dans notre société moderne, toutefois, il semble bien que les principaux rites de passage de l'adolescence soient le bal des finissants du secondaire, la participation à un premier rave, un concert de musique rock ou hip-hop, l'obtention du permis de conduire à 16 ans, le premier emploi, l'âge de la

91. Les Presses de l'Université Laval, 2003, 240 p.

majorité à 18 ans. Pour ceux qui poursuivent leurs études, le passage au CEGEP, campé entre la fin du secondaire et l'université, représente à lui seul un rite de passage, rappelle Guy Rocher[92], professeur au département de sociologie de l'Université de Montréal. Et au CEGEP comme à l'université, les initiations (souvent colorées !) ont pour but d'intégrer les nouveaux et de permettre aux anciens de réaffirmer leur appartenance au groupe.

Comment souligner la fin de l'adolescence

Fêtera-t-on la fin du secondaire, le début du CEGEP ou le premier emploi ? Ça dépendra de la trajectoire du jeune en question, que ce soit notre enfant, notre petit-enfant, notre frère, notre sœur ou... nous ! Toutefois, comme tous ne terminent pas leur secondaire 5 et que le bal des finissants semble orienté principalement vers les aspects commerciaux et festifs (robe, accessoires, limousine et autres artifices), voici quelques idées pour souligner la fin de l'adolescence :

- **Organiser une fête ou une sortie spéciale.** Entre autres, l'amener voir un spectacle, un film ou une pièce de théâtre dont les thèmes font écho à la vie adulte, à la féminité ou à la masculinité, aux rapports familiaux, etc. Ce peut aussi être un week-end dans un chalet, une expédition culturelle, sportive ou touristique.

Maxime à la chasse

Dans le téléroman québécois *Annie et ses hommes* (TVA), Hugo amène son fils Maxime, 14 ans, à la chasse, en réaction au fait qu'il n'y a plus de rite initiatique soulignant au jeune qu'il est maintenant un adulte et qu'il doit désormais se comporter comme tel. Il choisit la chasse pour célébrer la masculinité, que, dit-il, on tend à étouffer sous moult conseils (*pas d'agressivité, pas de compétition, pas de force physique, sois prudent*).

- **Un tour guidé.** Les familles de la haute bourgeoisie espagnole avaient coutume d'offrir un tour de ville en calèche à la jubilaire de 15 ans. On peut perpétrer cette tradition en jouant les touristes dans notre propre ville, que ce soit en calèche, à pied ou en bus (ex. : le Collectif L'Autre

---

92. Lors d'une entrevue radiophonique accordée à Pierre Maisonneuve (*Maisonneuve en direct* – Radio-Canada), le 4 juin 2004.

Montréal organise le tour guidé Montréal au féminin). Sans le savoir, alors que j'étais âgée de 12 ou 13 ans, mon père a suivi cette tradition en m'amenant faire un tour de moto à Montréal. Au programme : maisons cossues de Summit Circle à Westmount et logements modestes de Saint-Henri, un contraste qui m'avait hautement impressionnée. Un autre concept : une tournée des lieux qui ont marqué l'enfance de notre jeune ou encore des gens qui ont été importants pour lui ou elle. C'est ce qu'a fait Christiane pour le 20e anniversaire de sa fille Claudie (voir le récit dans le chapitre sur les anniversaires).

• **Donner un objet ayant appartenu à sa grand-mère ou à son grand-père.** On lui témoigne, par le fait même, qu'il poursuit une lignée familiale.

• **De la nourriture pour l'âme.** Lui offrir une biographie d'une personne inspirante, dont le parcours est fertile en leçons de vie (ex. : *Martin Luther King, Gandhi, Lucille Teasdale, Nelson Mandela*) ; un livre d'entretiens avec des femmes ou des hommes remarquables (ex. : *Comme un cri du cœur*[93] ; *Paroles d'hommes*[94] ; *Paroles de femmes*[95]) ; un guide pratique ou un essai (ex. : *Dix vérités que j'aurais souhaité connaître avant d'amorcer ma vie d'adulte*[96]) ; un roman (ex. : *Va où ton cœur te porte*[97] (les confidences d'une grand-mère à sa petite-fille), Susanna Tamaro). Ce peut également être un livre démystifiant la politique ou la démocratie pour l'obtention de son premier droit de vote. Un libraire avisé pourra nous conseiller. C'est aussi l'occasion de léguer un livre qui nous a beaucoup marqué, en rédigeant une dédicace toute spéciale sur la première page.

• **Un livre avec des tests de personnalité.** C'est connu, les jeunes se cherchent beaucoup à cet âge. Ce genre de bouquin permet d'aller à la découverte de soi-même. Aussi, on peut lui offrir un livre qui parle des grands types de personnalités, une manière de découvrir comment mieux vivre avec les autres. Encore une fois, les conseils de notre libraire peuvent être utiles.

• **Lui écrire une lettre.** On y raconte tout ce qu'on espère pour lui ou elle et les qualités qu'on lui attribue, on lui confie nos espoirs et nos doutes lorsqu'on avait le même âge (quitte à recopier des bouts de notre journal si on l'a toujours sous la main), on lui répète qu'on l'aime,

93. Collectif, les Éditions L'Essentiel.
94. Mathias Brunet, Québec Amérique, 2002.
95. Annie-Marie Villeneuve, Québec Amérique, 2003.
96. Ada, 2001.
97. Maria Shriver, Seine, 2002.

même si parfois la communication n'est pas toujours facile. Dans cette lettre, on peut ajouter des paroles de chansons qui passent bien le message qu'on veut transmettre. Par exemple, *Un homme, ça pleure aussi* (Éric Lapointe et Dan Bigras) ou *Donne tes seize ans* (Charles Aznavour, aussi chanté par France Gall).

- **Soirée de films.** Encore ici, certains films sont appropriés : *La société des poètes disparus, Le club des empereurs, Le destin de Will Hunting*.

- **Rituel spirituel.** Une mise en garde importante : ce type de rituel ne se vit bien que dans une famille rompue avec ce genre de pratique. Si votre culture familiale n'a jamais puisé à même ces traditions, ce n'est pas à l'adolescence que votre jeune se montrera réceptif! Si c'est le cas, Barbara Biziou, dans *The Joy of Family Rituals*[98], propose le rituel suivant, inspiré des Amérindiens : on dresse une tente en pleine nature, purifiée avec de la sauge, où notre jeune passera 24 heures, pour signifier le dernier jour de son enfance. On lui demande de méditer sur ce passage à la lueur d'une chandelle, d'écrire dans un journal si ça lui dit et de se choisir un animal-totem qui le décrit bien. Le lendemain matin, il rejoint les adultes pour une cérémonie d'intégration qui fait appel à des chandelles de couleur, des plantes et des essences significatives.

Choix d'une profession

Il a décidé de faire médecine? Il préfère la mécanique ou la plomberie? Elle sera vétérinaire, comme elle l'a promis à minette il y a longtemps? Bien sûr, on projette de célébrer l'obtention de son diplôme, mais pourquoi pas débuter par une petite fête pour l'encourager dans le parcours qu'il ou elle entreprend? À cette occasion, on peut lui offrir un livre qui traite de son métier, la biographie ou le film inspiré d'un praticien célèbre qui lui sert de modèle (ex. : Patch Adams) et même s'amuser à trouver le nom du saint patron supposé protéger son métier, qu'on transcrira dans une carte de vœux.

Et puis ce sera notre version familiale de l'initiation, toute en douceur, contrairement à celle, plus colorée et festive, qui l'attend sûrement dans le détour, au cégep comme à l'université. On pourrait décrier certains gestes commis, proches du bizutage comme le disent les Français, mais il n'en demeure pas moins que ce rite de passage a pour but d'intégrer les nouveaux et de permettre aux anciens de réaffirmer leur appartenance au groupe.

---

98. *The Joy of Family Rituals. Recipes for Everyday Living*, St. Martin's Press, 2000, 176 p.

D'ailleurs, il n'y a pas qu'au cégep ou à l'université qu'on pratique des initiations : plusieurs groupes sociaux et récréatifs en font autant, en adaptant la formule à leur organisation. Pensons aux promesses scoutes ou aux cérémonies d'accueil des Chevaliers de Colomb !

Ici et ailleurs

Dans plusieurs pays latino-américains, on célèbre en grand les 15 ans de la jeune fille. À Cuba, cette tradition venue des Espagnols est encore bien vivante dans les familles bien nanties : mise en beauté, photos, robe de princesse, fête. Au Mexique, après la messe donnée en son honneur, la jeune fille ouvre la danse au bras de son père à l'occasion d'une fête. Certaines préparent une chorégraphie de circonstance. Toast, gâteau à trois étages ; un mini-mariage, quoi ! Un rituel intéressant : on lui remet un dernier jouet, symbole de l'enfance qui n'est plus.

Le bal hongrois de Saint-Étienne, tenu dans un grand hôtel de Montréal, célèbre les débuts en société des jeunes gens d'origines hongroises de «bonne famille». Après avoir été présentées officiellement à l'invité d'honneur, les débutantes font démonstration de leur grâce en exécutant la première valse, qu'elles auront appris au cours des mois précédents. C'est l'occasion de revêtir les atours d'une Sissi rayonnante, au bras de son cavalier. Le dîner est servi à 23 h et on y danse jusqu'aux petites heures du matin.

«Sweet Sixteen!» Aux États-Unis, c'est à 16 ans qu'on fête la jeune fille, dans une version plus ou moins similaire à notre bal des finissants.

Bal des finissants pour filles seulement. En Californie, on voit poindre une nouvelle tendance : le temps d'une soirée, des jeunes filles musulmanes troquent le hidjab pour une robe longue, se maquillent et fêtent entre elles, sans le regard masculin, une manière de rester fidèles à leur religion dans un contexte nord-américain.

13.4 *Les premiers pas dans la vie adulte*

Peut-on vraiment dire quand commence l'âge adulte ? Les frontières sont plus floues qu'avant, la vingtaine étant maintenant considérée par les spécialistes comme « l'adulescence[99] ». À 30 ans et des poussières, ma mère divorçait après avoir eu trois enfants, alors que de nos jours, bien des femmes n'en ont pas encore ! Cela dit, l'entrée dans le « monde des grands » passe souvent par l'obtention du diplôme, le premier emploi et le premier appartement.

Collation des grades et premier emploi

Notre jeune termine ses études ? Qu'il gradue d'une école professionnelle, d'un cégep ou d'une université, il y a fort à parier que l'institution d'enseignement a prévu un petit cérémonial d'usage : toge, mortier, vin d'honneur, album des finissants, photo de circonstance. Qu'on pense à plusieurs films américains qui finissent avec la fameuse scène de collation des grades en plein air, avec le petit discours qui rend papa et maman remplis de fierté. Si c'est nous qui graduons, prenons le temps de savourer notre victoire sur les longues nuits à étudier. Et pour les parents, assister à la collation des grades est un must… qu'on peut bonifier.

Il prend d'assaut le marché du travail ? Outre le petit cocktail de bienvenue qu'organisent certaines entreprises, il n'y a aucun rituel collectif qui souligne ce début d'un temps nouveau. Il nous appartient donc de prévoir le coup.

Fêter la collation des grades ou le premier emploi
Que ce soit pour notre enfant, un ami ou pour nous-mêmes, voici des idées pour souligner ce nouvel envol :

- **Déboucher une bonne bouteille de vin ou de champagne !**

- **Un nouveau « look »** qui convient mieux à ce statut de professionnel tout neuf.

---

99. « 30 est le nouveau 21 », Hugo Dumas, *La Presse*, février 2004.

- **Trouver un mentor.** Plusieurs organismes jumellent des jeunes gradués avec des professionnels expérimentés, selon le domaine d'études. Plus tard, il sera temps de rendre la pareille! Cela dit, certains voudront dès maintenant troquer le temps passé plongé le nez dans des livres pour du bénévolat auprès des personnes âgées, des enfants, des jeunes.

- **Des parents félicitent leurs enfants** en réservant une annonce dans un quotidien ou en déboursant le premier versement du prêt étudiant.

- **Un cadeau-thématique**, relié au métier en question (livre, film, etc.). Michel a déjà préparé «le kit du parfait petit comptable» pour un ami récemment diplômé : «J'y ai mis une bouteille d'analgésiques pour la saison des impôts, une boîte de chaussures pour y glisser les reçus, un livre thématique *Compter sur ses doigts* et du champagne, bien sûr!»

Passer le flambeau
Lorsque j'étudiais à l'université, alors que je terminais mon mandat à titre de vice-présidente communications du Club de marketing de l'UQAM, nous avions organisé un week-end de «passation des pouvoirs» où chaque membre sortant présentait son bilan de fin d'année. Quant à ceux qui prenaient la relève, ils ont dû subir une initiation en forêt, marcher les yeux bandés, enfiler une couche format géant et s'engager à être des *provocateurs de l'avenir*, en lien avec le slogan du Club.

Départ de la maison

«Marie-Hélène vient juste d'avoir vingt ans. Ça fait six mois qu'est en appartement. Sur les murs blancs d'un p'tit troisième étage, Rue Saint-Denis, est partie en voyage.»
Marie-Hélène, Sylvain Lelièvre

Ça y est : notre oisillon quitte le nid! Bien que les jeunes le font de plus en plus tard ou y retournent parfois (allô Tanguy!), un jour ou l'autre, ils volent de leurs propres ailes. Le premier appartement : voilà encore une nouvelle étape franchie et donc, un grand moment à souligner. Quelques idées :

La fête de départ

- **Préparons son repas préféré** (donnons-lui la recette en prime!).

- **Demandons à ses grands-parents, tantes et oncles de faire un ménage dans leurs tiroirs et d'apporter des objets encore utiles**, mais qu'ils n'utilisent plus : vaisselle, ustensiles, accessoires de cuisine, casseroles, petits électroménagers, meubles, draps, serviettes. Certains magasins offrent aussi des «kits de départ» avec les essentiels pour la cuisine. Voilà une version moderne du trousseau que montaient les futures mariées d'autrefois (en plus des vêtements et accessoires de mariée, elles rangeaient dans un coffre à cèdre draps de lin et serviettes pour leur future demeure).

Un trousseau... de tasses

Lorsque la fille de Josée est partie vivre en appartement, elle a apporté avec elle une panoplie de tasses toutes dépareillées. Malgré leur apparence, elles faisaient bel et bien partie d'un ensemble : les tasses «souvenirs» achetées par la famille à chaque séjour au camping. En effet, Josée et ses filles avaient pris l'habitude d'arrêter acheter une tasse qui sera la leur pour toute la durée de leur escapade en pleine nature. En ouvrant l'armoire, c'est donc un endroit ou un moment particulier qui revient en mémoire chaque fois, rappelant à sa fille de beaux souvenirs d'enfance.

Chouettes cadeaux

- **Nourrir son indépendance :**

  • Un cours de cuisine 101 (auprès d'un institut comme l'Académie culinaire ou l'Institut de tourisme et d'hôtellerie, ou qu'on viendra lui donner un dimanche par mois).

  • Un livre de recettes de base ou, mieux, le livre de recettes familiales (qu'on aura pris le temps de transcrire en cachette au fil des mois, à la main ou à l'ordinateur).

  • Des chèques-cadeaux auprès d'un restaurant qui livre.

  • Un panier comprenant les essentiels de départ : épices courantes, sel, poivre, sucre, farine, boîtes de conserve, détergents.

• Un panier composé de la nourriture réconfort (*comfort food*) qu'il ou elle aimait étant enfant (ex. : soupe poulet et nouilles, sauce à spaghetti, tarte aux pommes).

• **Nostalgie, quand tu nous tiens...**

   • Un téléphone avec le numéro de papa et maman programmé ou des cartes d'appel si notre enfant déménage loin.

   • Son album et ses photos de bébé.

   • Un cadre comprenant un montage de ses photos d'enfance ou des membres de sa famille.

   • Une compilation sur CD des chansons qu'on écoutait à la maison (en autant que ce soit associé à de beaux souvenirs!). On y ajoute une chanson surprise dont le thème colle à ce nouveau départ [ex. : *À vous, maintenant* (Salvatore Adamo), *Ma fille* (Serge Reggiani) ou *Votre fille a vingt ans* (Serge Reggiani/Georges Moustaki), *Il s'en va, mon garçon* (Gilbert Bécaud/Pierre Delanoé)].

Et l'adaptation des parents?

Il n'y a pas que le jeune qui vit une transition importante : le parent aussi! Si on a un ou une ami(e) qui vit ce passage, on peut l'aider en lui proposant une journée blitz pour transformer la pièce où logeait son enfant. Quelques coups de pinceau et la voilà transformée en salle de couture ou d'entraînement, en atelier de peinture ou en bureau. On l'incite à s'inscrire à ce cours qu'il ou elle convoite depuis belle lurette, à adopter un animal de compagnie, à donner un second souffle à sa vie sociale.

Adèle, 18 ans, a fait ses boîtes !

Marcia, la maman, recommande de prendre du temps seul avec son enfant avant son départ : « Pour ma part, j'ai trouvé magique la journée où nous avons peinturé sa nouvelle chambre. Enfermées pendant plus de six heures toutes les deux dans une pièce, nous n'avions pas d'autre chose à faire que de peinturer et... d'échanger. Nous avons parlé de son enfance, de la mère que j'ai été, des peurs qu'elle éprouvait face à ce changement. » D'autres petits conseils de Marcia[100] : se préparer mentalement plusieurs mois à l'avance, mettre l'entourage à contribution (ex. : l'aider à faire son CV ou un budget), garder un lien alimentaire (offrir sa fameuse sauce à spaghetti) et prévoir des moments de rituels et s'y engager. Ainsi, Adèle et Marcia ont entamé une correspondance... par Internet !

13.5 Moments charnières de la vie adulte

Dans *Le chemin de la montagne de pluie*[101], N. Scott Momaday écrit : « Parfois les plaines sont lumineuses, calmes et sereines. Parfois elles s'assombrissent de la violence soudaine des éléments. Mais les vents soufflent toujours. » C'est un peu ça, la vie, ponctuée de moments charnières qui nous donnent de quoi alimenter la conversation avec la belle-sœur à Noël : nouvelle maison, mariage, divorce, devenir enceinte, obtenir une promotion, faire un voyage ou un achat important.

Dans *Jeanne Janvier*, Louise Portal écrit : « Les déménagements sont les mouvances de l'existence. Ça bouleverse, ça empêche l'habitude. » On pourrait en dire autant de tous ces moments clés, qu'on gagne à souligner. Car plus on vieillit, moins il y a de « premières fois ». Voici quelques idées, en vrac, pour Ti-Jean qui rit (*C'est beau la vie*, Jean Ferrat) et Ti-Jean qui pleure (*La vie est laide*, Jean Leloup). Un peu plus loin, on retrouvera des sections spéciales sur la vie à deux et la séparation, et sur le déménagement.

---

100. « Quand nos enfants font leurs boîtes... », Marcia Pilote, *Journal de Montréal*, mardi 29 juin 2004.
101. Gallimard, 1995, 105 p.

C'est beau la vie (Jean Ferrat)

- **Bébé s'en vient!** Devenir enceinte, pour moi, c'était passer dans le «cercle des mères» : connaître enfin le mystère de la naissance, l'émerveillement d'un tout petit être qui vous regarde avec des yeux tout neufs, avoir enfin un récit d'accouchement à moi! Plusieurs d'entre vous se rappelleront cette annonce télévisée où un futur papa découvrait, au moment de prendre livraison de sa nouvelle Saturn, un banc de bébé à l'arrière. Inoubliable! Pourquoi ne pas orchestrer une telle surprise à notre conjoint? Demandons à la serveuse du restaurant de glisser une note dans le menu, d'écrire un mot sur la facture ou de faire l'annonce pendant la présentation des plats ou encore sollicitons la complicité de son patron, ses collègues ou de notre enfant aîné. Si on fait le test de grossesse avec notre chéri, on peut réserver la surprise pour nos parents respectifs, frères et sœurs, amis, etc. Par exemple, offrir un petit sac-cadeau à nos parents, «comme ça, pour le plaisir», leur dit-on, qui contient... un livre sur l'art d'être grands-parents.

Je serai bientôt grande sœur
Pour la venue de son deuxième enfant, Annie a pris une photo de sa fille Léonie qui tenait une pancarte indiquant *Je serai bientôt une grande sœur* et l'a envoyée par courriel à ses amis.

- **Vive le succès!** Comme le chante si bien Jean-Pierre Ferland dans *Le Show-business*, atteindre un objectif qu'on convoite depuis longtemps est grisant. D'ailleurs, le plaisir vient souvent de l'attente (voilà pourquoi les Smarties rouges sont bien meilleures!). Que ce soit pour l'obtention de cet emploi dont on rêvait depuis toujours, la signature d'un contrat important, l'achat d'un chalet, ce voyage dont on parle depuis des années, une réorientation de carrière réussie ou une résolution qu'on a enfin réussi à tenir (ex. : perdre du poids ou arrêter de fumer), il faut fêter ça. Comment? En ouvrant une bonne bouteille de vin ou de bulles, en s'achetant des fleurs ou un petit objet qui nous fait plaisir, en prenant un bon gueuleton au resto, en réunissant les amis, en chantant, en priant, peu importe, trouvez votre façon de marquer le coup!

Pour m'inciter à prendre la plume et m'assurer de son appui, mon conjoint m'a offert un livre-cassette, *The right to write* (Julia Cameron). Pour la signature du contrat de ce livre, vous vous doutez bien qu'un rituel était de mise : bougie, grande respiration, verre de porto et ma plus belle plume! Mon ami Michel est passé maître dans l'art de célébrer les bons coups. Lors de ma première chronique à la télévision, il m'a fait parvenir son «kit-du-succès» : une carte remplie de confettis, une petite bouteille de champagne, une flûte de papier, etc. Et une magnifique plante alors que j'avais scellé une entente prometteuse.

 L'annonce faite à Annie
Pour annoncer l'achat surprise d'un chalet en Estrie, le père d'Annie lui a envoyé, ainsi qu'à son frère Philippe, une invitation à participer à une journée «Forfait Destination Inconnue». Les consignes : apporter de la crème solaire, de bonnes chaussures de marche et inutile d'essayer de lui soutirer de l'information. Annie raconte : «Un beau samedi matin, mon conjoint, mon frère et moi prenons place dans la voiture de papa, direction Cantons-de-l'Est. Nous pensions alors que cette mise en scène visait à nous remercier pour la fête qu'on lui avait organisée pour ses 60 ans, papa étant un habitué des rallyes automobiles et pédestres. Après un arrêt pour déjeuner dans un sympathique restaurant d'Eastman, papa nous conduit, via un chemin privé, à un site exceptionnel en bordure d'un lac. Il nous précise que le propriétaire du terrain, un ami d'un ami, nous autorise à utiliser sa propriété pour effectuer le rallye à pied. Il nous remet alors trois enveloppes et un crayon. Dans la première, on pouvait lire ceci : *Décrivez en moins de 50 mots ce que vous pensez du site où vous vous trouvez.* La deuxième enveloppe incluait la directive suivante : *Écrivez en moins de 50 mots ce que vous pensez de l'organisateur de la journée "Forfait Destination Inconnue".* Puis le chat est sorti du sac... ou plutôt de la troisième enveloppe : *L'organisateur de la journée "Forfait Destination Inconnue" est heureux de vous annoncer, en moins de 50 mots, que vous pourrez utiliser ce site à partir du 31 octobre prochain!»*

- **Guérir.** Après avoir triomphé d'un mal, célébrer sa guérison est régénérateur. Dans *Fêtes et rituels*, France Paradis relate l'histoire d'une copine qui s'est acheté un soutien-gorge extravagant et luxueux après avoir dompté un cancer du sein, et celle d'une jeune femme qui s'est fait tatouer un dragon après une thérapie où elle a surmonté les ravages d'un abus sexuel. Dans *Spectacular Showers for Brides, Babies and Beyond*, Madeline Barillo propose le «Chapeau Shower», inventé par un groupe de femmes qui ont acheté des chapeaux pour une amie qui avait le cancer. Pour l'encourager, elles ont tour à tour enfilé chapeaux, perruques et extensions capillaires et ont pris des photos. Un peu comme le fait le programme Belle et bien dans sa peau, cette initiative lui a remonté le moral! Planter un arbre ou aller voir la mer peuvent aussi être des rituels de guérison. Dans les mouvements d'entraide comme les Alcooliques Anonymes, on souligne de manière rituelle les étapes surmontées par les membres. Par exemple, celui qui célèbre un anniversaire de sobriété reçoit un jeton et «prend son gâteau», à l'occasion d'une cérémonie où les proches sont invités et où un membre partage son récit de vie.

La vie est laide *(Jean Leloup)*

D'autres fois, le destin bascule : perte d'emploi, maladie, burn-out, incendie, fausse-couche, infertilité, alcoolisme ou violence des parents, mort d'un animal domestique, séparation, deuil et autres souffrances. Parfois, ce qui nous apparaît comme une perte s'avère pourtant une occasion de croissance. Ne dit-on pas que ce que la chenille appelle fin du monde s'appelle papillon? Certaines épreuves renforcent et font de nous des «résilients», ainsi que l'affirme l'éthologue et neuropsychiatre Boris Cyrulnik. On manque souvent de patience. Par exemple, une personne qui perd son emploi a parfois le coup de pouce du destin pour lancer enfin son entreprise ou se réorienter.

Dans d'autres cas, c'est le désespoir, l'hiver de l'âme, et il n'y a pas grand leçon à en tirer. On baisse les bras et on regarde ailleurs. Perdre un être cher est dévastateur : le chapitre sur les funérailles et la section sur la séparation exposent quelques rituels destinés à atténuer la souffrance. Pour faire face aux revers du destin, l'appui de notre famille et de nos amis est alors indispensable. Et c'est souvent là qu'on voit qui sont les vrais amis, ceux qui sont de tous les voyages. Je n'oublierai jamais cette télécopie, illustrée d'un beau soleil, reçue d'un ami lors d'une période d'errance après mon divorce : *N'oublie pas que quoi que tu fasses, le soleil se lève quand même à tous les matins!* Ça a replacé ma peine dans un contexte plus global.

Notre section 8.4, intitulé Les petits riens qui nous font sentir bien, peut apporter un peu de réconfort. Se réfugier dans la lecture ou la musique peut être bénéfique. *Grandir : aimer, perdre et grandir*[102], de Jean Monbourquette, a déjà consolé des milliers de personnes, et bien des jeunes femmes qui ont dû se faire avorter ont versé quelques larmes libératrices sur *Poussière d'ange*, d'Ariane Moffatt. D'autres chansons-miroir provoquent un effet catharsis. Il y en aurait tant à citer! Comme le chante Michel Sardou «La vie c'est plus marrant/C'est moins désespérant/En chantant».

Quand plus rien ne semble avoir de sens, beaucoup cherchent des réponses dans la religion, quelle qu'elle soit, ou renouent avec une pratique spirituelle ou sacrée. Certains retournent à la messe, replongent dans la Bible, s'abreuvent de lectures spirituelles, font des pèlerinages, s'aménagent des cérémonies avec des chandelles et diverses huiles essentielles ou participent à des rituels en pleine nature, inspirés des rituels amérindiens. Tout cela est-il utile et efficace? Ce n'est pas à moi d'en juger, mais si ça calme l'âme, pourquoi pas? À défaut d'avoir des réponses collectives, l'être humain trouve des réponses individuelles. Le reflet de notre société, quoi!

13.6 On s'aime, on ne s'aime plus

- **Vivre à deux.** Aller vivre sous le même toit est une décision souvent mûrement réfléchie, mais parfois prise sur un coup de tête, au gré des bons sentiments. Pour certains, la cohabitation mène au mariage, pour d'autres, non. Or, si le mariage fait l'objet d'une cérémonie rituelle, dont nous traitons abondamment au chapitre 2, ce n'est pas le cas de la cohabitation. Les cours de préparation au mariage (que beaucoup de couples préfèrent esquiver, prétextant l'expérience de la vie à deux) font partie de ces rituels qui préparent à la prochaine étape. Si on envisage de joindre bientôt nos brosses à dents dans le même verre, piquons l'idée : réservons-nous un week-end de discussion, où on passera en revue les défis de la vie conjugale. C'est une habitude que mon conjoint et moi avons

---

102. Novalis, 1994, 175 p.

prise avant chaque grande décision, et ces petits sommets nous ont permis de traquer les zones d'ombre et de clarifier nos attentes mutuelles.

- **Se séparer.** Mais voilà : parfois, rien n'y fait. Nos discussions tournent en rond, malgré toute notre bonne volonté. Se séparer est une expérience éprouvante, déchirante. C'est comme si le monde s'effritait sous nos pieds. Or, si on entre parfois dans une relation par une cérémonie, il n'en existe pas pour en sortir. Maintenant, si. Diana Shepherd, éditrice et cofondatrice de *Divorce Magazine*, affirme entendre parler de plus en plus de gens qui organisent une fête[103] (oui, oui, une fête) pour tourner dignement la page sur ce chapitre de leur vie et remercier ceux qui les ont ramassés à la petite cuillère après ce tremblement de terre intérieur. Une fête d'enterrement de la vie à deux, c'est d'ailleurs l'une des stratégies de « rupture express » prônées par Howard Bronson et Mike Riley dans *Nous deux c'est fini! 30 jours pour l'oublier* (First, 2002).

De leur divorce après 25 ans de mariage, Phil et Barbara Penningroth en ont tiré un livre : *A Healing Divorce : Transforming the End of Your Relationship with Ritual and Ceremony*[104]. Leurs recommandations? Se dire merci pour ce qu'on s'est apportés, s'excuser pour la peine qu'on s'est causée, échanger de nouveaux nos alliances, s'engager au respect pour aider les enfants à surmonter cette épreuve familiale.

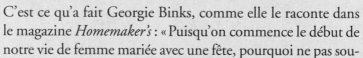

Fêter... son divorce?

C'est ce qu'a fait Georgie Binks, comme elle le raconte dans le magazine *Homemaker's* : « Puisqu'on commence le début de notre vie de femme mariée avec une fête, pourquoi ne pas souligner le début de notre nouvelle vie de célibataire? J'ai donc convié à un party les amies qui m'ont aidée à passer à travers ce moment difficile, pour célébrer la fin des factures d'avocats, de comptables et de thérapeutes une fois les papiers officiels de divorce obtenus. J'ai fait faire un gâteau surmonté d'une figurine de femme conduisant une voiture rose avec la mention *Just divorced*. J'avais aussi un jeu de dards avec la caricature des gens qui ont rendu cette expérience plus difficile. Mon ex-mari n'était pas représenté, car ce n'était pas une fête pour nourrir la haine, mais bien pour fermer correctement la porte et passer à autre chose. »

---

103. « Après "Je le veux", "J'ai voulu" », Silvia Galipeau, *La Presse*, lundi 4 mars.
104. First Books Library, 2001, 386 p.

D'autres rituels de séparation

Le site Internet Responsible Divorce prône ce genre d'initiative, à graduer selon qu'il s'agisse d'un divorce à l'amiable ou d'un combat épique digne du film *La guerre des Rose*. Dans le premier cas, une cérémonie peut être organisée en présence des enfants issus du mariage, durant laquelle on éteint conjointement une grosse bougie et on allume individuellement une chandelle ensuite. Si on est plutôt à couteaux tirés, on peut convier à cette cérémonie nos amis proches ou encore pratiquer l'un de ces rituels :

- **Épurer les albums photos.** On jette ou on brûle si on en ressent le besoin. On peut remettre à notre ex-conjoint des photos représentatives de notre vie à deux ou le double des photos. Même chose avec les cartes de vœux qui lui étaient adressées si elles étaient rangées avec les nôtres. Libre à lui d'en faire ce qu'il veut ensuite.

- **Au panier ou dans une boîte...** les lettres d'amour. On crée une boîte-souvenir dans laquelle on glisse une lettre ou deux et quelques photos. Après tout, il s'agit tout de même d'une période importante de notre vie, qui témoigne de notre évolution. Sinon, on jette, on brûle, on déchire, tout ce qui nous fait du bien.

- **Mettre son disque le plus triste et se payer une séance de larmes en règle !** On braille tout notre saoul ! Le reste du temps, on relègue *Ne me quitte pas* (Brel) et autres disques crève-cœur dans un coin. Idem pour la musique qui faisait nos petits matins. On choisit plutôt des chansons entraînantes (Trenet m'a déjà sauvé la vie !) ou on fait jouer à tue-tête *I will survive* (Gloria Gaynor), *Believe* (Cher), *Non, je ne regrette rien* (Piaf) et autres chansons de battantes.

- **Catharsis vidéo.** Même scénario du côté des films : c'est le temps de revoir tous nos films d'amour préférés, une boîte de papiers mouchoirs sur les genoux et du chocolat pas trop loin. Pleurer, ça fait du bien. Je me revois encore au cinéma, adolescente, à partager un seul papier mouchoir avec mon père et mon oncle, séparés depuis peu, devant *Kramer vs Kramer*. Lorsqu'on a versé toutes les larmes de son corps, place aux films hop la vie ou carrément rigolos. Comme il est prouvé que ce qu'on regarde et ce qu'on lit influence notre humeur, on ne fera pas exprès pour remuer le couteau dans la plaie. Par contre, il est important d'évacuer la douleur, sans tenter de l'escamoter.

- **Les mots pour le dire.** Toujours dans la même veine, la lecture entraîne l'exaltation des sentiments ou leur apaisement. Des suggestions, en vrac : *La memoria* (Louise Dupré, Aube, 2000), *Rien de grave* (Justine Lévy, Stock, 2004), *Je l'aimais* (Anna Gavalda, Dilettante, 2002), *Le pouvoir d'un chagrin d'amour* (Josette Stanké, Stanké Livre K7, 2001), *Je te quitte, moi non plus, ou l'art de la rupture amoureuse* (Franco La Cecla, Calmann-Lévy, 2004), *Nous deux c'est fini! 30 jours pour l'oublier* (Howard Bronson et Mike Riley, First, 2002). À l'inverse, on peut balayer de notre table de chevet tout ce qui contient le mot amour et la garnir plutôt d'ouvrages comiques, de bandes dessinées, etc.

- **C'est votre amie qui est en peine d'amour?** Offrez-lui le plus merveilleux des cadeaux : du temps pour parler, même si c'est pour répéter *ad nauseam* la même litanie!

Chacun son album photo
Après la séparation de ses parents, Emmanuelle a agi comme « médiatrice en images ». Elle a fait reproduire des doubles des photos que sa mère avait gardées et en a aussi déniché chez ses oncles. Elle a ensuite reconstitué un album photo pour son père, qui n'avait plus de souvenirs de famille et de l'enfance de sa fille.

13.7 Déménager

Chaque début juillet, c'est le branle-bas de combat : des milliers de Québécois s'adonnent à ce rituel estival qu'est le déménagement. Dans la valse des boîtes à remplir s'entrechoquent les apôtres du « A-t-on vraiment encore besoin de ça? », du « Au cas où », du « Prenons de l'avance » et du « On a le temps en masse »… Déménager est tout un projet de couple; une vraie petite entreprise temporaire à créer! On doit décider du sort des centaines d'objets tapis dans l'ombre de l'ordinaire quotidien. Vous savez, ceux qu'on finit par ne plus voir mais qui font quand même « partie des meubles »! En triant, les souvenirs nous assaillent, nous émeuvent et, pourtant, on doit les dépersonnaliser et les mettre dans la boîte « pour-faire-d'autres-heureux ». On fait le tour des pièces une dernière fois en se rappelant ce qu'on y a vécu. Et là, on voit s'ébranler le camion de déménagement, rempli de tout ce qui compose notre petite sécurité matérielle.

Quand on emménage à deux, on doit aussi décider lesquels de nos meubles et accessoires respectifs constitueront notre baluchon commun ou en acheter de nouveaux, en tentant la fusion des goûts. Pas toujours évident... Avez-vous essayé de marier un style minimalisme techno-loft avec un esprit « chargé victorien »? Acheter une maison ensemble est aussi un pied de nez à la mauvaise foi des statistiques qui prédisent la fin d'un couple sur deux. Dans le film *Nuit de noces*, on dit qu'une hypothèque est aussi engageante qu'un mariage!

Rendus à destination, on prend possession; on « exorcise les démons des lieux » à grands coups de peinture et d'éponge savonneuse dans les armoires. Certains agitent de la sauge pour ses prétendues vertus purificatrices, font brûler de l'encens ou s'inventent des petits rituels, comme il y en a dans tout plein de cultures. D'autres iront porter un toast la veille, en solo ou en duo, pour charger le lieu de leurs espoirs, et placeront ensemble un nouveau tapis d'entrée. On pose les cadres, ceux des murs et ceux de notre nouvelle vie. On essaie de se trouver un coin pour soi, au milieu des pièces communes. On quitte les petits commerces attachants de notre quartier pour se créer d'autres circuits et habitudes. Et pour nos enfants, c'est un nouveau territoire à explorer et des amis qui n'en sont pas encore. Pour souligner ce nouvel envol, invitons les amis à pendre la crémaillère. On trouvera au chapitre 14 des conseils pour organiser la petite fête.

13.8 *Au mitan de la vie*

Retraite ou départ d'un collègue

À force de se côtoyer pendant de longues heures, on a développé une grande complicité. Voilà que ce collègue qu'on aime bien quitte l'entreprise. On désire lui souhaiter bonne chance dans ses nouvelles fonctions? Quelques idées.

Quoi faire ?

- **On organise un apéro, un dîner ou un souper d'adieu**, à la résidence d'un collègue ou on réserve à son resto préféré. Il a deux endroits chouchous ? On prend l'entrée à un endroit et le repas principal ailleurs. Les tables champêtres sont aussi une avenue.

- **On monte un buffet maison composé des plats qu'il aime.** La tablée comprendra ses petits plats réconfortants et ses fringales préférées. Ça se marie plus ou moins ? Seul le plaisir importe !

- **On fait inscrire son expression fétiche sur un gâteau.** On décore ou on s'habille selon sa couleur préférée.

- **Sur l'air de la chanson qu'il turlute au bureau, on raconte des anecdotes** cocasses ou on trafique légèrement les paroles de *J'attendrai ton retour*, *Le blues du businessman*, *Ne me quitte pas*, *Avant de m'assagir*.

- **On organise un « bien-cuit »**, un faux procès ou une soirée des Oscars... où il est le seul nominé ! Voir notre chapitre 14 pour des conseils appropriés.

- **On réalise un collage qui le représente** à partir de photos de magazines.

Quoi offrir ?

- **Une carte avec beaucoup d'espace pour écrire** ou, mieux encore, un petit livret dans lequel on inscrit tous un souvenir mémorable, une phrase qu'on a retenue, ce qu'on lui souhaite et ce qu'on a appris de lui. Émotions assurées !

- **On peut demander à son conjoint, à certains clients ou fournisseurs de nous envoyer un mot qu'on lui remettra.**

- **On choisit un cadeau qui lui ressemble :** tableau, stylo plume, plante, calendrier artistique, machine à café, ses films préférés, son analyse graphologique ou sa carte du ciel.

- **Ce peut aussi être un cadeau relié à la nouvelle passion** qui l'animera bientôt : golf, voile, jardinage, voyage, ornithologie, bref tout loisir ou sport qu'il entend pratiquer à sa retraite.

Au revoir Francine !

Josée et ses collègues ont organisé une fête spéciale pour le départ de leur collègue Francine. Josée raconte : « Nous avons caricaturé une réunion type, habituellement très animée, dans laquelle notre collègue, très expressive, s'impliquait beaucoup. Chaque personne y allait de son petit commentaire. Par la suite, un gars de l'équipe a fait une apparition déguisé en « Véro » de l'émission *La fureur* (hilarant !) et une collègue a dansé le baladi. Après le repas principal, il y a eu lecture d'un texte écrit par un collègue et ensuite nous avons parodié une chanson en incluant des expressions fréquemment utilisées par Francine. À la fin du repas, avec les derniers hommages, elle a reçu un chèque-cadeau d'une galerie d'art. Notre ex-collègue s'en souviendra longtemps, car nous avons filmé la soirée et lui avons remis la cassette. »

La retraite, c'est pour moi ?

On caresse plein de rêves pour notre retraite : voyager, jouer au golf, jardiner, prendre le temps de vivre, faire du bénévolat, coacher des jeunes qui débutent dans le métier, etc. Bien des gens qui ont mal préparé leur retraite sont déboussolés lorsque ce moment tant attendu arrive. Il est parfois difficile de passer du « faire » au « être », surtout si on a construit son identité sur son statut professionnel. Tout à coup, dans les conversations sociales, on n'est plus rien. On a été. Parlez-en aussi aux femmes en congé de maternité ! Après tout, ce qu'on fait dans la vie n'est-il pas l'un des premiers sujets de conversation entre deux individus ? Voilà pourquoi la préparation à la retraite est extrêmement importante et de nombreux livres en traitent en profondeur. Pour notre part, nous rajouterons : créez-vous un rituel qui fait la coupure entre ce qui a été et ce qui sera. Ce peut être un voyage, une fête avec les amis, une petite cérémonie ou un pèlerinage dans les endroits qui ont jalonné votre vie (un peu à la manière du film *About Schmidt*), afin de vous donner le coup de pied pour accomplir vos rêves de retraite. N'attendez pas après les autres (on n'a pas tous Amélie Poulain comme fille – n'est-ce pas le but de son stratagème avec le nain de jardin qui voit du pays que d'inciter son père à en faire autant ?)

Ménopause

Les bouffées de chaleur sont au rendez-vous, annonçant la ménopause. Si certaines se voient soulagées du fardeau des règles, d'autres ont besoin de ritualiser cet événement pour composer avec la perte d'un pouvoir : celui de donner la vie. Une idée : si on perd le pouvoir de procréer, gagnons celui de créer ! Ce serait l'occasion de s'initier à la peinture ou à tout art qui nous a toujours tenté sans jamais avoir osé ou pris le temps. Ou encore adopter une nouvelle coiffure, s'acheter de nouveaux vêtements ou créer une petite cérémonie, en s'inspirant de ceux pratiqués dans les « moonlodges » amérindiens.

Devenir grand-parent

Voilà encore un passage important que traversent plusieurs personnes. Pour le souligner, certaines assistent à la naissance du bébé ou se précipitent à l'hôpital dès les premières heures, tiennent à acheter le même objet pour tous leurs petits-enfants, instaurent des petits rituels avec eux : promenade, lecture, magasinage, massage, chansons, comptines, voyage annuel, échange de lettres. Si notre enfant utilise le courriel pour donner des nouvelles à ses amis, suggérons-lui de mettre en copie conforme ses grands-parents branchés, un geste qu'ils apprécieront.

On a une amie qui devient grand-mère ? Offrons-lui une carte, un livre (ex : *Grand-parent aujourd'hui*, Francine Ferland, collection Hôpital Sainte-Justine pour les parents) ou, mieux, organisons-lui un « shower » (voir le « shower » pour grand-maman au chapitre 4).

La magie des premiers instants

Quelques heures après la naissance de Vincent, ma belle-mère est venue à la rencontre de son petit-fils. Bouleversée, elle s'est juré de revivre cet instant magique des premières heures avec les petits-enfants à venir. Lorsque Avi, notre petit neveu albertain, s'annonçait d'un jour à l'autre, elle a sauté dans l'avion pour être aux premières loges lors de son arrivée dans notre monde.

Lors de la naissance de Simon, ma belle-mère d'alors avait fait déranger le grand-papa en pleine réunion en lui disant : « Ces moments-là n'arrivent qu'une fois ». Et il est apparu quelque temps après, une bouteille de champagne à la main !

Départ vers la maison de retraite

Nos parents déménagent pour aller vivre dans une résidence pour personnes âgées ? Afin de faciliter leur transition (et la nôtre !), allons-y par étapes. Diane, par exemple, a accompagné sa mère Monique dans son magasinage pour un nouvel appartement convenant mieux à ses besoins. Elles ont ensuite fait un ménage de fond en comble dans celui que Monique occupe depuis plus de 50 ans, donné et vendu les objets inutiles et les vieux meubles, et acheté du nouveau mobilier. Autant de démarches préparatoires qui ferment la porte à un univers pour l'ouvrir à un autre. N'est-ce pas l'idée d'un rite de passage ?

D'autres idées : avant que maman ou papa n'y emménage, réalisons en famille une fresque murale dans sa chambre ou couvrons un mur de photos diverses. Fleurir sa chambre pour son arrivée, lui envoyer un télégramme chanté si elle a le sens de l'humour ou un bouquet de ballons, être présents si les autres résidents lui organisent une fête de bienvenue et lui promettre de lui consacrer nos mardis soirs, par exemple, sont autant de gestes facilitateurs.

Comment organiser un événement original et efficace | 14

14.1 Les clés d'un événement réussi

Pour les mariages, les événements corporatifs et les réceptions somptueuses, nous vous suggérons de vous référer aux guides d'organisation, livres, magazines et sites Internet spécialisés. Cependant, pour la majorité des événements privés, vous pouvez vous inspirer des grandes étapes d'organisation suivantes, à adapter selon l'ampleur de la réception. Rien de bien nouveau, les conseils usuels quoi, mais un rappel pratique à avoir sous la main ! Pour des idées directement reliées à la fête ou à la cérémonie qu'on organise, consultez le chapitre correspondant.

Combien de temps à l'avance doit-on lancer les préparatifs ?
Cela dépend du style de l'événement. Pour un mariage, il faut compter plusieurs mois d'organisation, voire un an, un an et demi pour une grande réception, surtout si la cérémonie a lieu un samedi. Pour un truc plus simple, quelques mois suffiront ou même quelques semaines, si vos disponibilités sont grandes ou que vous êtes plusieurs à mettre la main à la pâte. Si vous menez votre existence à fond de train et que votre agenda ressemble presque à celui d'un ministre, commencez à songer au concept de l'événement plusieurs mois à l'avance et... déléguez. Vous aurez ainsi le temps, au fil des mois, d'effectuer quelques démarches par-ci, par-là plutôt que de vous exténuer à un marathon essoufflant de dernière minute. Après tout, est-il normal d'envoyer votre stress au plafond et de vous crêper le chignon avec votre douce moitié ou vos proches pour organiser un événement... heureux ?

Le secret d'Annie et Philippe
La sœur et le frère ont souvent organisé ensemble des événements à succès. Leur formule ? Une séance de remue-méninges au restaurant, trois mois avant la fête, où les idées fusent et le plaisir éclate, suivie de deux mois d'organisation. Annie et Philippe se divisent ensuite les tâches selon leurs talents respectifs et embrigadent quelques complices.

Avant de se lancer dans l'action... il faut :

1. Déterminer d'abord l'objectif de l'événement

Règle numéro un : établir une ligne directrice claire. Quelles sont vos intentions ? Quel est le but de cette fête ? Si c'est clair pour tout le monde, vous éviterez de vous disperser et vous ferez des choix éclairés. Un événement bien conçu et planifié est beaucoup plus facile à organiser ensuite. Ça déboule tout seul. Voulez-vous :

- Célébrer une cérémonie.

- Faire la fête.

- Rendre hommage à quelqu'un.

- Être entouré d'une armada de gens.

- Au contraire, vous retrouver en **petit groupe** pour vivre quelque chose de significatif.

- Faire vivre une **aventure gastronomique** à vos invités.

- À l'inverse, faire ça «**à la bonne franquette**» pour célébrer simplement le plaisir d'être ensemble et se mettre à jour côté nouvelles et potins, en toute simplicité.

- Donner aux convives l'occasion de réfléchir.

- Consolider le sentiment d'appartenance.

- Rendre une invitation.

- Rencontrer de nouvelles personnes.

- Renouer avec des membres de la famille éloignée.

- Etc.

Au terme de cette réflexion, vous aurez donc pris les décisions suivantes : événement intime ou rassembleur ; chic ou sympa ; fête surprise ou pas (si c'est en l'honneur de quelqu'un).

S'adjoindre des complices : essentiel !

Il y aura toujours un meneur, soit la personne qui prend l'initiative de l'événement. Sans doute est-ce vous ! Cependant, deux têtes valent mieux qu'une, c'est bien connu. Mais pas 15 ! Impliquer trop de gens paralyse les décisions. Combinez esprits créatifs et pros de l'organisation. Les gens axés sur le processus, plutôt réalistes, tempéreront ou concrétiseront les envolées des grands imaginatifs qui, eux, amèneront de la magie à l'événement.

Sondez vos complices par téléphone ou par courriel, mais il n'y a rien comme une rencontre face à face pour stimuler la créativité ! La première réunion sera un « brainstorming » (ou remue-méninges) où on passe au peigne fin les goûts et les habitudes de la personne fêtée. Sa personnalité, ses loisirs ou ses petites manies peuvent aussi vous inspirer. En faisant du pouce sur les idées des autres, le concept finit toujours par émerger !

Attribuez-vous ensuite des responsabilités précises selon vos talents et vos intérêts (ex. : négocier avec le traiteur ou faire les courses, planifier et réaliser la décoration, rédiger les invitations ou les textes qui seront lus, gérer le budget et les inscriptions, planifier la ruse pour amener la personne au lieu de la fête si c'est une surprise, prendre les photos officielles ou s'occuper de la caméra vidéo, faire le ménage et la vaisselle après la fête).

Désignez parmi vous un responsable de la logistique pour soigner les mille et un petits détails et coordonner le jour de l'événement. Les perfectionnistes et ceux qui tolèrent bien le stress auront là un beau terrain de jeu !

2. Fixer la date et l'heure

Plus il y a de convives prévus, plus il est important de s'y prendre d'avance. Pour fixer la date, considérez la disponibilité des invités de marque et de ceux dont la présence est essentielle, le type de fête et la disponibilité du lieu souhaité et évitez le pic des vacances estivales.

3. Établir un budget (l'argent, c'est le nerf de la guerre!)

Doit-on le faire avant de dresser la liste d'invités ou après? À vous de voir : vous pouvez déterminer d'abord votre liste d'invités incontournables puis faire un choix de lieu et de repas en fonction du budget disponible. Vous pouvez aussi établir votre budget, choisir le lieu où vous désirez fêter ça, puis sélectionner les invités jusqu'à ce que vous atteignez la limite financière fixée. Deux écoles de pensée différentes selon le style de l'événement et surtout son objectif. Quoi qu'il en soit, il vous faudra estimer le nombre d'invités.

- **Déterminer s'il y aura contribution financière des invités** et évaluer leur capacité de payer. Sinon, estimer le budget disponible.

- **Évaluer le coût approximatif par personne.** Les dépenses importantes sont habituellement le repas et l'alcool (sans oublier les taxes et le service); la location d'une salle, d'un chapiteau et de divers items (tables, chaises, vaisselle, ustensiles et nappes) si l'événement n'a pas lieu dans un endroit bien équipé en ce sens; la décoration; l'audiovisuel; le transport.

- **Établir les coûts fixes** (immuables peu importe le nombre d'invités) et variables (qui fluctuent selon le nombre d'invités).

- **Attention aux dépenses «invisibles»...** qui ont beaucoup d'impact : on doit parfois louer des toilettes supplémentaires ou des ventilateurs, des petits détails auxquels les gens sont très sensibles.

4. Dresser la liste d'invités

- **Le nombre d'invités ira de pair avec votre objectif :** fête intime ou grosse bamboula?

- **Le style, l'âge et l'homogénéité des convives** donneront le ton au genre et au thème de l'événement. Par exemple :

  - Famille proche ou éloignée, amis, connaissances ou relations d'affaires?

• Proviennent-ils du même milieu? (Si vous mariez des univers différents, vous pouvez organiser un cocktail avant le repas ou en convier certains en soirée seulement.)

• Les conjoints sont-ils invités?

• Y a-t-il des personnes âgées? Des femmes enceintes? (Il faudra prévoir suffisamment de chaises et s'assurer qu'il ne fasse pas trop chaud.)

• Les enfants sont-ils invités?

• S'agit-il de gens d'âges différents?

• Quelle est la relation entre les invités? Se connaissent-ils? Y a-t-il des conflits latents qui risquent d'exploser? Dans certains cas, il faudra soigner votre plan de table, avertir les invités en question que vous ne tolérerez aucun écart de conduite ou écarter ceux qui risquent de porter ombrage à la fête.

• Inviter des gens qu'on aime et avec qui on se sent à l'aise est un facteur de succès important.

5. Choisir le genre de lieu et la formule

Selon l'objectif, le budget et le nombre de convives, choisir une formule : journée portes ouvertes, cocktail, souper, brunch, pique-nique, barbecue, week-end, « bien-cuit ». À la maison ou au resto? Pour une dizaine de convives, ça peut être chouette de casser la croûte à la maison. À 50 ou 100 personnes, c'est une autre histoire! D'autres critères :

Dans une résidence privée

• **Pour lâcher son fou à l'abri des regards indiscrets.**

• **Pour étirer la soirée autant qu'on veut.**

• **Pour éviter de réserver une gardienne** et pouvoir coucher les enfants sur place.

• **Pour mettre la musique qu'on veut.**

• **Pour goûter aux spécialités culinaires de tous et chacun** (si on fait un buffet collectif).

Dans un établissement (restaurant, hôtel, auberge, autre lieu public)

- **Pas de repas à préparer.**

- **Pas de ménage à faire avant** *et* **après.**

- **Pour accueillir tout notre monde dans un même lieu.**

- **Pour profiter d'une ambiance extra** ou d'une décoration fabuleuse.

- **Pour tirer sa révérence facilement.**

    Voir plus loin différents lieux, formules et thèmes à explorer et nos conseils pour choisir le lieu idéal, qui pourra être choisi en fonction du thème ou pas.

6. Déterminer un concept ou un thème original, si désiré

Vous le déclinerez partout (invitation, décoration, repas, habillement, musique). Faites aller votre imagination et inspirez-vous de nos suggestions, plus loin.

7. Déterminer le type de repas selon la formule choisie

Assez original tout en plaisant à la majorité : un beau défi! Les options sont :

- **Préparer soi-même la nourriture.**

- **Y aller pour une formule mixte :** acheter quelques plats tout faits et préparer les autres selon le temps dont on dispose.

- **Solliciter la contribution des invités** (chacun apporte un plat pour former un buffet collectif ou simplement ses propres boissons).

- **Recourir aux services d'un traiteur,** selon la formule choisie (ex. : méchoui, petit buffet simple avec sandwiches et salades, aventure gastronomique avec un chef à la maison).

- **Réserver dans un restaurant, un hôtel ou une auberge** ou tout lieu qui dispose d'une cuisine équipée.

    Vous recevez beaucoup de gens à la maison? La formule buffet est préférable, à moins d'être la châtelaine d'un petit royaume où on peut dresser des tables partout! Mettez l'accent sur des aliments qui se mangent sans couteau ou même debout, si l'espace est restreint.

Quant à l'alcool, les options sont :

- Formule «Apportez votre vin», au restaurant ou à la maison.

- Chacun paie ses consommations au restaurant.

- Service de vin seulement au repas et/ou cocktail.

- Bar ouvert ou partiellement ouvert.

Vingt lieux intéressants

Plusieurs de ces endroits disposent de salles pour des réunions ou des réceptions. Il suffit de demander !

1. **Auberges.**

2. **Tables champêtres** (www.agricotours.qc.ca).

3. **Restaurants.**

4. **Hôtel** (salle de réception, restaurant ou suite).

5. **Verger** (www.lapommeduquebec.ca/fr/index.html).

6. **Vignoble** (www.vignerons-du-quebec.com).

7. **Installations sportives qui disposent d'une salle de réception** (club de golf, de curling, de canotage).

8. **Érablières** (www.laroutedessucres.com).

9. **Bateau ou train.**

10. **Chalet** loué ou appartenant à un ami ou à un membre de la famille.

11. **En plein air**, dans un champ.

12. **Parcs nature, parcs municipaux et parcs régionaux** (plusieurs louent à la journée des chalets d'accueil, avec accès privilégié aux sites extérieurs).

13. **Musée.**

14. **Théâtre.**

15. **Cinéma.**

16. **Café-céramique.**

17. **Centre de divertissement** (salle de quilles, centre d'escalade, centres qui offrent des jeux pour enfants).

18. **Salles municipales.**

19. **Sous-sols d'église.**

20. **Centres communautaires.**

Trouver un restaurant différent

- **Dans Internet, les portails de divertissement** (ex. : MontréalPlus.com, QuébecPlus.com, etc.) sont une source intéressante pour dénicher des lieux thématiques qui offrent ce petit plus recherché.

- **Les restaurants ethniques** ont une saveur d'exotisme qui met du piquant à la soirée : mariachis, baladi, flamenco et tapas ou encore trattoria italienne et petit bistro français typique, dim sum.

- **D'autres restaurants offrent des forfaits dégustation** à l'occasion d'un 5 à 7 (ex. : fromages, chocolat et porto) ou encore des aventures gastronomiques réjouissantes (tables champêtres, accord mets-vins commenté).

- **C'est parfois le nom du restaurant qui inspire** parce qu'il fait écho à un événement vécu par la personne fêtée.

Quinze critères pour choisir le lieu idéal

Vous avez décidé d'organiser l'événement ailleurs qu'à la maison? Encore une fois, trouver l'auberge idéale pour se marier et dénicher le restaurant sympathique pour y fêter un anniversaire n'est pas du même ordre. Voici quelques critères pour magasiner le lieu idéal qui convient au style de réception :

1. **C'est un événement intime?** Préférez alors les petites auberges aux grandes, car il est souvent possible de réserver l'endroit pour votre groupe seulement. Sinon, demandez une salle privée, un petit coin juste pour vous ou une salle tatami dans les restaurants japonais. Vérifiez qu'il n'y a pas un autre service tout de suite après (rien de plus détestable que de se faire pousser dans le dos pour finir son dessert!). Un truc : certains restaurants spécialisés en déjeuners ouvrent leurs portes aux groupes en soirée.

2. **Intérieur ou extérieur?** Certains endroits sont déjà équipés d'un chapiteau extérieur (ce qui évite de devoir en louer un) et disposent également de salles de réception en cas de mauvais temps.

3. **Quelle est la capacité de la salle?** Combien de personnes peuvent tenir assises et debout? Y a-t-il un espace pour faire un cocktail? Monte-t-on des tables de 6 personnes, de 8, de 10? Tables rondes ou rectangulaires? Y a-t-il un espace pour la danse (si désiré)?

4. **Y a-t-il un traiteur sur place?** Si oui, doit-on obligatoirement retenir ses services? Quel est son menu? Peut-on voir des photos ou, mieux, déguster quelques échantillons?

5. **Y a-t-il un permis d'alcool?** Si l'établissement a un permis d'alcool, vous devrez prendre une entente concernant le vin, le service de bar, l'eau. À d'autres endroits, on peut apporter son vin, ce qui permet d'épargner sur l'alcool ou de privilégier un meilleur vin au même coût.

6. **Quel est l'équipement disponible?** Des questions primordiales si vous optez pour un lieu inhabituel: Y a-t-il assez de toilettes? Y a-t-il l'eau courante, suffisamment d'électricité et d'espace pour le traiteur? Faut-il louer chaises et couvre-chaises, tables, nappes, vaisselle, verrerie, centres de table? Comment le lieu sera-t-il aménagé? Y a-t-il de l'équipement audiovisuel? Qui s'occupera d'installer et de ramasser après la fête? Dans le cas d'une cérémonie (mariage, baptême, funérailles), peut-on nous fournir une table en guise d'autel? Peut-on y faire jouer de la musique, y faire brûler de l'encens, des bougies?

7. **Et les enfants?** Les lieux sont-ils conçus pour les petits turbulents? Peut-on leur aménager un coin pour jouer? Y a-t-il moyen d'avoir un menu pour eux? Si les toilettes n'ont pas d'espace pour langer les bébés, prévoir un petit coin tranquille.

8. **Et les fumeurs?** Certains établissements n'acceptent tout simplement pas qu'on en grille une sur les lieux. De quoi rendre nerveux bien des gens! Vérifiez s'il est possible d'aménager un coin pour eux ou s'ils doivent aller à l'extérieur pour fumer.

9. **Est-ce facile d'accès?** Le lieu choisi doit être relativement proche pour la majorité de nos invités, être accessible par transport en commun (sinon, organiser du covoiturage) et être facile à trouver (avec des indications claires). Le lieu où se tiendra la célébration est-il accessible aux

femmes enceintes, aux personnes âgées, aux poussettes ou aux personnes handicapées (selon vos invités)? Par exemple, un mariage en forêt est charmant, mais la montagne est-elle trop escarpée?

10. **Et le stationnement?** Il n'y a rien de pire que des invités enragés parce qu'ils tournent en rond depuis une demi-heure!

11. **Y a-t-il de l'hébergement aux alentours?** Si votre événement se déroule en soirée, loin de la ville d'où provient la majorité de vos invités, mentionnez-leur les possibilités d'hébergement sur place ou dans les environs.

12. **Qu'en est-il de la décoration et de l'ambiance?** L'environnement est-il propice aux belles photos? Y a-t-il un jardin? Comment est l'éclairage? La couleur et le style vous conviennent-ils? Et pour ceux qui s'y intéressent, le lieu est-il aménagé selon les principes du *feng-shui*? Y a-t-il une belle «énergie»?

13. **Attention aux moustiques!** Renseignez-vous auprès des propriétaires du lieu et auprès des résidents de la place, surtout si c'est situé près de l'eau. Avant le mois de juillet, certaines régions sont de véritables nids à maringouins!

14. **Y a-t-il l'air conditionné sur place?** Si ce n'est pas le cas, voyez si on peut vous prêter des ventilateurs ou louez-en. Dans le cas d'une tente ou d'un chapiteau dressé à l'extérieur, la question du chauffage est aussi à considérer si la fête a lieu à l'automne.

15. **Activités sur place.** Offre-t-on un programme d'animation ou des possibilités d'activités sur place ou aux alentours?

Demandez aux collègues et aux amis des suggestions d'endroits originaux, visitez les lieux, posez des questions, demandez des références et un contrat précisant toutes les clauses sur lesquelles vous vous êtes entendus.

Le cahier d'organisation : ne partez pas sans lui !

Selon la taille de l'événement, il peut être utile de monter un cahier d'organisation. Dans les premières pages, dressez une liste de choses à faire (« to-do list »), en choisissant parmi toutes les démarches décrites dans ce chapitre celles qui conviennent à votre événement. Pour approfondir chacune de ces démarches, glissez des feuilles mobiles dans un cartable à anneaux ainsi que des séparateurs identifiés pour chaque élément (Budget, Lieu, Thème, Menu, Déco, Invités, Textes, Musique, Animation, Déroulement). Inscrivez chaque semaine toutes les opérations et leurs préalables, les dates critiques et les personnes responsables (pour éviter le fameux « Ah, je pensais que c'était toi qui faisais ça... »). Cela permet de contrôler la coordination entre les intervenants, de responsabiliser les gens, de minimiser les imprévus et de prévoir le temps nécessaire à l'organisation. Mettez-le à jour continuellement et faites-en la distribution régulièrement. Ajoutez-y des pochettes pour rassembler en un même document tous les dépliants, factures et autres papiers pertinents. Pour égayer le tout, choisissez un cartable avec une pochette transparente sur le dessus, dans laquelle on insère une photo de la personne fêtée ou un montage maison imprimé sur une feuille 8 1/2 x 11. Sinon, un simple cahier à spirale agira à titre de cahier d'organisation : l'important est de ne pas vous éparpiller et de concentrer les résultats de vos actions dans un même document.

Allez, on se lance !
(quelques mois ou quelques semaines avant)

Une fois toutes ces décisions prises, différentes démarches d'organisation s'enchaîneront selon qu'on se roule les manches ou qu'on fait appel à un traiteur. Comment reconnaître un événement réussi ? Tout baigne dans l'huile, tout va rondement, rien ne manque. Ça semble tellement aller de soi qu'on ne s'aperçoit pas des innombrables heures passées en coulisses pour ficeler le tout.

Préparer ou commander les invitations

Selon l'événement, invitez par téléphone (certaines compagnies de téléphone permettent d'ailleurs de créer des messages de groupe), par Internet (carte virtuelle ou courriel avec motif de papier peint, insertion d'images ou pas) ou par la poste (obtenir les adresses postales auparavant et acheter des timbres). Dans ce dernier cas, choisir un faire-part imprimé ou le concevoir soi-même, fait à la main ou créé à l'ordinateur.

À inclure dans le texte de l'invitation, le cas échéant :

- **La date et l'heure.**

- **Le lieu.**

- **Le but de la fête.**

- **Le thème et le concept de la soirée**, s'il y a lieu.

- **Le nom de la personne pour qui la fête est donnée**, s'il y a lieu.

- **Si c'est une surprise**, indiquez-le.

- **Demandez-leur s'ils ont des restrictions alimentaires ou des allergies.**

- **Le plan et les indications routières pour s'y rendre** (les établissements ont souvent un plan bien conçu dont vous n'aurez qu'à faire des copies) ou la station de métro, le numéro d'autobus ou de train à prendre.

- **L'inscription RSVP avant telle date**, si vous souhaitez une réponse (vérifiez auprès du traiteur ou du restaurateur la date limite pour confirmer le nombre de convives). Un truc : donner aux invités une date qui précède de quelques jours cette date butoir, de manière à compiler les réponses en tenant compte des inévitables retardataires. Indiquez comment communiquer leur réponse : par téléphone, par courriel ou par la poste (joignez un coupon-réponse ou votre adresse postale).

- **Leur apport souhaité** (ex. : contribution financière, plat à apporter, participation à un «bien-cuit», numéro de danse ou chanson, penser à se présenter de façon originale aux autres).

- **L'habillement suggéré** (tenue de bal, cravate noire, tenue de ville, chic décontracté, tenue de plage, en lien avec le thème).

- **Le nom et les coordonnées d'une personne qui pourra répondre à tout renseignement supplémentaire** (ex. : l'endroit où est déposée la liste de mariage ou de naissance, dans le cas de mariages, baptêmes et « showers »). Certains décident d'inclure l'information dans l'invitation : à votre guise. Si la fête est donnée pour quelqu'un, demandez-lui des idées de cadeaux afin d'en informer les invités au besoin. Notre invité d'honneur pourrait vouloir, en guise de cadeau, une contribution financière pour un article de sport, un tableau, une antiquité, un abonnement au théâtre, un voyage.

- **L'hébergement disponible aux alentours** si les invités viennent de loin et une liste d'activités à faire dans les environs s'ils prolongent leur séjour.

- **Une adresse de site Internet** si vous en avez conçu un pour l'événement.

Prévoir le déroulement (animation, jeux et activités)

Que proposez-vous exactement à vos invités, de leur arrivée à leur départ ? Quel est le scénario, le déroulement prévu ? Selon le genre de l'événement, il peut être agréable d'organiser des jeux, des activités, un concours, un quiz. On peut prévoir des petits prix de participation à remettre aux invités et des jeux brise-glace s'ils ne se connaissent pas. Pensez à aménager un coin pour les enfants et prévoyez de quoi les amuser (jeux d'équipe, jouets, cahiers à colorier, activités de bricolage, lecture de contes, location de vidéo-cassettes). Vous aurez sans doute besoin d'un animateur ou d'un maître de cérémonie, rôle que peut jouer un proche pour un événement simple. Dans le cas d'un mariage, l'animation sera plus élaborée. Si la réception inclut des lectures de textes ou des choix musicaux particuliers ou nécessite les services d'un musicien, c'est le temps d'y penser.

Planifier l'aménagement et la décoration

- **Si la fête a lieu à domicile, évaluez comment vous devrez aménager l'espace** pour favoriser une circulation optimale, où mettre la table pour le buffet, celle pour les cadeaux, où faire signer la carte.

- **Si la fête a lieu à l'extérieur, prévoyez un plan B en cas de pluie** (espace suffisamment grand à l'intérieur ou location d'une tente ou d'un chapiteau) ou décidez si l'événement sera reporté au lendemain ou à la semaine suivante.

- **Songez à la décoration, selon le style de réception.** Si quelques fleurs fraîches, un petit centre de table ou des chandelles, une nappe de couleur, des ballons et des banderoles font l'affaire pour un événement tout simple, les mariages et autres célébrations commandent une ambiance plus recherchée.

- **Si vous prévoyez diffuser des photos ou des vidéos,** assurez-vous d'avoir tout le matériel audiovisuel nécessaire ou faites-en la location.

Envoyer les invitations

- **Quand?** Encore une fois, cela dépend de l'événement (de six à huit semaines avant pour un mariage ou un gros événement et entre deux et quatre semaines avant pour un événement plus simple), de sa logistique, de la participation ou pas des invités (vaut mieux s'y prendre tôt s'ils doivent préparer un numéro, que la contribution financière est élevée ou qu'on les invite pour un week-end). Pour faire votre décompte, tenez aussi compte de la date limite fixée par le traiteur ou le restaurateur. Et si c'est vraiment à la bonne franquette ou avec des intimes, vous pouvez inviter dans un plus court délai.

- **Créez un document pour faire le suivi des réponses.** Ce peut être une simple liste papier, mais aussi un document créé avec un logiciel de traitement de texte ou avec un chiffrier. Prévoyez une colonne pour la réponse, le nombre de personnes, leurs coordonnées (dont leur numéro de cellulaire – s'ils en ont un – en cas d'urgence le jour même), ce qu'ils apportent dans le cas d'un buffet collectif, leurs cadeaux si c'est un «shower».

- **Si certains invités ne peuvent venir, proposez-leur de vous envoyer à l'avance une carte ou un cadeau** que vous remettrez sur place ou encore un courriel que vous reproduirez sur une belle feuille à en-tête. Ou encore, convenez avec eux qu'ils appelleront à une heure précise et assurez-vous que le téléphone n'est pas loin... et branché! Pour le 60e anniversaire de leur mère Marthe, ses enfants ont simulé un «faux direct» avec un proche qui ne pouvait être présent : à lire au chapitre 6.

Magasiner les différents fournisseurs

- **Demandez plus d'une soumission** et exigez des références. Capital!

- **Gardez en note, dans un cartable ou un cahier, le nom des fournisseurs et des endroits intéressants répertoriés.** Vous n'aurez qu'à y puiser une idée la prochaine fois. Pas besoin de toujours réinventer la roue!

- **Demandez à goûter un échantillon de la nourriture** qui sera servie si possible et les menus que le traiteur propose pour les végétariens, les enfants et les personnes allergiques.

Planifier la musique
Selon le type d'événement, vous devrez :

- **Engager un DJ ou des musiciens.**

- **Choisir les CD en fonction de l'ambiance** voulue et du thème s'il y a lieu.

- **Acheter des compilations.**

- **Graver un CD** avec de la musique en boucle.

- **Demander aux musiciens de la famille d'apporter leur instrument** pour un «jam» improvisé.

Adaptez le style musical au genre de l'événement, au type de convives, et ordonnancez en fonction du déroulement. Ainsi, le cocktail, le repas et la période qui suit ne commandent pas la même ambiance musicale. Évaluez si vous devez louer une chaîne stéréo ou d'autre équipement audiovisuel.

14. Prévoir le mode de paiement (si les invités contribuent)

- **Au choix :** directement au restaurateur, chèque qui vous est envoyé à l'avance, remis en argent comptant sur place.

- **Si les invités paient sur place directement,** déléguez une personne qui s'occupera du paiement, de remettre la monnaie au besoin, d'inscrire «payé» sur la liste d'invités.

À la chasse aux photos !
C'est le temps de récolter les photos qui seront nécessaires à la préparation du «bien-cuit» ou de l'hommage, si cela figure dans vos plans. Vous pouvez aussi les utiliser en guise de décoration : dans des cadres, épinglées sur un fil qui traverse la pièce, au mur, plastifiées sur la table du buffet, regroupées sur un panneau de styromousse monté sur un tréteau. Ce peut aussi être des photos de la personne avec ses amis, à qui vous demanderez d'ajouter un commentaire, une légende ou une bulle style bande dessinée sur le panneau.

Les démarches des derniers temps

Quelques semaines ou quelques jours avant (selon l'événement ou vos disponibilités).

- **Faites un rappel aux invités si besoin est.**

- **Confirmez le nombre d'invités** au restaurateur ou au traiteur.

- **Finalisez le menu.**

- **À faire si la fête se déroule dans un lieu public :**

  • Vérifiez s'il manque quoi que ce soit sur place.

  • Faites vos demandes précises concernant l'aménagement et la décoration.

  • Faites une liste des items à apporter sur place s'il y a lieu et mettez-les au fur et à mesure dans une boîte.

  • Si plusieurs personnes sont attendues ou que l'endroit est bien caché, pensez à la signalisation (vous aurez bien sûr joint un plan et des indications dans l'invitation).

- **À faire si la fête se déroule à la maison :**

  • Vérifiez si vous avez suffisamment de chaises, de tables, de vaisselle, d'ustensiles, de plats de service, de nappes et autres accessoires (ex. : tire-bouchon et ouvre-boîte efficaces) pour accommoder tout votre monde.

  • Faites une liste des items manquants : chandelles, serviettes de table, petits fanions pour identifier les fromages ou les plats.

  • Louez ce qui manque, faites un appel à tous ou optez pour de la vaisselle jetable si l'événement a un caractère informel.

  • Vérifiez la logistique de préparation, en lien avec le menu choisi : espace disponible dans le frigo et utilisation du four. S'il manque de place, confiez le gâteau à Claudette ou à Patricia, mettez la bière dans le bain ou dans une piscine d'enfant remplis de glace, préparez plus de plats à l'avance ou ajustez le menu.

• Décidez de votre politique concernant les fumeurs et communiquez-la au besoin.

• Prévoyez des cocktails chics sans alcool (ce n'est pas parce qu'on est enceinte, membre des AA ou qu'on ne prise guère l'alcool qu'on doit se contenter d'eau plate et de jus !).

• **Réglez les différentes courses** (selon la liste que vous aurez dressée préalablement – ne pas oublier de vérifiez les heures d'ouverture des magasins) :

• Denrées alimentaires (en plus des ingrédients nécessaires à la réalisation de vos différents plats, vérifier les ingrédients de base (sucre, sel, poivre, filtres à café, sacs poubelles).

• Alcools et breuvages, glace, eau de source et eau minérale à profusion, jus, boissons gazeuses.

• Gâteau (pour un anniversaire ou une célébration).

• Décoration et aménagement : nappe, chandelles, ballons, banderoles, centres de table, fleurs coupées.

• Carte et cadeau (individuel ou collectif) pour l'invité d'honneur.

• Film pour la caméra traditionnelle (si besoin est), caméra jetable (ou plusieurs pour les invités), caméra Polaroïd et des films.

• Livre-souvenir pour faire signer les invités, crayons, etc.

• Jouets, cahiers à colorier pour les enfants.

• Prix de participation pour les jeux et activités (les magasins à 1 $ ont parfois des petites trouvailles intéressantes).

• Faites remplir la bonbonne de gaz propane à l'avance (si vous avez opté pour un barbecue) ou louez un deuxième barbecue.

• **Si nécessaire, montez la table d'honneur et préparez un plan de table** en fonction des atomes crochus (ou pas) entre les invités ainsi que les marques-place et un panneau pour identifier les numéros de table nommés de façon originale.

• **Dans le cas d'une cérémonie, imprimez le menu et le déroulement de la soirée** (si désiré).

- **Emballez le cadeau et les prix de participation.**

- **Revoyez les jeux et les activités.**

- **Ramassez les plats chez le traiteur** ou prenez une entente pour la livraison.

- **Rechargez la caméra numérique** et vérifiez s'il y a suffisamment d'espace sur votre carte-mémoire, rechargez la batterie de la caméra vidéo et vérifiez que votre support d'enregistrement est prêt à passer à l'action.

- **Besoin d'aide pour le service ou la nourriture ?** Réservez les services d'un barman ou barmaid ou d'un étudiant en tourisme et hôtellerie.

- **Prévoyez un jeu « brise-glace » si les invités se connaissent peu.** Vous pourrez tout simplement présenter les nouveaux arrivants aux autres invités en mentionnant leur lien avec l'invité d'honneur ou un point commun entre eux (ex. : ils viennent d'acheter une maison ou d'avoir un enfant, ils sont des passionnés de voyage, de plein air, de cinéma, de tango). Autre option : leur demander de se présenter en révélant une information inédite sur eux-mêmes, en déclarant des mensonges et une vérité (à deviner !) ou en faisant la démonstration d'un talent caché. Pour obtenir des réponses intéressantes, avisez-les d'avance de se préparer en conséquence et non le jour même !

- **Pensez à tout ce qui pourrait mettre les invités à l'aise**, prévoyez des petites attentions, tentez de se souvenir de leurs goûts et préférences (une suggestion : les noter au fur et à mesure dans un petit cahier destiné aux réceptions).

La veille et le matin de l'événement

Commencez tôt le matin pour pouvoir souffler une heure ou deux avant l'arrivée des invités !

- **Assurez-vous que l'invité d'honneur est en forme** (surtout si c'est une future maman). Faites-le discrètement si c'est une fête-surprise.

- **Affichez une liste des fournisseurs attendus**, à quelle heure précise ils doivent venir et leurs coordonnées, les opérations minutées et les responsabilités de chacun, les chèques à remettre. Dans le tourbillon du jour J, ce n'est pas le temps de chercher partout le numéro de la compagnie de location qui devait livrer les tables et les chaises quand le fleuriste nous demande sur quoi déposer les centres de table!

• **Pour un événement chic ou populeux**, déposez dans la salle de bains des dames un petit panier en osier comprenant divers items : serviettes hygiéniques, tampons, comprimés d'Aspirine ou de Tylenol, épingles de sûreté, trousse de couture miniature, mini-menthes, bonbons ou gommes, vernis à ongles transparent pour colmater les mailles dans les bas de nylon.

• **Pour une réception à la maison :**

• Collez sur le frigo une liste des opérations à compléter et des plats à sortir du frigo (dans le feu de l'action, qui n'a pas déjà oublié le plat d'olives ou la mousse de crevettes prévus au menu?).

• Préparez le plus de nourriture possible d'avance pour profiter du temps passé avec vos invités au lieu de passer la soirée la tête dans le fourneau! Préparez le café d'avance : il n'y aura plus qu'à appuyer sur le bouton pour mettre la cafetière en marche. Mettez sur un plateau le sucre, le contenant pour le lait ou la crème, les tasses et petites cuillères.

• Faites le ménage la veille et gardez la salle de bains pour le jour même. Si vous avez peu de temps pour dépoussiérer, faites le trajet à partir de la porte d'entrée pour voir ce que percevront vos invités et agir là-dessus seulement. Dans la salle de bains, vérifiez qu'il y a suffisamment de papier hygiénique, de mouchoirs, de savon, une serviette à main. On peut aussi allumer une petite chandelle.

• Faites de la place sur les comptoirs, dans le vestibule et la garde-robe d'entrée et disposez des plateaux de plastique pour les bottes (si la réception a lieu l'hiver).

• Aménagez la pièce principale selon les plans établis, disposez la signalisation au besoin. Pensez à un coin repos pour les enfants ou pour papi qui cogne des clous, pour les mamans qui allaitent ou pour changer la couche des bébés.

• Achetez ou faites des cubes de glace.

• Remplissez des pichets d'eau et ajoutez des quartiers de citron ou des feuilles de menthe.

- Disposez la nourriture sur la table et sortez les boissons.

- **Finalisez la décoration et sortez le matériel pour les jeux et activités.**

- **Préparez la table où les invités déposeront les cartes et les cadeaux**, l'enveloppe ou la boîte pour les cadeaux en argent, et désignez un endroit pour faire signer la carte (si elle est collective) ou signer le livre-souvenir.

- **Procurez-vous les fournitures nécessaires pour un paiement sur place :** une petite caisse ou toute boîte qui ferme à clef; monnaie ou pièces de 1 $, 2 $ ou billets de 5 $ et 10 $ selon le prix fixé; une liste d'invités avec une colonne paiement, crayons, reçus.

- **Soignez l'ambiance olfactive** (neutralisez les odeurs tenaces, changez l'air de la pièce, vaporisez une odeur agréable, faites brûler de l'encens).

- **Sortez ou apportez sur les lieux un sac de recyclage pour y mettre le papier d'emballage** au fur et à mesure que l'invité d'honneur déballe ses cadeaux.

- **Ayez sous la main un carnet pour noter les cadeaux reçus**, une responsabilité qui sera confiée à quelqu'un.

- **Soignez l'ambiance :** allumez des chandelles ou des bougies, tamisez les lumières à l'intérieur, allumez-les à l'extérieur ou disposez des lanternes.

- **Sortez les CD choisis et glissez-les dans l'appareil.**

- **Un problème se présente?** On ne cherche pas un coupable, on cherche une solution ensemble!

Le jour J

- **Ayez sous la main le numéro de cellulaire des invités dont le retard semble inquiétant.**

- **Offrez à boire aux invités,** proposez des grignotines et présentez les uns aux autres à l'aide des petites formules décrites plus haut.

- **Donnez des petites tâches aux invités qui arrivent tôt.** On peut d'ailleurs lister sur le frigo les tâches restantes et leur demander de choisir, puis de rayer (ex. : couper le pain, disposer pâtés et fromages dans un plat de service, garnir de laitue ou de noix, préparer le plateau pour le café ou des pichets d'eau, allumer les bougies).

- **Invitez les gens à écrire un petit mot dans le livre-souvenir.** Vous pouvez aussi fixer leur sourire avec la caméra numérique ou avec l'appareil Polaroïd afin de constituer un album complet à remettre à l'invité d'honneur (demandez alors aux gens de signer à droite en laissant l'espace à gauche libre pour la photo).

- **Amusez-vous !**

- **Si les invités contribuent financièrement,** assurez-vous que tous ont réglé leur addition ou ont remis leur contribution.

- **Remerciez tout le monde de leur présence** et saluez l'aide inestimable du comité organisateur.

- **Mettez à vue des numéros de téléphone de taxi ou d'un service de raccompagnement** pour les invités un peu éméchés.

Après la fête...

- **Dans une résidence privée, il faut ranger et faire le ménage...** Eh oui ! Vaut mieux faire un blitz avant le dodo, pour minimiser le découragement au petit matin...

- **Analysez les bons coups et les moins bons,** histoire de tirer des leçons de notre expérience et devenir, au fil du temps, un pro de l'organisation !

- **Faites les comptes et payez les factures !**

- **Envoyez aux convives un mot de remerciement et des photos,** par courrier, par courriel ou par un album en ligne offert par certains sites et centres de photos.

On fête dehors ! (Du barbecue au méchoui)

- **Ayez toujours un plan B en cas de pluie** pour les événements extérieurs : remettez au lendemain ou au samedi suivant, louez une tente ou un chapiteau ou poursuivez la fête à l'intérieur (s'il y a assez de place pour tous).

- **Sortez les lanternes et les bougies à la citronnelle,** pour éloigner les satanées bestioles.

- **Faites le ménage du jardin :** enlevez les objets dangereux, coupez le gazon, enlevez les mauvaises herbes, taillez les arbustes et coupez les fleurs fanées, nettoyez la table et les chaises de patio.

- **Si votre table de patio n'est pas assez grande,** vous pouvez en louer dans un centre de location ou placer des planches de bois sur des tréteaux, recouvertes de nappes colorées.

- **Procurez-vous des chaises pliantes,** louez-en ou sortez des chaises de la maison, selon le nombre d'invités.

- **Assurez-vous qu'il y a assez de coins à l'ombre** ou louez un parasol supplémentaire au besoin.

- **Disposez des cendriers pour les fumeurs,** pour éviter de retrouver des mégots dans vos bégonias et vos impatientes.

- **Eau fraîche et glace ne seront jamais trop loin,** surtout en temps de canicule. Vous pourrez toujours vous terrer à l'intérieur si la chaleur est assommante !

14.2 Quel caractère donner à la fête ? Des idées !

L'une des premières décisions à prendre est la formule de l'événement. Puisque les célébrations tournent souvent autour du repas, voici quelques concepts populaires, avec des idées et des suggestions. Parmi celles-ci, des formules pour recevoir à un moment où les gens ne s'attendent pas à un repas complet. Plus simple et moins coûteux ! Encore ici, nous vous recommandons fortement de vous référer aux autres chapitres, qui regorgent aussi d'idées dont vous pouvez vous inspirer.

Journée ou soirée portes ouvertes

- **Invitez vos convives à faire leur tour** entre telle heure et telle heure, une formule intéressante pour une pendaison de crémaillère (voir plus loin nos conseils spécifiques) ou tout ce qui n'implique aucun cérémonial, lecture de textes, discours ou bougies d'anniversaire à souffler.

- **Optez pour un en-cas,** composé entre autres d'aliments qui se conservent longtemps sur une table (croustilles, craquelins, noix, olives) et renouvelez régulièrement avec des aliments déjà préparés (sandwichs, etc.).

Dîner ou souper

- **Du plat costaud unique qu'on accompagne d'une soupe et d'une salade** (ex. : bœuf bourguignon, pot-au-feu, sauce à spaghetti, paella, couscous, chili con carne, rôti d'agneau, cassoulet, lasagne, tourtière du Lac-Saint-Jean) au repas fin gastronomique de plusieurs services, les possibilités sont nombreuses.

- **L'hiver, la raclette et la fondue** (bourguignonne, chinoise ou italienne) sont des plats conviviaux appréciés de tous et, surtout, qui impliquent peu de préparatifs. Tant mieux ! Vous n'avez pas d'appareil à raclette ? Plusieurs épiceries en font la location, en autant qu'on achète le fromage sur place.

- **Pour donner un thème à votre menu,** inspirez-vous de la cuisine d'un pays ou d'un continent (italienne, française, chinoise, japonaise, russe, thaïlandaise, indienne, antillaise, mexicaine, tunisienne, libanaise, portugaise, grecque, alouette !), d'une fête prévue au calendrier ou de ce qu'il y a dans l'air du temps.

Brunch

Une option décontractée, intéressante pour les jeunes familles réveillées depuis belle lurette !

- **Au menu :** brioches, viennoiseries, muffins, croissants, pain aux noix et confitures gourmet, jus d'orange frais ou cocktails de fruits inusités, salade de fruits, quiches, bagels, jambon, œufs, crêpes, petites patates sautées.

- **Côté thé et café, proposez de la variété :** café au lait, cappuccino ou, si vous n'avez pas de machine ou d'appareil pour faire mousser le lait, du café aromatisé ou noir corsé, avec une variété de crèmes aromatisées (noisette, amaretto, crème irlandaise) versées dans de jolis contenants. Vous pouvez aussi offrir une sélection de thés anglais, de thés orientaux ou de tisanes déposés dans une belle boîte en bois.

- **Après, laissez l'après-midi filer doucement** au fil des discussions, des jeux avec les enfants et, pourquoi pas, d'une belle promenade.

Buffet

- **Froid ou chaud, simple ou élaboré**, commandé d'un traiteur, fait maison ou composé de plats apportés par les invités.

- **Ce peut être autant un buffet composé de hors-d'œuvre**, de petites bouchées dites « finger foods » ou des petits plats préférés et réconfortants de l'invité d'honneur.

- **Ce peut aussi être un buffet thématique**, inspiré d'un pays.

Repas collectif

Déposer les divers ingrédients sur une table et chacun compose son plat en choisissant ses garnitures préférées, disposées dans des assiettes. Des idées :

- **Pizzas : garnir des pâtes à pizza déjà préparées** (ou du pain pita) avec différents légumes, charcuteries, fromages ou encore chacun roule sa pâte à pizza. Passez au four ou au gril, mangez et recommencez ! Une option chouette pour un petit groupe, à défaut d'avoir deux fours.

- **Rouleaux du printemps :** placer les légumes, les fèves, les crevettes, le porc et les galettes de riz sur une assiette. Humidifier la galette et garnir.

- **Fajitas :** au barbecue ou sur un gril intérieur, faire griller des lanières de bœuf, de poulet ou de porc et des légumes. Chacun remplit ses tortillas à son goût. Même chose avec les tacos et enchiladas. Et, en entrée, servir un excellent guacamole avec petites tomates concassées et mini-tortillas ou croustilles de maïs.

- **Sushis :** cela demande plus de dextérité et un riz cuit selon une méthode précise, mais c'est très chouette comme formule. Bien sûr, le poisson et les crevettes doivent être d'une fraîcheur irréprochable. Vous pouvez aussi opter uniquement pour des sushis végétariens (avocats, concombres, carottes râpées).

- **Buffet de pâtes :** faire cuire différentes sortes de pâtes et de sauces, avec lesquelles chacun composera son plat. Dans de petits plats, du fromage parmesan et des flocons de piment chili broyé.

- **Buffet de *smoked meat* :** disposer de fines tranches de viande fumée, du pain de seigle, de la moutarde, des cornichons, de la salade de chou, des frites.

- **Sandwichs géants :** saucisses et choucroute, moutarde forte ou à l'ancienne, au miel, à l'orange.

- **Souvlakis, pita au poulet, etc.**

Apéro ou 5 à 7

- **C'est le temps de sortir son petit guide du parfait barman** et de composer des cocktails inédits qui épateront la galerie, que ce soit des martinis, des margaritas, des cosmopolitains ou des cocktails tropicaux !

- **Une idée sympa :** dresser un comptoir à cocktails avec tous les ingrédients nécessaires pour les préparer et les recettes affichées au mur.

- **Préparez des kirs** avec des arômes de fleurs et de fruits disponibles dans les boutiques de produits du terroir.

- **Servez des canapés** pour sustenter vos convives et amoindrir l'effet de l'alcool.

Cocktail dînatoire

Entre l'apéro et le dîner officiel, le cocktail dînatoire est un véritable repas, composé d'une « brochette » de petites bouchées chic, servies pendant qu'on reste debout.

- **C'est une excellente formule pour réseauter,** car on circule davantage que lorsqu'on est flanqué des mêmes voisins de table toute la soirée. L'avantage : comme on n'a pas besoin d'autant d'espace que lors d'un repas assis, on peut inviter plus de gens.

- **C'est l'occasion de faire preuve d'originalité dans le choix des bouchées.** Certains traiteurs proposent une formule mixte : petites bouchées qui circulent pendant que les invités jasent et « stations » où sont déposés des petits plats que les invités peuvent manger assis à une table, puis se relever. Par exemple, tartare de saumon dans des petites cuillères asiatiques, soupe de melon servie dans une flûte de champagne ou une éprouvette.

- **Calculez environ six bouchées consistantes et une quinzaine de petites bouchées par personne pour la soirée.**

Café-dessert

On invite non pas pour un repas mais pour le dessert et le café. Bien sûr, ce peut être une simple pâtisserie avec un café filtre, mais on peut aussi marquer le coup. Des idées :

- **Cappuccinos ou cafés flambés** (espagnols, brésiliens, irlandais).

- **Buffet de desserts variés**, dont des petits gâteaux au fromage.

- **Portos intenses et dégustation de chocolats gourmets.**

- **Fondue au chocolat et brochettes de fruits frais** (il se loue même des fontaines à chocolat !).

- **Assiette de fromages fins** pour ceux qui ont davantage la dent salée.

- **Dégustation de crèmes glacées artisanales ou de sorbets à diverses essences.**

- **« Bar à sundae » :** mettre sur la table tous les ingrédients (crème glacée, sirops de chocolat et de fraise, caramel, bananes, cerises, noix, crème fouettée) et chacun se fait son propre sundae.

- **Dans la même veine, le « after[105] » réconfortant,** qui fait la belle part aux boissons chaudes : vin chaud, chocolat chaud aromatisé, avec cerises au vin et biscottis double chocolat.

Un petit thé, *darling* ?

Inviter pour le thé de 16 h est une formule intéressante, moins coûteuse qu'un repas complet et plus simple à organiser. L'*afternoon tea* est une coutume anglaise née au début du XIXe siècle, lancée par Anna, septième duchesse de Bedford, pour remplir le petit creux d'avant le repas du soir, alors servi tardivement. Une idée chouette pour la fête des Mères, tiens !

---

105. « Recevoir autrement », Dali Sanschagrin, *La Presse*, lundi 22 décembre 2003.

- **Sortez la vaisselle de grand-maman pour un look *vintage* victorien.**

- **Achetez une variété de thés fins**, préparer des petits sandwichs au concombre sans croûte, des canapés salés, des scones servis avec de la crème Devonshire et des confitures, des petits gâteaux, du pain aux noix.

- **On peut aussi y aller pour la version fruitée** (thé aux fruits ou tisanes parfumées), arabe (thé à la menthe), japonaise (thé vert ou avec des grains de riz) ou taïwanaise (thé aux perles de tapioca, appelé *Bubble Tea*).

À Montréal, différents salons de thé proposent le thé à l'anglaise ou à l'orientale, que commente Francine Grimaldi dans *Le Grimaldi 2004 – Les plaisirs du Grand Montréal* ou sur http://grimaldi.branchez-vous.com. Le Jardin et le Pavillon japonais du Jardin botanique (toujours à Montréal) proposent également, au printemps et à l'été, une dégustation de thé vert.

Vins et fromages
Cette activité se décline dans une version simple ou élaborée.

Version simple

- **La première formule, c'est au fond un beau prétexte pour réunir les amis autour d'un buffet collectif**, auquel vous ajouterez pains variés, pâtés et salades, etc.

- **Achetez soi-même une variété de fromages ou demander aux invités d'apporter un accord vin-fromage.** Ce peut être leur fromage préféré, des fromages français ou internationaux, des fromages de fabrication artisanale et fermière du terroir québécois, un fromage inédit à faire découvrir.

- **Préparez des assiettes de service avec un fond de laitue**, de mesclun et des noix grillées.

- **Demandez à chaque invité d'identifier son fromage** en inscrivant le nom sur un petit fanion (un cure-dent avec une petite étiquette pliée fera l'affaire, sur laquelle on peut imprimer un dessin relié au thème ou un drapeau correspondant au pays thématique).

Version élaborée

- **La seconde formule se veut plus gourmet, basée sur la dégustation.** Il y a donc un réel effort pour marier les vins et les fromages proposés.

- **Proposer trois ou quatre services, commentés par un sommelier**, un spécialiste gastronome ou encore un ami gourmet.

- **Mettez à la disposition des invités des fiches de dégustation.**

- **Listez sur un petit menu le nom des vins et des fromages dégustés**, qui seront également identifiés avec une étiquette.

Quelle formule choisir? Cela dépend du type d'invités, du temps dont vous disposez pour effectuer les recherches et de votre capacité à acquitter la facture d'avance. Dans la formule dégustation, vous devrez délier les cordons de la bourse pour faire les achats. Pour ce faire, vous aurez besoin du nombre exact d'invités qui s'engagent à être présents et à contribuer le jour même (s'ils participent financièrement). Les bonnes fromageries offrent des conseils et proposent des formules de dégustations type. Consultez les sites Internet suivants : www.saq.com et www.servicevie.com.

Party d'huîtres

On suggère souvent d'organiser ce type d'événement au moment où les huîtres sont, semble-t-il, à leur meilleur, soit dans les mois se terminant en « bre » (de septembre à décembre). Plusieurs poissonniers affirment qu'on peut maintenant en manger à l'année, mais, dans ma tête, c'est un rituel d'automne!

- **Assurez-vous d'abord que nos invités sont des amateurs d'huîtres crues** ou les apprêter de diverses manières (en potage, gratinées à la Rockefeller, en tartare) et cuisiner ou acheter d'autres petits « à-côtés ».

- **Achetez quelques variétés d'huîtres.** Elles doivent être vivantes dans leur écaille, fraîches (vérifiez la date de la cueillette et la provenance), fermées hermétiquement et lourdes (remplies d'eau).

- **Conservez-les au frigo dans un contenant recouvert d'un linge humide.**

- **Prévoyez un coin dans la cuisine pour monter notre « buffet d'huîtres »** et étendez sur le sol du papier journal ou un tissu lavable.

- **Ouvrez-en une certaine quantité au dernier moment**, servies sur le côté creux de la coquille et mettez à disposition des convives des couteaux à huître (à moins d'assigner cette tâche à la même personne toute la soirée).

- **Servez-les sur un lit de glace concassée ou de gros sel** auquel on ajoute un peu d'eau, accompagnées de condiments (jus de citron, sauce tabasco) et de pain.

- **Côté alcool, privilégiez le champagne et les vins blancs** (Chablis, Muscadet, Meursault, Graves, l'Entre-deux-Mers, Sancerre).

- **Des conseils pour ouvrir les huîtres** sur www.servicevie.com.

Dégustation de bières

- **Faites déguster des bières originales,** provenant de différents pays.

- **Fricotez des plats à la bière.**

- **À l'apéro, servez un mimosa à la bière,** moitié jus d'orange, moitié bière blonde ou blanche.

- **Et pourquoi pas jumeler saucisses et bière,** pour un thème *Oktoberfest*?

- **En guise de décor,** des affiches publicitaires anciennes de marques de bière et quelques feuilles imprimées qui expliquent l'origine de la bière.

- **Autre idée :** faites tirer un livre sur la bière d'ici et d'ailleurs (histoire, répertoire ou livre de recettes). Certaines microbrasseries proposent des visites de leurs installations et offrent la possibilité d'organiser nos événements sur place.

Souper progressif ou tournant

- **On prend l'entrée à un endroit (restaurant ou résidence privée), le repas principal ailleurs et le dessert dans un troisième lieu.** Cela s'inspire des circuits qu'organisaient nos ancêtres pour le jour de l'An et des communautés rurales de l'Ontario et de la Pennsylvanie, qui allaient de maison en maison après la messe pour manger un plat différent. Une tradition sympathique qui a vu naître toutes sortes d'initiatives similaires, comme ce circuit dans des maisons privées pour la Saint-Valentin, à Bruxelles comme à Saint-Paul-de-l'Île-aux-Noix[106]. Si la formule s'observe chez les congressistes de passage qui découvrent une nouvelle ville, pourquoi ne pas l'adopter pour vos événements privés?

---

106. « Souper progressif », Marie-Ève Cousineau, *La Presse*, vendredi 20 février 2004.

Dans ce cas, vous établirez votre circuit en choisissant des restaurants situés à proximité l'un de l'autre ou chez des amis qui habitent tout proche. Sinon, voyagez en taxi d'un endroit à l'autre ou, pour un anniversaire de mariage important (10e, 20e, 30e et plus), que diriez-vous de faire le trajet en limousine ?

- **Une autre option, le souper tournant.** Plutôt que de changer de lieu à chaque service, on change simplement de table, ce qui permet de rencontrer de nouvelles personnes (pour un événement de réseautage), ou de passer du bon temps avec plus de proches (pour un événement familial).

Barbecue

C'est le classique estival par excellence!

- **Régalez les troupes avec des hamburgers cuits sur le gril**, du poisson, des steaks, un combo saucisses-choucroute, des poitrines de poulet marinées. Et que dire des brochettes! Vous pourriez ainsi monter un plateau de mini-brochettes variées (porc, poulet, bœuf, légumes et même fruits!).

- **L'option simple et facile pour un truc informel :** proposez à chacun d'apporter une pièce de viande à faire griller, que vous compléterez avec du riz, des légumes, une salade, une assiette de fruits frais.

- **Vérifiez que vous avez toutes les munitions sous la main :** une bouteille de propane remplie, du charbon de bois ou briquettes, un allume-feu, du papier aluminium et des accessoires de barbecue. Pour un plus gros groupe, louer un barbecue supplémentaire.

Épluchette de blé d'Inde

Un autre beau rituel d'été. Simple comme tout, l'épluchette est une belle fête champêtre qui convient aux rencontres sans façon ou qui clôture bien une grande journée en plein air.

- **Outre le maïs, on peut servir hot-dogs, hamburgers ou encore pâtés, salades, guacamole, crudités et trempette, petites bouchées.**

- **Servez avec des beurres aromatisés aux herbes, du sel.**

- **Pour la cuisson des épis** (une fois que tout le monde les a dénudés de leur enveloppe, cette dernière jetée dans des sacs ou une grande poubelle), les options sont : louer un combo marmite géante et cuiseur au propane dans un centre de location (six à dix douzaines à la fois) ; utiliser plusieurs grandes marmites d'eau légèrement salée où on a versé un peu de lait ; faire griller sur le barbecue, après les avoir badigeonnés d'huile d'olive et saupoudrés d'herbes séchées au choix (ciboulette, basilic, coriandre) ou cuire sur un feu de camp, si on en a la possibilité.

- **Procurez-vous des pinces pour sortir les épis de la marmite**, des petits pics qu'on place aux deux bouts (si désiré), des serviettes humides pour se rincer les doigts, des cure-dents, des sacs à ordures en grand nombre.

- **Et pourquoi pas réserver les services d'un chansonnier** ou demander au beau-frère d'apporter sa guitare ?

Pique-nique

Toujours pour honorer la belle saison, c'est une activité sympathique pour les familles et un concept parfait pour réunir sans fla-fla des gens qu'on aimerait connaître mieux. Par exemple, en conviant à un happening annuel ces gens qu'on fréquente peu, faute de temps.

- **Ce peut être toujours au même parc** ou, au contraire, découvrir un nouveau coin de verdure chaque fois !

- **Un beau panier en osier rempli d'aliments frais** et de petites douceurs, une nappe à carreaux rouges ou à motifs colorés ou une couverture déployée sur le sol, des assiettes et des verres de plastique tout pimpants, une bouteille de vin rosé, n'est-ce pas la prémisse d'un bel après-midi au soleil ?

- **Et pour réchauffer l'hiver**, que diriez-vous d'organiser un pique-nique intérieur avec de la musique tropicale ?

Beach party

Voilà une variante du pique-nique, qu'on organise à la plage plutôt qu'au parc. Apportez des jeux extérieurs, organisez un tournoi de volley-ball, etc.

Méchoui

Certains traiteurs se spécialisent dans cette formule de banquet extérieur. Voir tourner sur la broche porc, agneau, bœuf et poulet fait souvent un effet... bœuf !

14.3 Concepts et thèmes à explorer

Une fois la formule pour le repas choisie, vous pouvez décider de tester un nouveau concept ou d'accoler un thème à la fête. Voici d'autres suggestions, auxquelles ajouter toutes celles qui peuplent le chapitre sur les traditions familiales et amicales (chapitre 8).

Différents concepts

Apportez... un invité
Une solution pour garnir votre carnet d'adresses : un « dîner de cons »... inversé! Quiconque a vu le film français *Le dîner de cons* (pour les autres, je vous le recommande, rigolade assurée!) se rappellera du manège cynique auquel se livrent tous les mercredis soir Pierre et ses amis. Dans le film, l'enjeu est de dégoter l'invité le plus con et de se payer sa gueule. Dans notre version, on ramène une personne fascinante, qui divertira les autres convives par ses talents de conteuse, sa personnalité enjouée, ses expériences de vie fascinantes, son sens de l'humour, sa grande culture ou son charme craquant!

La ronde des souvenirs
Chacun apporte ses dix meilleures photos de vacances, des anecdotes cocasses et enfile une tenue de voyage typique. On peut aussi ouvrir notre album photo d'enfance ou celui de notre mariage. Ou encore on se réunit autour d'un verre de vin pour concevoir chacun son album-souvenir.

La croisière s'amuse!
Un petit tour de bateau, chic! Pour un petit groupe, insérez-vous dans une formule existante. Renseignez-vous, entre autres, au port de votre ville. Pour une réception grandiose, contactez une compagnie maritime pour louer un bateau.

La soirée des Oscars

Ce peut être une rencontre sociale autour de la présentation des vrais oscars ou un concours des meilleurs talents ou pour souligner les qualités de tous et chacun.

Le faux procès

Un peu dans l'esprit du «bien-cuit» (voir plus loin), on monte un faux procès où on «accuse» la personne fêtée de différents «méfaits». Pour s'inspirer, lire le récit d'anniversaire de mariage de Lise et Christian au chapitre 7.

Le rallye de lieux significatifs

Notre chapitre sur les anniversaires de naissance raconte deux rallyes : ceux organisés pour Claudie, qui fêtait ses 20 ans, et pour Nathalie, une jeune maman qui avait besoin de temps pour elle !

Les étapes :

- **D'abord, il faut créer le circuit**, soit identifier les lieux où devra se rendre la personne, en fonction de ce que ça représente pour elle.

- **Vérifier que tout est prévu sur place** et que chacun jouera son rôle.

- **Minuter le déroulement de chaque étape.**

- **Prévoir un moyen d'assurer le relais d'un lieu à un autre** (ex. : remettre un document écrit ou préparer une énigme à résoudre).

- **Effectuer les réservations.**

- **Confectionner le matériel nécessaire** s'il y a lieu.

- **Garder le silence jusqu'au jour J !**

Le souper meurtre et mystères

C'est un jeu de société basé sur une histoire de meurtre, dont le but est de découvrir l'identité de l'assassin. Un concept intéressant pour une soirée d'Halloween ! Pour ce faire, chacun des convives personnifie un personnage qui aura certaines répliques à dire et des questions à poser le soir venu, selon un scénario établi. On peut jouer pendant un repas, en faisant correspondre chaque «acte» avec un service.

- **Trouver six à sept convives** (selon qu'on vit en couple ou pas, les jeux comprenant en général huit personnages) assez extravertis, avec un sens de la répartie musclé, ou qui ont tout simplement envie de s'amuser. Entre gens qui se connaissent bien, ça vire souvent au «party» et l'intrigue devient la toile de fond d'une soirée amusante.

- **Se procurer un jeu de meurtre et mystères** parmi ceux proposés dans les magasins de jeux, selon vos affinités avec l'intrigue proposée et le style des personnages. Chaque jeu comprend le programme de la soirée, des cartons d'invitation, une description des personnages, des suggestions de menu et d'ambiance, et la clé de l'énigme, à dévoiler à la toute fin.

- **Associer chaque convive à un personnage**, au hasard ou selon votre inspiration.

- **Envoyer les invitations**, en joignant le livret qui décrit le personnage, le rôle que chacun a à jouer et des suggestions d'habillement.

- **Le jeu commence à l'arrivée des invités ou après l'apéro**, au signal du maître de jeu, tout de suite après qu'il ait rappelé les consignes.

Voir aussi, au chapitre 6, le récit de Jacinthe, qui a organisé un souper-mystère à la Harry Potter pour l'anniversaire de son conjoint.

Meurtre dans la mafia

J'ai organisé l'an dernier une soirée meurtre et mystères qui se déroulait dans le milieu de la mafia italienne. À l'apéro, de la bière de marque Moretti. Le souper? Pasta, bien sûr! Aux couleurs du drapeau italien : blanc, rouge et vert. Le vin? Du Chianti. L'ambiance sonore? Musique typique de trattoria et la bande sonore de la série *Omerta*.

Pendre la crémaillère

Une crémaillère chouette, ça peut être un cocktail ou un barbecue, tout simplement! On n'a qu'à choisir une formule qui nous convient ou encore opter pour une journée «portes ouvertes» en après-midi ou à l'heure de l'apéro. Dans ce cas, on en profite pour convier les voisins à venir faire un petit tour, histoire de mieux se connaître. Voici quelques idées :

- **La première gorgée de bière et autres plaisirs minuscules.** Je me suis inspirée du livre de Philippe Delerm du même nom (Gallimard, 2002). Chaque invité devait apporter des bières inusitées à faire découvrir aux autres convives et… un plaisir minuscule, soit une assiette de hors-d'œuvre. L'avantage : les invités peuvent circuler pour découvrir chaque pièce de la maison et… de nouvelles personnes ! En guise de décor, des affiches anciennes de bières, trouvées sur Internet avec Google « Images ».

- **« Comfort food »** : Comme la maison est le lieu du réconfort, on demande à chacun un plat qui lui tient lieu d'aliment réconfort, pour composer un buffet bigarré… mais sympathique.

- **Plantes** : On demande aux invités de nous offrir une plante en guise de cadeau, que ce soit une plante neuve ou des boutures de leurs propres plants, pour prolonger les liens d'une maison à une autre. Et sur l'invitation, on indique « On prend racine à telle adresse… »

- **Chandelles** : Chacun de vos convives apporte une chandelle ou une bougie en cadeau, qu'ils allumeront à tour de rôle à un moment convenu pendant la soirée pour souhaiter qu'il règne de la chaleur dans notre maison. J'aime bien l'expression « house warming », l'équivalent anglais de pendre la crémaillère : réchauffer notre foyer par la présence de nos parents et amis. On peut aussi devenir l'hôtesse d'une soirée « Party Lite », l'équivalent du Tupperware en version chandelle !

- **Cocktail !** Demandez à vos invités de contribuer à créer le bar idéal en vous apportant une bouteille de spiritueux. Le site de la Société des alcools du Québec (www.saq.com) formule quelques suggestions pour un bar de base et pour des versions plus élaborées.

- **Y a-t-il un décorateur en vous ?** Dans chaque pièce qu'on veut améliorer, on appose une fiche pour recueillir les propositions de nos invités, avec un crayon. On expose différents échantillons de peinture au mur, que nos invités pourront cocher pour signifier leur préférence.

- **Quelle est votre adresse ?** Votre numéro civique ou le nom de votre rue se prêtent-ils à un thème ? Trouvez qui est la personne derrière le nom de votre rue et imprimez son histoire sur une feuille, que vous apposerez sur la porte, dans le couloir ou au-dessus du buffet. Si vous êtes capables de retracer l'histoire de la maison grâce à votre notaire (ex. : situation familiale et professionnelle des anciens propriétaires), il peut être intéressant d'en faire un résumé.

Important : Fournissez un plan ou des indications précises pour se rendre à votre nouvelle demeure.

D'où vient l'expression «pendre la crémaillère»?

Autrefois, la crémaillère était la tige de fer munie de crans, fixée à l'intérieur d'une cheminée pour suspendre les marmites à différentes hauteurs. Pendre la crémaillère quelque part indiquait l'intention d'y résider.

Vous êtes invité à une pendaison de crémaillère

- **Pain, vin et sel.** Pour suivre la tradition, offrez un panier incluant du pain (pour qu'il y ait toujours à manger dans cette maison), du vin (pour qu'il y ait du bonheur) et du sel (pour chasser les mauvais esprits), accompagné d'une carte qui explique la symbolique traditionnelle de chaque objet. Bien sûr, on peut raffiner la tradition en optant pour un pain aux noix ou de la fleur de sel.

- **Panier maison.** On peut aussi composer un panier avec des victuailles maison (muffins, petits gâteaux, tarte, confitures), un peu comme les voisins avaient coutume de le faire avec les nouveaux arrivants.

- **Objet lié à la maison.** Pour choisir le présent approprié, la personnalité de vos hôtes, leur décor et surtout leur expérience domestique (en sont-ils à leur première ou à leur huitième maison?) vous guideront. Outre les plantes et les chandelles (cela semble convenu mais on en a toujours besoin), pensons à des serviettes de table en papier de toutes les couleurs; des gadgets pour identifier les verres à vin; des verres à pied; un ensemble à sushi ou pour le saké; des serviettes et des draps; des thés fins et du café italien; des épices rares; un guide réno, bricolage ou jardinage; ou encore un livre dans lequel votre hôte peut consigner la liste de ses invitations, des menus composés pour l'occasion, un guide sur le *feng-shui* ou l'art domestique.

- **Chèque-cadeau.** On peut se procurer un chèque-cadeau auprès d'un centre de rénovation, d'une boutique d'encadrement, d'un café-céramique (pour y réaliser une nouvelle pièce de vaisselle) ou encore à l'Artothèque (Montréal), qui loue des œuvres d'art aux particuliers désireux d'enjoliver leurs murs. Autre suggestion : vérifiez s'il existe un tour guidé de sa ville ou son quartier par une société historique ou culturelle locale et achetez un ou deux billets.

- **Vos bras!** Si vous êtes habile manuellement, proposez, sur une jolie carte, vos services pour tous futurs travaux domestiques. Mon ami Christian m'a déjà offert une journée pour venir à bout de tous les «cossins» dans la maison (genre la toilette qui fuit). Merveilleux!

Idées de thèmes en vrac

Optez pour un thème et faites aller votre imagination! Quelques pistes à développer :

- **Mexicain :** buffet varié (burritos, chili con carne, guacamole, nachos, etc.); serviettes colorées; mariachis; chapeaux et habillement typique; sans oublier la fameuse piñata, qu'on frappe à coups de bâton pour libérer les bonbons (les «centres de party» vendent quelques modèles de piñata). Plaisir assuré!

- **Espagnol :** dans la série *Smash*, écrite par Daniel Lemire, l'un des personnages organise une crémaillère sous le thème de l'Espagne : sangria, tapas, musique typique, décoration, look flamenco, tout y était. Olé!

- **Luau Hawaïen :** colliers de fleurs fraîches, faits en soie ou en plastique; jupes de raphia ou de papier; bikini ou petit haut fleuri; chemises à motifs hawaïens; orchidées; ananas et noix de coco; musique hawaïenne, ukulélé, et, pour s'amuser un brin, la délirante *Hawaïenne* (Les Trois Accords). Plein d'idées sur www.alohafriends.com.

- **Nouvelle-Orléans :** nourriture cajun, créole et africaine (crevettes, poisson, jambalaya, gumbos, écrevisses, riz aux haricots noirs, crêpes Suzette, fraises marinées, sucre de canne – les petits berlingots aux couleurs madras d'Outremer Autrement sont tout simplement craquants!), musique jazz et des Antilles, rituels vaudou pour rigoler.

- **N'importe quel pays, finalement!**

- **Une couleur spécifique :** décor, habillement et choix de nourriture... déclinés dans la même couleur.

- **Soirée « kitsch » :** le but : être le plus quétaine possible ! Côté musique, le choix ne manque pas, vous vous rappelez de Normand L'Amour ? Préparer des petits *drinks* coiffés d'un petit parasol polynésien. Décorer en brun et orange et, comme prix de participation, des gadgets tous plus quétaines les uns que les autres.

- **Les grands classiques :** louer les classiques du cinéma, à voir et à revoir. Doublement intéressant, car plusieurs sont maintenant disponibles en DVD : *Citizen Kane, Autant en emporte le vent, Casablanca, Laurence d'Arabie.* Vous pouvez aussi inventer un quiz (Internet regorge de suggestions), jouer au jeu de société *Le cinématographe* (sur le cinéma d'ici et d'ailleurs), discuter de vos films préférés ou de ceux qui ont changé votre vie ou mimer des scènes de cinéma célèbres. En fond musical, les bandes sonores de vos films chouchou. En guise de prix de participation, des chèques-cadeaux pour le cinéma ou des guides vidéo et DVD). Voir aussi le témoignage de Jocelyne sur le thème du cinéma (plus loin).

- **La machine à voyager dans le temps :** Préhistoire, Antiquité gréco-romaine, Égypte ancienne, Moyen-Âge, Vikings, Renaissance, Nouvelle-France, années folles (1920) ou encore n'importe quelle époque du XXe siècle (soirée québécoise d'antan, années rock'n'roll 50, yéyé 60, disco 70, électro 80).

- **Science-fiction ou rétro-futuriste** (ou comment on voyait l'an 2000 dans le passé – vous vous souvenez, on devait tous voler dans le ciel dans notre petite machine !). *Blade Runner* est l'inspiration numéro un.

- **Avion, train, bateau :** déguisements de capitaine ou d'hôtesse de l'air, nourriture servie sur des cabarets, invitation truffée de jeux de mots reliés au thème, petite escapade en train (voir les forfaits d'un jour proposés par AMT sur le site www.amt.qc.ca/escapades ; le Train à vapeur Hull-Chelsea-Wakefield : www.steamtrain.ca ; le film *Planes, Trains & Automobiles* (avec John Candy et Steve Martin).

- **En vrac :** vos films préférés (adultes et enfants) : la légende des Chevaliers de la Table ronde, bande dessinée, dessins animés, personnages de série télévisée de notre enfance, contes, jungle, casino, n'importe quel art, mer, Nostradamus ou astrologie, voyages, western, grands inventeurs, moisson et récoltes, saisons, fleurs, animaux.

Pour trouver d'autres idées de thèmes

- **Consulter les chapitres** sur le baptême, le mariage, les « showers », les anniversaires, les traditions familiales et les rituels saisonniers, qui fourmillent d'idées sympathiques et originales mises à l'épreuve avec bonheur par différentes personnes qui témoignent.

- **S'inspirer de ce qu'il y a dans l'air du temps**, des produits culturels (livres, magazines, expositions, musique, émissions de télévision et de radio, vidéoclips, mode, films, publicités).

- **S'inspirer des goûts et du style de la personne fêtée.**

- **Zieuter dans un dictionnaire de type** *Thésaurus* (Larousse).

- **Les magazines féminins proposent souvent des concepts de fêtes** « clés en main » avec tout plein d'idées originales.

- **Surfer sur Internet** pour des idées originales :
  - www.tuttifiesta.com
  - www.fiesta-i-fiesta.com
  - www.askginka.com/themes/themes.htm (anglais)
  - www.partypop.com/Themes/ (en anglais)
  - http://angie1979.free.fr/Themes.htm

Onze thèmes testés pour vous

Jocelyne aime bien organiser des soirées thématiques en famille ou avec les amis. Cette pro de l'organisation, dotée d'une imagination fertile, nous dévoile 11 thèmes qui ont déridé ses invités. Pour Jocelyne, décliner un thème dans le choix de la nourriture, du décor et des costumes a plusieurs avantages : d'abord, cela permet de préparer des plats plus simples, tout en étant attrayants par les noms qu'on leur donne. Ensuite, cela met tout de suite les gens à l'aise, car l'atmosphère déroutante les amène ailleurs. Comme le dit Jocelyne : « Ça prend des gens ouverts, qui n'ont pas peur de se costumer et d'oser. Quels souvenirs nous avons de ces soirées ! »

1. **Soirée Pierrafeu :** salade Wabadabadou et vinaigrette Bam-bam ; côtelettes de brontosorus.

2. **La Petite Vie :** mousseux Baby Duck, pâté chinois (steak-blé d'Inde-patates) et trous de beigne...

3. **Astérix :** méchoui au sanglier, costumes et décors inspirés des Gaulois, chopes à bière en étain achetées dans un magasin à un dollar.

4. **Cinéma :** pop-corn partout sur les planchers, cherry coke, affiches de cinéma et menu classique des grands films (ex. : martini 007, pâtes cinéma paradiso).

5. **Indiana Jones :** sous le thème de l'aventure et des... bibittes.

6. **Monopoly :** chaque invité était assis devant un napperon reproduisant des terrains de Monopoly, assignés à chacun selon sa personnalité, ses intérêts ou son métier (ex. : notre ami électricien à la compagnie d'électricité!). Il y avait même une prison et des cartes de caisse commune et de chance, que nous avions nous-mêmes rédigées. J'étais déguisée en bonhomme monopoly et mon conjoint en prisonnier.

7. **Années 60-70 :** psychédélique à souhait!

8. **Déménagement :** nous avions revêtu des survêtements de travail, il y avait des échelles partout, du papier journal en guise de nappe, des gallons de peinture comme contenants pour certains plats.

9. **Mille et une nuits :** coussins, drapés, couscous, chandelles à profusion, faux bijoux, encens.

10. **Party pyjama :** plus classique mais bien agréable!

11. **Jeux de société :** nous avons installé des jeux de société un peu partout dans la maison et on jouait en rotation. Il y avait aussi des jeux de société pour les enfants, qui demandaient la participation des adultes. Après quelques verres de vin, même un simple jeu d'enfant peut devenir un défi! Et nous avons servi des petites bouchées plutôt qu'un repas assis.

Un couple, un pays

Catherine et Simon ont organisé une soirée thématique où chaque couple invité représentait un pays. Le mot d'ordre : revêtir une tenue de circonstance et apporter un plat typique de cette contrée. Et comme chaque pièce de leur maison s'inspire d'une région du globe, chaque duo a été photographié dans un décor de circonstance. Beaucoup de plaisir et de variété au menu!

14.4 « Bien-cuit » et hommage : les secrets

Le « bien-cuit » se distingue de l'hommage par ses propos humoristiques ou sarcastiques. Bien sûr, il convient mieux à un anniversaire de naissance ou de mariage, à l'occasion d'un mariage ou du départ d'un collègue et non lors de funérailles (à moins que la personne ne soit reconnue pour son sens de l'humour remarquable). Bien que l'Office de la langue française préconise l'expression « mise en boîte », il nous apparaît que le terme « bien-cuit » décrit mieux cette réception donnée en l'honneur dc quelqu'un où des « rôtisseurs » passent à la poêle des moments clés de sa carrière ou de sa vie personnelle. Attention : la frontière est parfois mince entre se payer gentiment la tête de quelqu'un... et se foutre de sa gueule. Ménagez les susceptibilités ! Si la personne fêtée est très soupe au lait, vaut mieux rester dans l'hommage ou filtrer les textes à l'avance...

En plus des anecdotes comiques, les invités pourraient préparer un petit numéro (les vraies paroles d'une chanson ou une version parodiée qui s'inspire de sa réalité).

Le maître de cérémonie : la main de fer dans le gant de velours !
Il ou elle fait le lien entre les différents présentateurs et saisit au vol les interventions comiques provenant de la salle. On choisit le maître de cérémonie pour :

- **Sa capacité de s'exprimer clairement.**

- **Son habileté à faire du pouce sur les propos des autres** (tout en sachant garder son rôle !).

- **Son sens de l'humour et de la répartie.**

- **Sa personnalité enjouée et vivante.**

- **Sa rigueur et sa crédibilité** (essentiel pour conserver le contrôle et respecter le déroulement prévu).

Vous avez été choisi comme maître de cérémonie?

- **Demandez les textes des présentateurs.** Si vous avez la plume agile, vous pourrez peut-être réveiller les textes si les gags tombent à plat ou retirer les propos inconvenants. Et si un présentateur manque à l'appel, vous avez le texte sous la main!

- **Vous pourrez aussi raconter les témoignages** qui vous auront été envoyés par courriel par ceux qui sont moins à l'aise avec la scène.

- **Vous devrez modérer les ardeurs des présentateurs** qui s'étirent en longueur ou qui plongent dans la vie intime de l'invité d'honneur.

Les présentateurs : du bagou, S.V.P.!

Ils seront choisis pour leur aisance à s'exprimer devant un public, leur talent de conteur, leur bon jugement et leur lien avec la personne fêtée. Ces présentateurs seront le miroir de sa vie jusqu'à présent. Par exemple :

- **Les étapes de la vie :** enfance, adolescence, jeune adulte, adulte, mitan de la vie, vieillesse. Selon l'âge de la personne, des anecdotes de son enfance pourront être racontées par un parent, un frère ou une sœur ; l'adolescence par un ami ; la période de la vingtaine par un ancien coloc ; la vie adulte par ses enfants, son ou sa conjoint(e).

- **Ses différents univers :** amis, amour, travail, famille élargie, études, loisirs, sports, vacances, vie associative. Se succéderont au micro : un ou des amis, le ou la conjoint(e), les enfants et/ou les parents, un collègue, un membre de son équipe de hockey ou d'un organisme où la personne fait du bénévolat.

- **Ses passions :** associer un présentateur par thème, qui racontera les passions et hobbies de la personne fêtée. Par exemple, faire alterner les propos d'un fidèle compagnon de voyage, d'un acolyte de bingo, de cinéma ou de sport, d'un complice gastronome avec qui la personne a fait le circuit des meilleurs restos, d'un comparse avec qui elle a écumé les bars de la ville.

Quinze sujets pour s'inspirer

1. Sa naissance et sa petite enfance.

2. **Les moments clés de sa vie** (mariage, naissance des enfants, arrivée des petits-enfants, souvenirs mémorables).

3. **Comment on l'a rencontrée.**

4. **Ses amours et ses amitiés.**

5. **Son parcours professionnel** et son implication dans la société.

6. **Ses qualités, traits de caractère,** petites manies et obsessions, ce qu'elle aime et n'aime pas.

7. **Des anecdotes touchantes ou cocasses** (dans le cas du « bien-cuit »).

8. **Ce qui nous apparaît être le moteur de sa vie, ses passions, ses projets.**

9. **Ses influences, ses mentors, ses héros.**

10. **Ses meilleures blagues, les moments où elle nous a fait rire.**

11. **Ce que la personne nous apporte ou nous a apporté,** ce qu'on a appris d'elle, les moments où on s'est sentis complices.

12. **Les voyages qu'on a faits ensemble.**

13. **Les maisons que la personne a habitées** et les souvenirs de fêtes qu'on y a célébrées.

14. **Les films ou la musique qui l'ont marquée.**

15. **Ce qui se passait dans la société** en parallèle et comment cela a influencé la personne.

Vous avez été choisi comme présentateur ?

1. **La durée de votre intervention ?** 3 ou 4 minutes, pas plus. À 8 ou 10 minutes, à moins d'être un Yvon Deschamps en puissance, on finit par assommer les gens. Et puis d'autres veulent vous relayer au micro. À la télévision, on peut faire du montage, mais pas dans la vraie vie !

2. **Écrire votre texte mot à mot.** Ceci vaut pour le maître de cérémonie et les présentateurs. Ne vous fiez pas à vos talents de monologuiste ou d'improvisateur. À coup sûr, ce sera trop long, *eeeeuh* en prime... Pour

donner l'impression qu'ils improvisent, les humoristes apprennent leurs textes, jusqu'à les connaître assez pour savoir s'en dégager.

3. **L'imprimer en gros caractères à double interligne.** Ce n'est pas le temps de plisser des yeux ou de chercher vos lunettes sur la scène !

4. **Le lire plusieurs fois avant le jour J**, pour éviter justement d'en faire la lecture mot à mot une fois sur place. Le mieux : pouvoir s'en distancer, y mettre de la vie, des intonations, tout en gardant le fil. Si votre texte est très frais en mémoire, vous pouvez le résumer par des mots-clés écrits sur une fiche.

5. **Laisser tomber...** les événements qui étaient comiques sur le moment, mais qui n'évoquent rien pour les autres (qu'on appelle en anglais « *inside jokes* »), au risque de devoir conclure notre présentation par « En tout cas, c'était bien drôle au moment où ça s'est passé... »

6. **Éviter de blesser la personne moralement** ou de créer un malaise dans la salle. Alors exit :

• Les histoires humiliantes pour la personne ou quelqu'un de son entourage (pas d'histoires de beuverie, d'infidélité, de prêt d'argent, d'expériences illicites ou des moqueries sur son apparence physique, un défaut majeur ou sur son orientation sexuelle – surtout si la personne n'est pas sortie du placard !).

• Dans la même veine, mettre la pédale douce sur les propos concernant la religion, la politique ou le sexe (selon le public cible, bien sûr).

• Le règlement de comptes et lavage de linge sale en famille (suggestion : tenir l'hommage assez tôt dans la soirée, l'alcool étant souvent mauvais conseiller !).

• Les histoires dramatiques ou reliées à la peur.

• Les « légendes urbaines » (ex. : « j'ai entendu dire que » et autres « ça a l'air »...).

7. **Éviter de trop parler de soi**, à part pour établir le lien avec l'invité d'honneur et évoquer ce qu'il représente pour nous. J'ai déjà assisté à une soirée hommage où l'un des présentateurs s'est lancé dans un monologue interminable pour raconter quel mauvais fils il avait été pour son père !

Si vous planifiez une intrigue à la *Surprise sur prise* :

8. **Est-ce drôle?** Il ne faut pas jouer dans les «bibittes» émotives ou les peurs de la personne. Vous voulez qu'elle s'esclaffe de rire, pas qu'elle s'étouffe de honte ou qu'elle croule sous le malaise... Ce qui nous semble drôle à nous peut ne pas l'être pour elle.

9. **Vérifier que votre coup pendable est techniquement faisable** et testez-le d'avance.

10. **S'assurer que tous vos complices sont fidèles au poste.**

11. **Être très structuré** et porter attention à tous les petits détails qui pourraient faire avorter le plan.

Merci à Marcel Béliveau, concepteur et animateur de l'émission *Surprise sur prise* et collaborateur à l'émission *Club Sandwich*, pour ses conseils précieux.

Une image vaut mille mots

Comme les photos parlent d'elles-mêmes, on déniche des photos évocatrices, amusantes sans être humiliantes. Ceux qui ont assisté au «bien-cuit» organisé pour les 30 ans de mon conjoint rient encore de certaines photos présentées par son père! En plus d'être le clou de l'événement, les photos et les vidéos servent de support visuel et de fil conducteur pour les présentations des différents temps forts de sa vie (enfance, études, amours, travail, loisirs, implication), commentés par des personnes-clés. Les démarches :

*   **Se lancer dans la recherche de photos et de vidéos :** ouvrir vos albums (papier et électronique), fouiller sur votre disque dur, dans les courriels reçus avec un attachement, dans vos bibliothèques et vos boîtes, et demander aux autres invités d'en faire autant.

*   **Chercher des photos claires**, de bonne qualité, qui «parlent», amusantes et qui appellent une anecdote comique.

*   **Pour un montage dynamique**, intéressant et qui se veut le reflet de sa vie, des photos, ça en prend BEAUCOUP! (ex. : pour une quarantaine de photos présentées, il faut en dégoter pas mal plus.)

*   **Regrouper toutes les photos recueillies** (format papier et électronique) et vidéos.

- **À partir de ce qu'on a sous la main,** des personnes qui souhaitent s'exprimer, des anecdotes récoltées et la qualité visuelle des documents, faire le tri.

- **Une personne habile avec la technique devra scanner toutes les photos papier et les mettre en format .jpg,** les rogner si elles sont mal cadrées ou contiennent des détails superflus, enlever les yeux rouges, etc. Vous pouvez aussi confier le travail à un centre de photos.

- **Prévoir l'ordre dans lequel les photos seront présentées :** par ordre chronologique, par thème, dans l'ordre de défilement des présentateurs. Pour éviter que chaque présentateur ait son propre montage à projeter (ce qui multiplie les manipulations techniques), il vaut mieux mettre bout à bout les différentes images.

- **Utiliser un logiciel** (ex. : Powerpoint ou un logiciel de montage vidéo comme Windows Movie Maker ou, sur Apple, iMovie, Apple Final Cut Express et Final Cut Pro) pour faire le montage des photos et vidéos une à la suite de l'autre en diaporama, créer une « page couverture », intégrer du texte à l'image et une trame sonore, si désiré. Powerpoint permet également d'imprimer les notes du présentateur correspondant à la « diapositive » présentée.

- **Pour la diffusion de l'hommage photo ou vidéo,** prévoir un appareil de projection, un ordinateur portable sur lequel figure la présentation (ou graver un CD), une table sur laquelle reposent ces appareils et un ou plusieurs écrans. Demander aux responsables du lieu où se déroule l'événement s'ils disposent de cet équipement, tendre la perche auprès des invités ou louer l'équipement nécessaire auprès d'une entreprise de services audiovisuels.

- **Le maître de cérémonie souhaite la bienvenue et démarre la projection,** en invitant chaque présentateur à se présenter en avant, à tour de rôle, pour commenter les photos montrées. Il devra savoir quelle image conclut la présentation de chacun et inviter le prochain présentateur à s'avancer.

- **L'invité d'honneur peut lui aussi commenter les photos et vidéos,** mais il se prive alors d'entendre ce que ses proches ont à raconter, ce qui peut être très comique, tout en multipliant les points de vue.

- **Pendant la soirée, vous pouvez filmer ceux qui ne se sont pas exprimés,** en leur demandant de vous dire quelques mots, qui pourront éventuellement être intégrés au montage final qui sera remis à l'invité d'honneur.

- **Vous pouvez aussi proposer aux invités de leur préparer** un exemplaire du document remis à l'invité d'honneur, que ce soit un CD, un DVD ou une vidéocassette.

Invitation

- La lecture de cet ouvrage vous a donné plein d'idées ou a fait naître des réflexions que vous souhaitez partager ?

- Vos rituels familiaux ou de couple renforcent votre complicité ?

- Vos amis parlent encore de vos partys et anniversaires ?

- Vos traditions de Noël, de Pâques, d'Halloween ou de la fête des Mères rivalisent d'originalité ?

- Vous avez célébré un mariage, un baptême, un « shower », des noces d'argent ou des funérailles de manière personnalisée ?

- Vous avez organisé une cérémonie spéciale pour un changement de saison, une transition ou un nouveau départ (diplôme, nouvelle maison, retraite, divorce, puberté, etc.) ?

- Vous souhaitez discuter d'une collaboration éventuelle ?

Écrivez-moi ! info@nosrituels.com

Intéressés à continuer d'explorer le sujet ou à obtenir des trucs et des ressources ? Le site NosRituels.com (www.nosrituels.com) évoluera au fil des mois. Faites-y un détour régulièrement pour connaître les nouveautés et les services offerts.

Bibliographie et sites Internet supplémentaires

Livres en français

Voici d'autres documents intéressants, en plus de tous ceux cités dans les différents chapitres, qui explorent une fête, un rituel ou une cérémonie en particulier :

ALEXANDER, Jane, *Le mieux-être en un week-end*, Trécarré, 2002, 159 p.

BECKWITH, Carol, FISCHER, Angela, *Passages, rituels et cérémonies des peuples africains*, De la Martinière Jeunesse, 2001, 112 p.

BEHAR, Agnès, *Fêtez la naissance de bébé. Comment préparer, organiser et réussir la fête*, Borneman, 1999, 80 p. Du même auteur : *Fêtez Noël et la Saint-Nicolas* (2000), *Fêtez le carnaval* (2000), *Fêtez Pâques* (1999).

COLLECTIF, *Fêtes et grandes occasions : les grands moments de la vie*, Pocket, 2003, 119 p.

COLLECTIF, *Le savoir-vivre aujourd'hui*, collection « Guides Pratiques », Larousse, 2003, 351 p.

COLLECTIF, *Tea for 2 : rituels du thé dans le monde*, Renaissance du livre, 1999, 264 p.

CUTLER, Howard (entretiens avec le Dalaï-Lama), *L'art du bonheur*, J'ai Lu, 2000, 283 p.

DE VILLAINES, Béatrice, DE CHAMPS, Hugues, *Les saisons de la vie : traditions familiales et moments privilégiés du Moyen Âge à nos jours*, La Renaissance du livre, 2002, 231 p.

DIAMANT, Anita, *La fille de Jacob* (traduction de *The Red Tent*), 2000, Robert Laffont, 297 p.

DUES, Greg, *Guide des traditions et coutumes catholiques*, Bayard, 2004, 398 p.

GANERI, Anita, *Venir au monde : La naissance, rites et coutumes*, collection « Les âges de la vie », Gamma/École active, 1999, 30 p. Du même auteur : *Grandir : Jours de noces ; Jours de deuil.*

GASSER, Anne et Sylvain, *Le grand livre des fêtes*, Bayard Jeunesse, Paris, 2002, 103 p.

GAUTHIER, Caroline, *Toutes les occasions sont bonnes pour fêter!*, Quebecor, 2003, 131 p.

GERVY, Cédric, *Vœux originaux pour chaque occasion*, Chantecler (Belgique), 2002, 118 p.

GODBOUT, Jacques T. et Johanne, CHARBONNEAU, *La circulation du don dans la parenté : une roue qui tourne*, INRS-Urbanisation, 1996, 226 p. Document PDF disponible en ligne : www.inrs-ucs.uquebec.ca/pdf/rap1996_01.pdf.

JACOB, René, *Dimanches et jours de fête* (récits), Illustrations et préface de Clémence Desrochers, Le Loup de Gouttière, 2000, 100 p.

JACOBS, Jérôme, *Fêtes et célébrations : petite histoire de nos coutumes et traditions*, Librio, Repères, 2003, 90 p.

LECARME, Pierre, *100 idées pour animer une fête de famille*, Marabout, 2002, 277 p.

MÉNARD, Guy, *Petit traité de la vraie religion*, Liber, 1999, 230 p.

MORVAL, Monique, *Psychologie de la famille*, Presses de l'Université de Montréal, 1985, 168 p.

NEUBURGER, Robert, *Les rituels familiaux*, Payot, 2003, 176 p.

PELT, Jean-Marie, *Variations sur les fêtes et saisons*, Le Pommier, 2002, 189 p.

PHILIPPE, Didier, *Petit lexique des fêtes religieuses et laïques*, Albin Michel, 2003, 165 p.

POWERS, Mala, *L'année en fêtes*, Éditions des Deux Coqs d'Or, 1986, 127 p.

RIVIÈRE, Claude, *Les rites profanes*, Presses Universitaires de France, 1995, 261 p.

SAVOIE, Anne-Marie, *C'est la fête!*, Quebecor, 2003, 122 p.

VALÉRY, Anne, *Toutes les fêtes de l'année*, Hachette, 2000, 192 p.

VAN GENNEP, Arnold, *Les rites de passage*, réimpression de l'édition de 1909, Éditions Picard, 1981.

VIGNEAULT, Guillaume, *Carnets de naufrage*, Boréal, 2001, 263 p.

WILKINSON, Philip, *Religions du monde : personnages, symboles et rites*, Sélection du Reader's Digest, 2001, 128 p.

Livres en anglais
BRIDGES, William, *Transitions : Making Sens of Life's Changes*, Addison-Wesley, Perseus Books Group, 1980.

DACEY, John, Lynne, WEYGINT, *The Joyful Family*, Conari Press, 2002, 256 p.

Voici d'autres sites Internet pertinents, en plus de tous ceux listés directement dans chaque chapitre :

- **NosRituels.com**
  www.nosrituels.com

Célébrants
- **FSEV**
  www.fsev.net

- **Le Nouveau Penser**
  www.lenouveaupenser.com

- **Église Unie du Canada**
  www.egliseunie.org/paroisses

Famille
- **Notre Famille**
  www.notrefamille.com

- **Familles d'aujourd'hui**
  www.famillesdaujourdhui.com

- **Petit Monde**
  www.petitmonde.com

- **L'Institut Vanier de la famille**
  www.ivfamille.ca

Organisation
- **L'Organisateur d'événements**
  www.guideorganisateur.com

- **Menus « à l'ancienne » (l'histoire des menus)**
  www.menustory.com/index.htm

- **Le Mouvement Laïque (Belgique)**
  www.laicite.be

Suggestions de textes

- www.bonheurpourtous.com/botext/botext.html

- www.citationsdumonde.com

- www.naute.com/penserie

- www.poesieetcitationsdamour.com

- www.enfandises.com

Traditions et culture

- **Réseau de diffusion des archives du Québec**
  www.rdaq.qc.ca
  Voir les chroniques « Coutumes et culture »

- **Musée virtuel du Canada**
  www.museevirtuel.ca

- **Les traditions du Québec**
  http://membres.lycos.fr/yolie/index.htm

- **Art-et-traditions.com**
  http://perso.wanadoo.fr/melany.dictons

- **Revue Religiologiques (Sciences humaines et religion)**
  www.unites.uqam.ca/religiologiques

- **Us et coutumes au Québec**
  www.katevale.net/html/Canada/coutumequeb.htm

- **Traditions des Anciens Canadiens**
  www.republiquelibre.org/cousture/tradit.htm

- **Fêtes des saints et des dictons**
  www.grenadine.net/saints/saints_06.php3

- **Saints du calendrier et dictons**
  www.chez.com/sarthe

Fêtes du calendrier et concepts

- **Tutti fiesta**
  www.tuttifiesta.com

- **Fiesta-i-fiesta**
  www.fiesta-i-fiesta.com

- **Fêtes.org**
  www.fetes.org

- **Vive les fêtes**
  www.vivelesfetes.net

- **Pomme verte**
  www.pomverte.com/Accfetes.htm

- **Les fêtes en tête (projet scolaire)**
  www.cslaval.qc.ca/prof-inet/anim/cg/fetes/index.htm

- **E-anniversaire**
  www.e-anniversaire.com

- **Momes.net**
  www.momes.net

- **Lexilogos – Mots & merveilles des langues d'ici & d'ailleurs**
  www.lexilogos.com/calendrier_carnaval.htm

- **Émission Par quatre chemins (Radio-Canada)**
  http://radio-canada.ca/par4

- **Fêtes interculturelles**
  www2.ville.montreal.qc.ca/interculturel/calendrier/2004/g_celebra-tionsreligieuses.htm

Sites en anglais

- Network of rituals
  www.joyofritual.com

- The National Rites of Passage Institute
  www.ritesofpassage.org

- Rite of Passage
  www.ritesofpassage.us

- A Rite to Remember
  www.aritetoremember.com

- Perfect Celebration
  www.perfectcelebration.com

- Sacred Groves for Women's Mysteries
  http://sacredgroves.com/rituals.html

- Sacred Journeys for Women
  www.sacredjourneys.com

- Responsible Divorce
  www.proactive-coach.com/divorce/index.htm

- Urban Tribes
  www.urbantribes.net

- 50 sites sur le « scrapbooking »
  www.scrapbookingtop50.com

Note : les adresses des sites Internet sont sujettes à changement. Veuillez nous excuser si certains liens ne fonctionnent plus au moment de votre visite.

Table des matières